Mord im Chinagarten

MORD IM CHINAGARTEN

Emmerichs zweiter Fall

Kriminalroman
von
Stefanie Wider-Groth

Mord im Chinagarten ist ein Kriminalroman, der im Jahr 2008 spielt.
Haupt- und Nebenfiguren sowie die Handlung sind frei erfunden.
Ähnlichkeiten oder Namensgleichheiten
mit lebenden Personen sind rein zufällig und nicht beabsichtigt.

Bibliografische Information der Deutschen Nationalbibliothek
Die Deutsche Nationalbibliothek verzeichnet diese Publikation in der Deutschen
Nationalbibliografie; detaillierte bibliografische Daten sind im Internet über
http://dnb.d-nb.de abrufbar.

Umschlaggestaltung: Stefan Schmid Design, Stuttgart

© 2010 Konrad Theiss Verlag GmbH, Stuttgart
Alle Rechte vorbehalten
Lektorat: Karin Haller, Stuttgart
Satz und Gestaltung: Satzpunkt Ursula Ewert GmbH, Bayreuth
Druck und Bindung: CPI – Ebner & Spiegel, Ulm
ISBN 978-3-8062-2322-4

„Vater, vergib ihnen, denn sie wissen nicht, was sie tun."

(Lukas 23,34)

1

„Ein Sauwetter ist das."

Emmerich trat sich die Füße ab und setzte sie vorsichtig in den sauberen Flur.

„Das kannst du laut sagen", bestätigte sein bester Freund Lutz Hornstein und schloss die Haustür. Es war ein eisiger Osterdienstag, an dem Emmerich diesem, seinem Freund, in einen Keller folgte, von dem er nicht genau wusste, wie lange er ihn nicht mehr gesehen hatte. Lutz war vor etwas über vierzig Jahren in Gestalt eines schmächtigen Zehnjährigen in Emmerichs Leben getreten, doch war ihm im Verlauf der Zeit das Schmächtige irgendwie abhanden gekommen. Mittlerweile war er das, was man früher als „gut beieinander" bezeichnet hatte, heute dagegen „übergewichtig" nannte, obwohl Lutz nicht eigentlich dick wirkte. Nur schmächtig war er eben auch nicht mehr. Emmerich selbst hatte eine ganz ähnliche Entwicklung durchgemacht, lediglich der Umstand, etwas größer zu sein als Lutz, bewahrte ihn vor einem bedenklichen BMI, der in letzter Zeit zum Maß aller Dinge geworden zu sein schien. Wobei weder Emmerich noch Lutz auch nur den Schatten einer Ahnung hatten, wie sich dieser „Body Mass Index", von dem ihre Gattinnen so häufig sprachen, berechnen ließ. Beide verschwendeten nicht allzu viel Aufmerksamkeit auf derartige Äußerlichkeiten. Wenn man älter wurde, dann wurde man eben auch ein bisschen stärker, das war schon immer so gewesen und damit doch eigentlich völlig normal. Heute jedoch warf Lutz einen nachdenklichen Blick auf seinen Bauch, kratzte sich am Kopf und fragte:

„Wie wollen wir vorgehen? Ich fürchte, wir passen nicht einmal mehr durch den Gang."

„Wir schaffen das schon", ermunterte ihn Emmerich. „Ich frage mich nur, warum du es überhaupt willst? Ist doch schade um die ganze Arbeit."

„Mag sein. Aber niemand mehr benützt dieses Ding. Vater ist im Heim und wir brauchen den Platz."

Bei dem „Ding" handelte sich um eine Modelleisenbahnanlage. Nicht um eine dieser kleinen, aus vorgeformten, grauem Hartplastik gestalteten Landschaften mit zwei Bergen, einem Tunnel und wenig Platz für den Bahnhof, sondern um etwas, das Emmerich in seiner Jugend stets als gigantisch erschienen war. Die Anlage nahm nahezu den kompletten, etwa vier mal fünf Meter großen, weiß getünchten Kellerraum ein und war auf massiven Holzbrettern, die wiederum auf Tapeziertischen ruhten, aufgebaut. Außen, um die Bretter herum, verlief ein schmaler Gang, der für einen Zehnjährigen kein Problem darstellte, einem erwachsenen, ein wenig vollschlanken Mann aber entschieden zu wenig Platz bot. Emmerich dachte ein bisschen wehmütig an die vielen Stunden zurück, die er als Jugendlicher, zusammen mit Lutz und dessen Vater, der die treibende Kraft hinter dem Ganzen gewesen war, in diesem Keller verbracht hatte. Obwohl er sie schon beinahe vergessen hatte, tat es ihm leid um die vielen, putzigen Modellhäuschen, den detailgetreuen Nachbau des Ulmer Münsters oder die realitätsnah gestalteten Straßenszenen.

„Ich dachte, wir räumen das vordere Brett ab und nehmen es raus", überlegte Lutz. „Dann hätten wir ein U und kämen leichter an den Rest."

„Weißt du noch", sagte Emmerich und zeigte auf eine Geisterbahn, die zu einem liebevoll zusammengestellten Rummelplatz gehörte, „die Monster von diesem Ding hier konnten sich richtig bewegen."

„Ich weiß auch noch, wie du in dem Tunnel hinten in der Ecke das Krokodil hast entgleisen lassen", grinste Lutz. „Mein Vater ist fuchsteufelswild geworden."

„Er wollte ja unbedingt eine alpine Gebirgslandschaft. Hätten wir unsere Serengeti bauen dürfen, wäre das nie passiert."

„Fährt denn da überhaupt ein Zug? In der Serengeti?"

„Keine Ahnung. Aber erinnerst du dich noch an unser Modell vom Dreifarbenhaus mit Rotlicht und richtigen Nutten an den Fenstern?"

Lutz langte zwei Bier aus einem bereitstehenden Kasten, öffnete sie und reichte Emmerich eine Flasche.

„Klar erinnere ich mich. Meine Mutter hat es umgehend weggeschmissen. Prost."

„Prost." Emmerich nahm einen Schluck und versuchte, sich einen Überblick zu verschaffen. Womöglich war es etwas voreilig von ihm gewesen, Lutz seine Hilfe anzubieten, doch jetzt konnte er natürlich nicht mehr zurück. Grob geschätzt standen etwa dreihunderthundert Häuschen und eine sicherlich fünfstellige Zahl an Kleinteilen wie Bäume, Figürchen oder Autos zur Entsorgung an. Ganz zu schweigen von den Zügen selbst.

„Was willst du mit dem Zeug machen?"

„Wir packen erst mal alles in Kartons." Lutz wischte sich Schaum vom Mund und gab einen dezenten Rülpser von sich. „Ich hab welche besorgt."

Emmerich warf einen letzten Blick auf die noch intakte, aber zugegebenermaßen recht eingestaubte Anlage und hob beherzt das Ulmer Münster empor.

„Fangen wir an?"

Drei Stunden arbeiteten sie einträchtig, Bier trinkend und in Erinnerungen schwelgend. Sie zwickten Drähte durch, sortierten Oberleitungen und Gleise in Schachteln oder stopften Zeitungspapier zwischen die Modelle in den Kartons. Es war eine einerseits traurige, andererseits aber auch irgendwie schöne Beschäftigung, bei der sie vergaßen, auf die Uhr zu sehen, und die plötzlich jäh unterbrochen wurde.

„Reiner?" Lutzens Gattin Angelika betrat den Keller. „Kannst du mal nach oben kommen? Ein Kollege von dir ist am Telefon."

Emmerich hielt in der einen Hand das Modell eines Hochsitzes, in der anderen einen winzigen Jägersmann samt Hund und Rehen. Es gab keine Kollegen in dieser Miniaturwelt.

„Warum ruft er mich nicht auf dem Handy an? Ich hab frei heute."

„Dies ist ein Keller, mein Guter", rief Angelika ihn mit weiblichem Sinn fürs Praktische in die Gegenwart zurück. „Du hast hier unten keinen Empfang. Und es wäre wohl dringend."

„Wäre oder ist?"

„Verschon mich mit linguistischen Feinheiten."

„Wenn's denn sein muss."

Emmerich warf Lutz einen entschuldigenden Blick zu, folgte Angelika die Treppen hinauf und ließ sich das Telefon geben. Am anderen Ende der Leitung war Mirko Frenzel, der als Erstes entrüstet darauf hinwies, dass er schon seit einer geschlagenen Stunde versuche, Emmerich aufzutreiben und ihm dies nun lediglich mithilfe von dessen Tochter Jule, die ihm diese Nummer gegeben hatte, gelungen war.

„Zum Kuckuck, ich hab frei. Ich feiere heute meine Überstunden ab", reagierte Emmerich mit ungewohnter Gereiztheit. Immer noch weilten seine Gedanken bei der Idylle im Keller, in einer Zeit, als er noch kein Kriminalhauptkommissar gewesen war und ein Verbrechen darin bestanden hatte, eine altertümliche Lok entgleisen zu lassen.

„Vergiss deine Überstunden", sagte Frenzel gnadenlos. „Wir brauchen dich in der Pathologie."

„Bei Dr. Zweigle? Nein danke, ich habe auch schon zwei Bier getrunken und es ist bestimmt nach fünf."

„Fast sechs. Wir haben hier einen Toten."

„Nur einen Toten? In der ganzen Pathologie?"

„Du solltest ihn dir ansehen. Wir sind wegen Ostern ohnehin zu spät dran."

„Welche Rolle spielt schon Zeit für die Insassen der Pathologie?"

„Reiner." Mirko schien tatsächlich ungehalten zu werden. „Noch ein Scherz von dieser Qualität und ich lach mich tot. Dann wären wir immerhin schon zu zweit."

Emmerich sah Angelika an, die neben ihm interessiert zuhörte.

„Du meinst es ernst, was?"

„Und wie. Gib mir die Adresse von deinem Freund, ich lasse dich abholen."

„Von mir aus." Mit einem kleinen Seufzer gab Emmerich Straße und Hausnummer durch und reichte Angelika den Hörer.

„Tut mir leid, ich muss noch mal weg. Die Pflicht ruft."

„Deinen Job wollte ich echt nicht haben." Auch Lutz kam die Kellertreppe heraufgestiegen.

„Eigentlich mache ich ihn ganz gern", entgegnete Emmerich mit einem bedauernden Schulterzucken. „Würdest du … könntest du … Gabi sagen, dass es bei mir … hm … später wird?"

„Ich mach das schon", erklärte Angelika und verdrehte die Augen, um anzudeuten, dass Männer für derart heikle Missionen ungeeignet waren. „Wie viel später meinst du?"

„Weiß nicht. Ich bin auf jeden Fall so schnell wie möglich wieder da."

Als Lohn für Emmerichs Hilfe war ihm ein gemeinsames Abendessen in Aussicht gestellt worden, zu dem auch seine Frau Gabi erwartet wurde. Nachdem die Damen am Abend zuvor telefonisch Rezepte ausgetauscht hatten, fühlte er sich zu der Annahme berechtigt, dass es Sauerbraten mit Knödeln geben werde, und er war fest entschlossen, sich keinen Bissen davon entgehen zu lassen.

„Ja, ja", sagte Angelika beiläufig und verschwand in Richtung Küche.

Lutz grinste und öffnete die Haustür.

„Du weißt schon, was ‚ja, ja' heißt? Sie glaubt dir kein Wort. Wir heben dir was auf."

„Wirst schon sehen. Zum Abendessen bin ich zurück."

Emmerich verließ das Haus seiner Freunde, sah einen silberfarbenen Streifenwagen in die Straße einbiegen und winkte den Kollegen zu. Eine halbe Stunde später stand er in der Pathologie des Robert-Bosch-Krankenhauses Kommissar Mirko Frenzel und Dr. Stefan Zweigle gegenüber.

„Da sind Sie ja", grüßte Zweigle nachlässig. „Wurde auch Zeit, ich hab eigentlich Feierabend."

„Und ich hab eigentlich Urlaub", gab Emmerich, der den Pathologen aus Gründen, die er nicht genau zu erklären vermochte, nicht leiden konnte, mürrisch zurück. Es lag etwas undefinierbar Affektiertes in Dr. Zweigles Art und Auftreten, Emmerich nahm an, dass er zu den Männern gehörte, die sich die Fingernägel feilten und nach dem Duschen Körperlotion auftrugen. Beides war ihm suspekt. Bei Männern zumindest. Auch wenn es sich dabei nur um eine Annahme handelte, die, selbst wenn sie zutraf, keinerlei Rückschlüsse auf den Charakter oder die berufliche Qualifikation des Pathologen zuließ, zog Emmerich es vor, Zweigle mit Distanz zu begegnen.

„Da hätten wir den Kandidaten", sagte der gerade, zog eine Bahre aus einem der Kühlfächer und schlug das Tuch zurück, das den leblosen Körper bedeckte. Emmerich blickte in das friedliche Gesicht eines Mannes mit langen, grauen Haaren und einem silberfarbenen Vollbart.

„Kandidat wofür?", fragte er bissig.

„Sie kennen doch mein Buch? *Unentdeckte Morde*? Ich arbeite gerade am zweiten Band." Zweigle zwirbelte eine graue Haarsträhne durch die Finger und legte sie liebevoll über die Schulter des nackten Leichnams. „Der hier kommt ganz entschieden dafür infrage."

„Wer ist er?"

„Wissen wir nicht", sagte Frenzel kurz angebunden, während er Zweigle einen schiefen Seitenblick zuwarf. „Hatte keinen Ausweis oder ein anderes persönliches Dokument bei sich, als er gefunden wurde. Da hat er übrigens noch gelebt."

„Könntest du vorne anfangen? Wo wurde er gefunden? Wann?"

Frenzel griff nach einem Klemmbrett, das auf einem der anderen Obduktionstische lag.

„Der Mann wurde am Karfreitag in der Frühe ins Katharinenhospital eingeliefert. Sie haben ihm dort noch den Magen ausgepumpt, aber es war zu spät."

„Tabletten", ergänzte Zweigle mit geballter Kompetenz. „Vermutlich Ipnoral. Das ist ein kombiniertes Schmerz- und Schlafmittel. Sie bekommen gelbe Pillen für den Tag und grüne für die Nacht. Außerdem hatte er nicht wenig Alkohol im Blut."

„Gefunden wurde er im chinesischen Garten. Das ist Ecke Birkenwald- und Panoramastraße. Er saß da wohl auf einer Bank und war bewusstlos. Die Sanitäter wurden gerufen von einer gewissen Frau Schloms."

„Oh nein." Emmerich dachte zurück an den Mord an einer Rentnerin im letzten November. „Sag nicht, es ist schon wieder …"

„Doch." Frenzel grinste. „Dieselbe, die im Fall Diebold das verschwundene Archiv gefunden hat. Sie wohnt in der Birkenwaldstraße und wollte ein bisschen frische Luft schnappen."

„Kann sie nicht mal was anderes finden? Etwas, das nichts mit uns zu tun hat?"

Emmerich lag es fern, Eleonore Schloms etwas Böses nachsagen zu wollen, schließlich hatte sie im Fall Diebold entscheidend zur Aufklärung beigetragen, doch war sie eine Frau, die anderen Menschen von Berufs wegen die Karten legte, und derartige Tätigkeiten erschienen ihm befremdlich.

„Sie wird ihn kaum absichtlich gefunden haben." Mirko, der Emmerichs Vorbehalte hinsichtlich hellseherischer Fähigkeiten kannte, grinste immer noch.

„Ist ja vielleicht auch nicht so wichtig", entschied Emmerich. „Er war also bewusstlos."

„Nicht verwunderlich", schaltete sich Zweigle wieder ein. „Ipnoral in Verbindung mit Alkohol ist eine höchst brisante Mischung. Da kann schon eine Tablette reichen und Sie sind erst mal weg."

„Der da ist aber daran gestorben, wenn ich Sie richtig verstehe."

„Meine Untersuchung ist natürlich noch nicht abgeschlossen, und der ausgepumpte Magen erleichtert mir die Arbeit nicht gerade. Aber wir können davon ausgehen, dass er nicht nur eine Tablette genommen hat. In seiner Jacke wurde dies hier gefunden."

Zweigle hielt ein durchsichtiges Plastiktütchen hoch, das eine schmale, weiße Schachtel beinhaltete.

„Ipnoral forte", verkündete er triumphierend. „Ein echter Hammer. Die Packung ist leer."

„Und der Alkohol?"

„Die Sanitäter sagen, dass in den Papierkörben im chinesischen Garten ein Haufen leerer Flaschen herumgelegen hätte", meinte Frenzel „Aber die können auch von irgendwelchen Jugendlichen stammen, die sich da oben zum Vorglühen treffen."

„Vorglühen?"

„Aufwärmen. Inwändig. Bevor's in irgendeinen teuren Club geht."

„Verstehe." Emmerich versuchte, sich die Gegend um die Birkenwaldstraße herum vorzustellen. Der chinesische Garten war ein Geschenk, das die Volksrepublik der Stadt Stuttgart nach der internationalen Gartenbauausstellung im Jahr 1993 gemacht hatte und gehörte zu den Dingen, die er sich seit Jahren einmal anschauen wollte, doch aus unerfindlichen Gründen kam er niemals dazu. Sehenswürdigkeiten waren etwas, das man in anderen Städten besichtigte, in Städten, die man als Tourist besuchte. Vor der eigenen Haustür liefen einem solche Sachen ja schließlich nicht weg, weshalb man es dann letztlich nie dazu brachte, ihnen einen Besuch abzustatten. Zumal wenn sie so abseits vom Geschehen lagen wie der Garten, von dem Emmerich annahm, dass die Großzügigkeit der chinesischen Schenker in erster Linie damit zu tun hatte, dass diese sich die Kosten für den Rücktransport hatten ersparen wollen.

„Die Sanitäter hielten den Mann für einen Obdachlosen und haben sich nichts weiter dabei gedacht", unterbrach Frenzel seine Überlegungen. „Ich hab die Spurensicherung in den chinesischen Garten geschickt. Aber das Ganze ist schon fünf Tage her, und das Wetter ist auch nicht gerade hilfreich."

Emmerich warf einen verstohlenen Blick auf seine Armbanduhr und dachte an den Sauerbraten. Und an Gabi. In dieser Reihenfolge.

„Sieht nach Selbstmord aus, oder?", fragte er harmlos, ohne dabei jemanden anzusehen. „Kommt bei gescheiterten Existenzen schon mal vor."

„Langsam, Herr Emmerich", sagte Zweigle und hob den Zeigefinger. „Da machen Sie es sich wohl ein bisschen zu einfach. Ipnoral ist kein frei verkäufliches Mittel und außerdem nicht billig. Man bekommt es beispielsweise nach Operationen verordnet. Ich konnte keine Hinweise auf etwas Derartiges bei dem Mann finden. Wie soll ein Obdachloser an ein solches Medikament kommen?"

„Vielleicht hat er's im Müll gefunden. Viele Medikamente werden weggeworfen."

„Wenn jemand Ipnoral verschrieben bekommt, nimmt er es bis zur letzten Tablette. Darauf gebe ich Ihnen mein Wort."

„Apotheken kommen auch nicht infrage", sinnierte Frenzel. „Die entsorgen ihren Müll nicht über frei zugängliche Tonnen."

„Er könnte es irgendwo geklaut haben."

„Möglich", räumte Zweigle widerwillig ein. „Aber sehen Sie sich bitte seine Hände an."

Emmerich warf einen kurzen Blick auf die wächsernen Extremitäten des Toten, ohne etwas Besonderes zu entdecken.

„Was ist damit?"

„Ich denke, die sind zu gepflegt für einen Obdachlosen. Zumindest für einen, der schon seit längerer Zeit auf der Straße ist. Und wenn Sie bitte hier noch schauen wollen …"

Emmerich wollte nicht, doch da hatte Zweigle schon das Tuch vollständig zurückgeschlagen, sodass der Tote seinen Intimbereich offenbarte, was Emmerich irgendwie peinlich berührte, obwohl der Mann ja nichts mehr davon mitbekam.

„Er muss lange Zeit vorzugsweise in einer Badehose unterwegs gewesen sein. Oder er kam gerade frisch aus dem Urlaub. Die Haut hier ist um vieles heller, als am Rest des Körpers. Auch das ist nicht gerade typisch für einen OfW."

Emmerich gab gnädig zu, dass Personen ohne festen Wohnsitz in der Tat gemeinhin keine Urlaube in der Karibik zu verbringen pflegten.

„Wo sind seine Kleider?"

„Hier." Frenzel wies auf einen anderen Obduktionstisch, auf dem ein Häufchen Textilien, ebenfalls in Plastiktüten verpackt, lag. „Es sind keine neuen Sachen, aber alles ziemlich sauber. Ich bin kein Spezialist für so was, aber sie sehen mir nicht nach durchschnittlichen Pennerklamotten aus. Allenfalls frisch aus der Kleiderkammer. Riechen auch kaum."

„Also kein Selbstmord?"

„Ich kann es natürlich nicht völlig ausschließen." Zweigle hielt ein unheimlich aussehendes, spitzes Instrument in der rechten Hand und klopfte damit nachdenklich in die offene Linke.

„Ja, was denn nun? Können die Herren sich vielleicht entscheiden?"

„Eigentlich haben wir dich deshalb angerufen", sagte Frenzel pikiert. „Was würdest du vorschlagen?"

„Ich würde gar nichts. Entweder ich schlage etwas vor oder nicht. Ohne Konjunktiv."

„Mein Gott, was ist denn heute mit dir los?" Frenzel sah verärgert drein. „Ich wollte nur sichergehen und deine Meinung hören."

Emmerich sah noch einmal auf das stille, bleiche Gesicht des Toten und seufzte.

„Schön, dann schlage ich vor, dass wir erst einmal herausfinden, wer das ist. Bevor ich mir eine Meinung bilde. Wir sind noch früh genug dran für die Zeitungen von morgen. Gib die Klamotten in die KTU, vergleich die Fingerabdrücke mit denen im Computer und geh die Vermisstenmeldungen durch. Danach sehen wir weiter. Ich verschwinde wieder, ich bin zu Sauerbraten eingeladen."

Über Frenzels verärgertes Gesicht huschte ein Ausdruck der Erleichterung.

„Jetzt verstehe ich", sagte er spöttisch. „Das erklärt vieles."

2

In der Nacht vom Ostermontag auf den darauffolgenden Dienstag hatte es geschneit. Nicht ein bisschen, sondern richtig, so wie man sich eigentlich weiße Weihnachten vorstellte. Zugegeben, Ostern hatte früh gelegen in diesem Jahr, Ende März bereits, aber wenn schon den ganzen Winter über kein Flöckchen vom Himmel gefallen war, dann hätte es dieser hier nun auch nicht mehr bedurft. Fand zumindest Elke Bofinger, als sie am Dienstagabend von der Arbeit heimkehrte und sich frierend die mit weißen Mützchen bedeckten gelben Blüten der Forsythien vor der Haustür ansah. Hinter der Tür entledigte sie sich ihrer Schuhe und ihres Mantels und wollte gerade die Tasche mit den Einkäufen in die Küche tragen, als sie im Wohnzimmer Stimmen vernahm. Ihre Mutter hatte offenbar Besuch.

„An deiner Stelle würde ich mich gar nicht einmischen", sagte sie gerade. „Die letzten zwanzig Jahre hat doch auch niemand etwas von ihm gehört."

„Nicht ganz neunzehn Jahre, um genau zu sein", antwortete die zweite Stimme. „Genau deshalb interessiert es mich doch. Denk mal, wenn das wahr wäre. Wir hätten all die Jahre etwas Falsches gedacht."

„Und?", fragte Elkes Mutter ungerührt. „Hätte es etwas geändert, wenn ihr was anderes gedacht hättet? Weg wäre er trotzdem gewesen."

„Wer weiß, wer weiß? Dann wäre sicherlich einiges anders gekommen."

Elke runzelte die Stirn und steckte den Kopf durch die Wohnzimmertür.

„Hallo Mama, hallo Tante Ruth."

Zwei alte Augenpaare starrten sie für einen kurzen Moment überrascht an, dann lächelten die beiden Damen erfreut.

„Guten Abend, mein Kind", sagte Tante Ruth. „Wir hatten dich gar nicht erwartet. Gut siehst du aus."

„Ist heute nicht Dienstag?" Rosemarie Bofinger wirkte ein wenig irritiert. „Dienstags hast du doch immer … dings …"

„Volkshochschule", ergänzte Elke nickend. „Aber diese Woche sind Osterferien. Da fällt mein Kurs aus."

„Du hast mir nichts davon gesagt."

„Doch, Mama. Heute früh."

„Wirklich? Ich kann mich gar nicht erinnern. Jedenfalls ist Tante Ruth jetzt da."

„Das sehe ich. Worüber habt ihr gerade gesprochen?"

„Wir?" Tante Ruth und Elkes Mutter wechselten einen schnellen Blick. „Ich sagte, dass Ostern schon lange nicht mehr so kalt war, oder?"

„Die Magnolien werden erfrieren", bestätigte Rosemarie. „Und für die Tulpen sehe ich auch schwarz."

„Die Tulpen sind noch nicht so weit wie die Magnolien, meine Liebe."

„Das stimmt doch gar nicht", warf Elke ärgerlich ein. „Ihr habt über etwas völlig anderes geredet. Über jemanden, der weg war."

Wieder wurden Blicke gewechselt, Rosemarie stotterte etwas von „be…bestimmt verhört" haben, Tante Ruth dagegen setzte ihr sonnigstes Großmutterlächeln auf.

„Meine Hortensien", erklärte sie bestimmt. „Du weißt schon, die, die früher vor meinem Haus geblüht haben. Vor einigen Jahren verschwunden, weil Ostern so kalt war."

„Wer's glaubt, wird selig", schnaubte Elke, ließ die Tür zum Wohnzimmer offen, ging in die gegenüberliegende Küche und spitzte die Ohren.

„Hatte sie nicht mal was mit ihm?", hörte sie Tante Ruth tuscheln.

„Ich will nichts mehr davon hören", antwortete ihre Mutter entschieden. „Trinkst du ein Glas Wein zum Essen oder soll ich uns Tee machen?"

Elke nahm ein Netz Zwiebeln aus ihrer Tasche und knallte es unsanft auf die betagte Arbeitsplatte. Sie machte sich Sorgen. Ziemlich große Sorgen sogar.

* * *

„Da bin ich wieder", sagte Emmerich, der vom Hauptbahnhof ein Taxi genommen hatte, um rechtzeitig zurück zu sein. „Habt ihr schon angefangen, zu essen?"

„Noch nicht." Lutz hielt die Tür auf und ließ seinen Freund eintreten. „Aber Gabi ist schon da. Müsste gleich fertig sein, was möchtest du trinken?"

„Ich bleib beim Bier." Emmerich sog prüfend die Luft ein. „Wie riecht es denn hier?"

„Nach Fisch", entgegnete Lutz und schnitt eine Grimasse, von der Emmerich annahm, dass es besser war, wenn Angelika sie nicht zu sehen bekam.

„Wieso Fisch? Ich dachte, es gibt Sauerbraten?"

„Mit Knödeln? Das wär's gewesen, was?" Lutz warf einen sehnsüchtigen Blick in Richtung Küche und ging voraus ins Wohnzimmer, wo Emmerichs Gattin gerade eine Schüssel Salat auf dem Esstisch platzierte.

„Hast du es doch noch geschafft", stellte sie erfreut fest und ließ sich einen Kuss auf die Wange drücken.

„Wenn ich gewusst hätte, dass es Fisch gibt …"

„Du magst doch Fisch." Gabi sah ihn erstaunt an.

„Schon. Ich dachte nur, ihr hättet über Sauerbraten gesprochen."

„Nur weil wir darüber reden, müssen wir das ja noch lange nicht machen. Man redet schließlich über vieles." Gabi nahm Teller aus Angelikas Schrank und verteilte sie auf dem Tisch. „Hast du einen neuen Fall?"

„Weiß noch nicht."

„Wie? Du musst doch wissen, ob …"

„Vielleicht war's ein Suizid."

„Kann man das nicht feststellen, heutzutage?"

„Sie haben der Leiche vor dem Exitus im Krankenhaus noch den Magen ausgepumpt. Der Pathologe …"

„Hasi, bitte. Wir essen gleich."

„Du hast gefragt." Emmerich setzte sich auf seinen Stammplatz und ließ sich von Lutz ein Bier einschenken. Angelika brachte mit verschwitztem Gesicht eine dampfende Kasserolle herein.

„Pfannkuchen mit maritimer Füllung", erklärte sie stolz. „Das Rezept war neulich bei Vincent Klink im Fernsehen. Ich hab's ein bisschen modifiziert und noch ein Sößchen dazugemacht. Guten Appetit."

„Dienstags sollte man eigentlich gar keinen Fisch kaufen", grummelte Lutz an der Stirnseite des Tisches. „Fisch ist immer nur freitags frisch. Hab ich zumindest mal gehört."

„Hör doch auf, du alter Brummbär." Angelika verteilte goldgelb gebratene Röllchen auf die Teller. „Das ist alles aus der Markthalle, da wird es wohl frisch sein. Teuer genug ist es schließlich."

„Ich mein ja nur …"

Für einige Augenblicke kehrte Stille ein. Die Pfannkuchen, das musste Emmerich zugeben, schmeckten einschließlich ihrer Füllung und der dazugehörenden Soße schlichtweg hervorragend.

„Warum musstest du weg?", fragte Angelika nach einer kleinen Weile.

„Sie haben eine Leiche mit ausgepumptem Magen", erklärte Gabi und schob eine Gabel Salat in den Mund. „Momöglich Selbschmord."

„Wie lange braucht so ein Essen, bis es durch den Magen ist?" Angelika nahm sich den nächsten Pfannkuchen.

„Keine Ahnung. Es muss ja erst mal dorthin. Wie ist das, der Darm liegt dahinter, oder?"

„Liebe Mädels." An der Stirnseite des Tisches klirrte Besteck. „Wenn ihr wollt, dass ich diesen verdammten Fisch bei mir behalte, dann esst ihr jetzt und seid still."

„Habt ihr denn gar keine Anhaltspunkte?", fragte Gabi, als sie es sich einige Stunden später auf dem heimischen Sofa bequem machten. Durch die geschlossene Tür des Kinderzimmers, das Emmerichs immer noch so nannten, obwohl die Bewohnerin desselben mit ihren siebzehn Jahren natürlich längst kein Kind mehr war, drang leise Musik. Mohrle, der getigerte Kater der Familie, schnurrte hingebungsvoll auf Gabis Schoß. Im Fernsehen lief eine Talkshow.

„Tabletten und Alkohol", murmelte Emmerich schläfrig. „Nichts Außergewöhnliches. Aber Zweigle hat's wichtig."

„Zweigle? Das ist der neue Pathologe?"

„So neu ist der auch nicht mehr."

„Hat er nicht ein Buch geschrieben?"

„Hmmh." Emmerich schob sich ein Kissen in den Nacken. Gabi beäugte ihren Gatten misstrauisch.

„Schläfst du schon wieder? Lori liest das Buch gerade, sie sagt, er sei ein sehr gut aussehender Mann."

„Wer?"

„Dr. Zweigle."

„Na, ja."

Loretta Lindemaier war eine der Freundinnen Gabis, denen Emmerich aus dem Weg ging. Es gab nicht viele von dieser Sorte und er fragte sich manchmal, was sie wohl an diesen drei oder vier Frauen fand. Loretta beispielsweise war eine spindeldürre, für Emmerichs Geschmack viel zu exaltierte Person, die sich trotz ihres Alters, das ungefähr dasselbe sein musste wie Gabis, die Haare tiefschwarz färbte und ständig Probleme mit Männern hatte. Aus Gründen, die Emmerich verborgen blieben, benötigte sie in diesen Angelegenheiten häufig Gabis Rat, nahm

17

ihn sich aber, zumindest soweit er dies beurteilen konnte, nie zu Herzen.

„Was soll das heißen? Sieht er nun gut aus oder nicht?", fragte Gabi, immer noch hellwach.

„Ich glaube, er ist ein ganz ordentlicher Pathologe", wich Emmerich aus und gähnte.

„Du bist sauer, weil es keinen Sauerbraten gab?"

„Nein. Mir ist nur wurscht, wie Zweigle aussieht."

„Du magst ihn nicht."

„Geht so."

„Dann", sagte Gabi nachsichtig, „sieht er gut aus."

„Möglich."

„Und ihr wisst nicht, wer es ist?"

„Wer? Zweigle?"

„Der Tote!"

„Wir werden's rausfinden." Emmerich fielen die Augen zu.

3

Selbstverständlich hatte er nicht auf dem Sofa übernachtet, dergleichen passierte ihm nur, wenn Gabi nicht da war, um ihn vor diesem Schicksal zu bewahren, und das kam, Gott sei Dank, nur selten vor. Am nächsten Morgen verließ Emmerich daher ausgeschlafen sein Heim, ging zu Fuß zum nahen Hauptbahnhof und nahm die Bahn zum Pragsattel, wo das Polizeipräsidium der Landeshauptstadt in schönster Aussichtslage über dem Stuttgarter Talkessel thronte. Sein Büro gehörte allerdings nicht zu den Räumen der Privilegierten, die diese Aussicht genießen durften, es befand sich im rückwärtigen Teil des Gebäudes. Um dorthin zu gelangen, musste ein Vorzimmer passiert werden, welches das Reich seiner Sekretärin, Frau Hildegard Sonderbar, war. Über Frau Sonderbar wusste Emmerich, obwohl er seit einer unüberschaubaren Anzahl von Jahren Tür an Tür mit ihr arbeitete, wenig zu sagen. Sie war kompetent, zuverlässig und effektiv, behielt ihr Privatleben für sich und fiel im Allgemeinen nur dadurch auf, dass sie sehr genaue Vorstellungen davon hatte, wie ein von ihr regiertes Büro zu funktionieren hatte. Dazu gehörte beispielsweise, dass am Morgen Kaffee getrunken wurde. Emmerichs anfängliche Einwände, dass er bereits zu Hause ausreichend mit diesem Getränk versorgt werde, waren nach kurzer Zeit einer simplen Lösung gewichen: Er hatte sich angewöhnt, am heimischen Frühstückstisch Tee zu trinken. Ähnlich war es ihm ergangen, als er Frau Sonderbar seine ersten Diktate auf ein dafür vorgesehenes Gerät gesprochen hatte. Ein menschliches Wesen sei kein Teddybär, hatte Frau Sonderbar erklärt, und von der Schöpfung nicht dafür ausersehen, mit einem Knopf im Ohr zu arbeiten. Stattdessen notierte sie Emmerichs Ausführungen in Kurzschrift oder Stenografie, wohl wissend, dass sie eine der Letzten war, die diese Fertigkeit noch beherrschten. Meist jedoch diktierte Emmerich gar nichts, sondern gab nur ein paar Stichworte von sich, die Frau Sonderbar in sorgfältig ausformulierte Schriftstücke verwandelte. Auch heute war die Sekretärin, wie fast immer, bereits vor Emmerich im Büro eingetroffen, doch sie saß nicht, wie gewöhnlich, hinter ihrem Schreibtisch. Das Vorzimmer befand sich in einem Zustand befremdlicher Unordnung. Mehrere mit Akten und Papieren gefüllte Kartons, alte Karteikästen sowie eine erkleckliche Anzahl von Ordnern waren auf dem Boden verteilt. Frau Sonderbar, in einem warmen, dunkelgrauen Rock und einem Twin-set aus rostroter Wolle, stand dazwischen und starrte nachdenklich auf den ausgeräumten Schrank, in dem diese Dinge wohl normalerweise verwahrt wurden.

„Suchen Sie was?", fragte Emmerich erstaunt, seinen üblichen Morgengruß vergessend.

„Herr Hauptkommissar", sagte Frau Sonderbar zerstreut. „Ich habe Sie gar nicht kommen hören."

„Das sehe ich."

„Bitte verzeihen Sie, ich räume gleich wieder alles auf. Es ist nur … ich dachte, es müsste noch ein altes Plakat irgendwo sein."

„Was denn für ein Plakat?"

„Von diesem Mann."

„Sie haben mal Männer auf Plakaten gesammelt? Den Starschnitt von Rex Gildo womöglich? Oder den von Roy Black?"

Vor Emmerichs innerem Auge erschien das Bild eines jugendlichen Fräulein Sonderbar in himmelblauem Twinset und einem schwingenden, hellen Rock.

„Sie glauben, ich würde etwas Derartiges im Büro aufbewahren?"

„Nein", räumte Emmerich ein. „Wahrscheinlich nicht. Um welchen Mann also geht es?"

„Um den unbekannten Toten aus der Pathologie. Mir ist, als hätte ich dieses Gesicht schon einmal gesehen. Auf einem alten Fahndungsplakat. Da war er natürlich noch jünger."

„Auf alten Fotos sehen die Leute immer jünger aus, da ist was dran", nickte Emmerich bestätigend. Frau Sonderbar warf ihm einen geduldigen Blick über den Rand ihrer Brille hinweg zu, der in etwa besagte, dass Scherze unangebracht waren.

„Ich finde es nicht. Das Plakat."

„Macht nichts", entgegnete Emmerich zuvorkommend. „Wenn wir ihn in der Fahndung haben, sollten auch seine Fingerabdrücke im Computer sein. Dann haben wir ihn ohnehin demnächst identifiziert. Und lassen Sie sich Zeit mit dem Aufräumen, heute liegt nichts Eiliges an."

Frau Sonderbar wuchtete einen Karton zurück in den Schrank.

„Das stimmt nicht. Erstens will Dr. Zweigle Sie gleich sprechen. Ich würde mir nie verzeihen, wenn er durch ein Büro in diesem Zustand gehen müsste."

„Er wird es überleben. Und zweitens?"

„Zweitens haben wir eine Sonderkommission im Haus. Im Heusteig-viertel wurde eine Prostituierte erstochen."

„Bin ich eingeteilt?"

„Nicht, dass ich wüsste. Sie hatten doch Urlaub. Aber ich muss möglicherweise …"

„Sie müssen gar nichts", brummte Emmerich und dachte, dass das wieder einmal typisch war. Tagelang nur Schreibkram und wenn etwas Interessantes passierte, musste er natürlich gerade frei haben und sich anschließend mit einem mutmaßlichen Suizid herumschlagen.

„Sagte Zweigle, was er will?"

„Nur, dass es um den unbekannten Toten geht." Frau Sonderbars Stimme senkte sich zu einem verschwörerischen Flüstern. „Bestimmt ein unentdeckter Mord. Herr Dr. Zweigle schreibt Bücher darüber".

„Man kann keine Bücher über etwas schreiben, was noch gar nicht entdeckt wurde", belehrte Emmerich seine Sekretärin. „Von Außerirdischen vielleicht abgesehen."

„Möglicherweise ist der Titel ein wenig irreführend. Aber der erste Band war sehr spannend. Und er ist immerhin Arzt."

„Seit wann lassen Sie sich von akademischen Graden beeindrucken?" Emmerich nahm ebenfalls einen Karton und sah Frau Sonderbar argwöhnisch an. „Wo muss das hin?"

„Hier oben, wenn Sie so freundlich sein wollen. Und es ist nicht der akademische Grad, sondern die fachliche Kompetenz, die …"

„Morgen allerseits." Zweigle stand in der Tür, gekleidet in eine beige Stoffhose und einen ebensolchen Pullover mit V-Ausschnitt, aus dem der Kragen eines weißen Hemdes hervorsah. Das passende Sakko dazu hing ihm am angewinkelten Zeigefinger über der Schulter.

„Ich hoffe, ich komme nicht ungelegen", sagte Zweigle und ließ seinen Blick über die ausgebreiteten Akten und Papiere wandern.

„Aber nein", flötete Frau Sonderbar und lief zu Emmerichs grenzenloser Überraschung zartrosa an. „Gehen Sie nur durch, ich bringe gleich den Kaffee."

„Danke." Zweigle stieg elegant über ein Häuflein Ordner. „Um diese Zeit trinke ich höchstens einen Kräutertee. Machen Sie sich keine Umstände, es dauert nicht lange. Ist das Ihr Büro?" Er nickte Emmerich zu und wies auf die Tür zu dessen Zimmer.

„Mmh." Emmerich warf einen letzten beunruhigten Blick auf Frau Sonderbar, die ungewohnt nervös wirkte. Was, um alles in der Welt, mochte in seine sonst von Mord und Totschlag meist unberührt bleibende Sekretärin gefahren sein? „Kommen Sie rein."

Er öffnete die Tür, schaltete das Licht ein, rückte für Zweigle einen der beiden Besucherstühle zurecht und ließ sich hinter seinem Schreibtisch nieder. Sein eigener Stuhl gab dabei ein leises Ächzen von sich.

„Was kann ich für Sie tun?"

„Es fragt sich, wer hier was für wen tut, nicht wahr? Ich zum Beispiel habe gestern Abend noch ein wenig nachgeforscht, was den unbekannten Toten angeht." Zweigle schlug eines seiner exquisit behosten Beine über das andere und wippte mit dem Fuß, der in einem teuer aussehenden Slipper steckte.

„Und?", fragte Emmerich, ohne eine Miene zu verziehen. Er hörte sehr wohl heraus, dass ihm seine gestrige Eile, mit der er dem vermeintlichen Sauerbraten entgegengestrebt war, immer noch verübelt wurde, verspürte aber wenig Lust, hierauf einzugehen. Zweigle spitzte die Lippen und sah angelegentlich zum Fenster hinaus.

„Ich habe noch einmal mit einem der Sanitäter gesprochen, die den Mann ins Katharinenhospital gebracht haben. Und auch mit dem behandelnden Kollegen."

„Mit welchem Ergebnis?"

„Der Sanitäter bestätigte meine Vermutung, dass die Kleidung des Toten relativ trocken war. Erinnern Sie sich an das Wetter am Karfreitag in der Frühe?"

„Sicher nicht", entgegnete Emmerich bräsig. „An Feiertagen pflege ich auszuschlafen."

„Ihr Fehler", meinte Zweigle und grinste spöttisch. „Das Wetter jedenfalls war schlecht. Feucht, regnerisch und sehr kalt. Trotzdem war der Mann nicht unterkühlt. Er kann also noch nicht besonders lange dagesessen haben."

„So", sagte Emmerich, dem nichts Besseres einfiel.

„Der Kollege, der den Magen auspumpte", fuhr Zweigle behaglich fort, ohne seinen Blick vom Fenster abzuwenden, „wies mich darauf hin, dass am Vorabend ein reichliches Mahl eingenommen worden sein muss. Bedauerlicherweise steht der Inhalt dieses Magens nicht mehr zur Verfügung."

„Das hatten Sie, glaube ich, bereits erwähnt." Emmerich spürte nun selbst ein leichtes Unwohlsein in der Magengegend. Er schob das wenig appetitliche Bild einer schleimigen, bräunlichen Masse, das sich in seiner Vorstellung formen wollte, energisch beiseite, schluckte und fragte:

„Was genau wollen Sie mir denn nun eigentlich mitteilen?"

Zweigle drehte den Kopf und sah Emmerich direkt in die Augen.

„Halten Sie es für wahrscheinlich, dass ein Obdachloser ein opulentes Abendessen einnimmt, es mit reichlich Alkohol hinunterspült, um dann in aller Herrgottsfrühe den chinesischen Garten aufzusuchen und dort eine Überdosis Ipnoral einzunehmen?"

„Für wahrscheinlich nicht", entgegnete Emmerich und erwiderte trotzig den etwas starren Blick des Doktors. „Aber wissen Sie, man hat auch schon Elefanten kotzen sehen."

Zweigle ließ sich nicht aus dem Konzept bringen.

„Ich denke, der Mann war keinesfalls ein Obdachloser. Vermutlich war er auf irgendeiner Feier. Soviel ich weiß, gibt es in der Gegend dort einige Häuser von Studentenverbindungen. Vielleicht sollten Sie da mit Ihren Nachforschungen beginnen."

„Ich kann das überprüfen lassen", sagte Emmerich, um einen neutralen Ton bemüht. Das Letzte, was er seiner Meinung nach brauchen konnte, war ein bücherschreibender Pathologe, der ihm Ratschläge erteilte, wie er einen Fall anzugehen hatte.

„Ferner wollte ich Sie davon in Kenntnis setzen", sprach Zweigle fußwippend weiter, „dass im Katharinenhospital noch Blut abgenommen wurde, bevor der Mann verstorben ist."

„Ja, und?"

„Ich habe mir erlaubt, das Blutbild anzufordern. Es wäre möglich, dass sich daraus weitere relevante Sachverhalte ergeben."

„Sie werden mir sicher berichten, wenn es so weit ist."

„Heute Nachmittag, wie ich hoffe. Sind Sie mit der Identifizierung Ihres Mannes schon weitergekommen?"

„Er ist nicht mein Mann", sagte Emmerich kurz angebunden. „Wie ein Student sieht er auch nicht gerade aus. Und nein, sind wir nicht. Sonst noch etwas?"

„Sie gehören offensichtlich zu den Morgenmuffeln." Zweigle lächelte süffisant und erhob sich. „Ich nehme an, Sie sind gegen später besser in Form. Sie hören von mir."

* * *

Elke Bofinger räumte das Frühstücksgeschirr in die Spülmaschine, öffnete das Küchenfenster und zündete sich eine Zigarette an. Ihre Mutter mochte es nicht, wenn im Haus geraucht wurde, aber es war, weiß Gott, zu kalt geworden, um auf die Terrasse zu gehen. Elke wollte nachdenken, und das Nikotin half ihr dabei. Viel Zeit blieb ihr ohnehin nicht, bevor sie sich auf den Weg ins Büro zu machen hatte. Sie hasste dieses Büro fast ebenso sehr wie ihre gleichförmige Arbeit am Bildschirm und am Telefon im Kundencenter einer großen Bank. Sie hasste den Geruch in diesem Büro, wo auf jedem Schreibblock, auf jeder Kaffeetasse das Logo ihres Arbeitgebers prangte und wo man wegen der Klimaanlage selbst im Hochsommer kein Fenster öffnen durfte. Der einzige Unterschied zu einem Gefängnis, fand Elke, bestand darin, dass man das Büro wenigstens über Nacht und an den Wochenenden verlassen durfte. An manchen Tagen hasste sie sogar ihre immer und überall „Mahlzeit" rufenden Kollegen und fand lediglich Trost in dem Wissen, dass es vielen von ihnen nicht anders erging. Elke machte sich längst keine Illusionen mehr. Vor kurzem hatte sie ihr fünfundvierzigstes Lebensjahr vollendet, einen anderen Job würde sie nicht mehr finden. Bestenfalls verbrachte sie noch weitere fünfzehn, schlimmer noch zwanzig Jahre Tag für Tag in diesem Büro und verkaufte ihre knapper werdende Lebenszeit für ein allenfalls mittelmäßig zu nennendes Salär, während sich in den Etagen darüber Männer in dunklen Anzügen Millionen in die Taschen schaufelten. Wie anders hatte sie sich dieses Leben einmal vorgestellt, damals, vor fünfundzwanzig Jahren nach dem Abitur und später an der Universität oder in den Ferien mit dem Rucksack auf dem Rücken und dem Daumen im Wind, kreuz und quer unterwegs auf der Welt. Doch dann war Kai gekommen, statt eines abgeschlossenen Studiums hatte sie Geld verdienen müssen für sich und das Kind, denn Kais Vater hatte sich aus dem Staub gemacht, kaum dass er von der Schwangerschaft erfuhr. Und nun, nach all den langen Jahren, war kurz vor Ostern ein Brief von ihm gekommen. Elke hatte die Handschrift auf dem Umschlag sofort erkannt, aber drei Tage gezögert, ihn zu öffnen, bis sie sich schließlich am Abend des Ostermontags ein Herz gefasst hatte.

Hallo, meine Kleine – falls ich dich noch so nennen darf, begann dieser Brief. *Du wirst es seltsam finden, nach all der Zeit von mir zu hören. Ich habe lange gebraucht, um zu verstehen, dass es nicht besonders nett von mir war, dich damals mit dem Kind einfach alleine zu lassen. Ich hatte allerdings meine Gründe, die mich zwangen, so zu handeln. Seit einigen Tagen bin ich zurück in Stuttgart, möchte aber immer noch vorsichtig sein. Natürlich würde ich es verstehen, wenn du nichts mehr mit mir zu tun haben willst. Dennoch würde ich gerne unser Kind, von dem ich nicht einmal weiß, ob es ein Sohn oder eine Tochter ist, wenigstens einmal sehen. Selbst wenn es nur von weitem ist. Vielleicht ist es mir auch möglich, einiges wiedergutzumachen. Wenn du Kontakt mit mir aufnehmen möchtest, schicke eine Mail an die umseitige Adresse.*

Der Brief trug keine Unterschrift, sondern war nur mit einer kleinen, stilisierten Schlange signiert. Auch auf dem Umschlag fehlte der Absender, doch Elke wusste, von wem er kam. Was sie nicht wusste, war, ob sie auf das Ansinnen des Schreibers eingehen sollte. Kai, der die Osterferien mit ein paar Kumpels irgendwo beim Snowboarden in den Bergen verbrachte, hatte sich längst daran gewöhnt, seinen Vater nicht zu kennen. Sie hatte sich daran gewöhnt, den Sohn alleine großzuziehen. Und Kais Vater war in ihrer Familie stets ein Tabu gewesen. War es sinnvoll, an dieser Situation etwas zu ändern? Oder nahm sie Kai, der ohnehin erst am folgenden Sonntagabend zurückerwartet wurde, etwas weg, wenn sie den Kontakt zu seinem Erzeuger erst gar nicht versuchte? Sie fand keine zufriedenstellenden Antworten auf diese Fragen und kannte auch niemanden, den sie um Rat fragen wollte.

„Elke", rief Rosemarie Bofinger aus dem Wohnzimmer. „Komm doch bitte noch einmal kurz herein, bevor du gehst."

„Gleich, Mama." Sie drückte die Zigarette zwischen ein paar erfrorenen Stiefmütterchen im Blumenkasten vor dem Fenster aus, warf den Stummel in den Mülleimer, setzte die Spülmaschine in Gang und ging hinüber. „Was ist denn noch? Ich muss los."

„Zwei Minuten wirst du wohl für mich altes Weib noch übrig haben."

Ihre Mutter stand am Esstisch vor dem schweren, alten Buffet aus dunklem Holz und deutete auf eine aufgeschlagene Zeitung. Elke warf einen flüchtigen Blick auf die Schlagzeile des Lokalteils.

„Rettungsdienste fordern mehr Fahrzeuge", las sie irritiert. „Was geht uns das an?"

„Nicht dies hier", sagte Rosemarie ungeduldig. „Da unten. Das Foto."

„Wer kennt diesen Mann?" Elke sah das schwarz-weiße Bild an und fühlte, wie ihr schwindelig wurde. „Ich muss weg, Mama", würgte sie heraus, griff hastig nach ihrer Tasche und stürzte geradezu panikartig aus dem Haus.

„Ts…Ts…Ts", machte Rosemarie Bofinger und sah ihrer Tochter versonnen hinterher. „Dachte ich mir's doch."

* * *

Emmerich starrte die Tür an, die Zweigle gerade hinter sich geschlossen hatte und ärgerte sich. Er hatte doch glatt vergessen, nach dem Namen des Arztes zu fragen, der den Magen des Unbekannten ausgepumpt hatte. Außerdem war er fest entschlossen, alles daranzusetzen, dass dieser Fall, sollte es sich dabei tatsächlich um einen Mord handeln, unter keinen Umständen Eingang in des Doktors zweiten Band finden würde. Nachdenklich kaute er auf einem Bleistift herum und betrachtete die Fotos des Toten, die ihm Frau Sonderbar in einer Mappe auf dem Schreibtisch bereitgelegt hatte. Ein bisschen freakig sah der Mann aus. Emmerich schätzte ihn auf ungefähr Mitte fünfzig. Welcher normale Durchschnittsbürger konnte es sich in diesem Alter noch leisten, eine schulterlange Matte auf dem Kopf zu tragen? Ganz abgesehen davon, dass den wenigsten Männern über fünfzig eine solche Haarpracht überhaupt vergönnt war. Ähnliches galt für den Vollbart. Niemand, der sich im deutschen Berufsalltag behaupten musste, trug heutzutage einen Vollbart. *Ein Selbstständiger vielleicht*, überlegte Emmerich. *Oder ein Künstler. Und wenn's auch nur ein Lebenskünstler ist.* In Zweigles beiliegendem Obduktionsbericht waren, neben den bereits bekannten Fakten, auch besondere Merkmale erwähnt und fotografisch festgehalten. Ein Muttermal links über dem Steiß und eine Tätowierung in Schlangenform am rechten Oberarm. Der Ringfinger der linken Hand wies die charakteristische Einkerbung auf, die ein Mensch davontrug, der an dieser Stelle ein Leben lang einen Ring getragen hatte. Vom Ring selbst aber fehlte jede Spur. Die Kleidung des Toten war der kriminaltechnischen Untersuchung überstellt worden. Beim Betrachten seines Gesichtes stellte Emmerich sich darunter unwillkürlich ein Batikhemd, Schlaghosen und Sandalen, die man früher „Jesuslatschen" genannt hatte, vor. Oder Clogs. Mit zentimeterhohen Sohlen aus Holz und Nieten aus Metall, wie sie in den 70er-Jahren modern gewesen waren, ebenso wie …

„Morgen". Mirko Frenzel schlich auf Zehenspitzen ins Büro und schloss behutsam die Tür hinter sich. „Was ist bei Frau Sonderbar passiert? Zieht ihr um oder so?"

„Was?" Emmerich schreckte aus einer Gedankenfolge, in der Led Zeppelin, Hagebuttentee und Marihuana eine Rolle gespielt hatten, auf.

„In ihrem Büro sieht es ein bisschen … hm … chaotisch aus."

„Ach wo. Sie sucht nur ein altes Fahndungsplakat."

„Wozu das denn? Hat sie Dienstjubiläum?"

„Du bringst mich auf Sachen. Nein, sie denkt, sie hätte unseren Toten früher mal auf einem gesehen."

26

„Unwahrscheinlich." Frenzel setzte sich auf den Stuhl, den Zweigle kurz vorher verlassen hatte. „Seine Fingerabdrücke sind nicht in unseren Computern. Einen Hinweis haben wir aber trotzdem."

„Hat sich jemand gemeldet?"

„Gerade eben. Eine Frau hat angerufen. Wollte ihren Namen nicht nennen. Das Gesicht in der Zeitung könnte jemanden gehören, den sie vor Jahren einmal gekannt hat. Ein gewisser Peter Nopper. Vermisst wird niemand, der so heißt. In Stuttgart gemeldet ist er auch nicht."

„Toll", sagte Emmerich deprimiert und dachte, dass die Mitglieder der Sonderkommission womöglich doch den interessanteren Part erwischt hatten. „Das bedeutet tagelange Wühlarbeit in Melderegistern und Archiven."

„Vielleicht nicht." Mirko setzte ein leicht überlegenes Grinsen auf. „Die Stimme klang schon älter. Und die Nummer der Anruferin war auf meinem Display. Wahrscheinlich hat sie nicht bedacht, dass sie sich so verraten hat. Spätestens heute Nachmittag wissen wir, woher der Anruf kam."

„Klingt schon besser". Emmerich spürte das altvertraute Gefühl des Fuchses, der die Fährte aufnahm, in sich keimen. „Ich mach dann noch meinen Schreibkram und …"

„Nee", sagte Frenzel. „Du kommst mit zu Frau Schloms."

„Sackzement. Das kann doch jemand anderes …"

Frenzel schüttelte den Kopf.

„Nein. Die Kollegen sind alle in der Sonderkommission. Du musst dich schon selbst bemühen."

Emmerich knallte den Bleistift auf seine Schreibunterlage und stand auf.

„Aber du fährst."

4

Während er an Frenzels Seite stadteinwärts gefahren wurde, drückte Emmerich wortreich seine Hoffnung aus, von esoterischem Brimborium wie beispielsweise Halbedelsteinen, die etwas über die Qualität der gerade waltenden Schicksalskräfte aussagten, verschont zu bleiben.

„Wird schon nicht so schlimm werden", unterbrach Frenzel irgendwann in fürsorglichem Ton das Lamento seines Vorgesetzten. „Wir müssen doch nicht einmal zu ihr in die Wohnung. Sie wartet vor dem chinesischen Garten auf uns."

„Wunderbar", entgegnete Emmerich grimmig. „Ist dir schon aufgefallen, dass es schneit? Ich werde mir den Tod holen."

„Du wirst doch wohl den Fundort unserer Leiche selbst in Augenschein nehmen wollen. Hast du keinen Mantel dabei?"

„Hängt noch im Büro."

„Oh Mann." Frenzel hatte die Kurve erreicht, an der der chinesische Garten lag, bog nach links ab und parkte im Halteverbot. „Du lernst es nie, was? Kann man dir eigentlich auch mal etwas recht machen?"

Vor dem Tor zum Garten stand eine dick eingemummelte Frauengestalt und trat von einem Fuß auf den anderen. Emmerich schlug den Kragen seines bejahrten Cordsamtjacketts hoch und stieg aus.

„Tag, Frau Schloms", grüßte er knapp und überlegte, ob es sich lohnte, seine Hand aus der Hosentasche zu ziehen. Eleonore Schloms machte keine Anstalten, ihm die ihrige zu reichen und so beließ er sie dort.

„Herr Emmerich", sagte Frau Schloms. „Ich habe wirklich nicht erwartet, Sie so schnell wiederzusehen."

„Ganz meinerseits", gab Emmerich höflich zurück.

„Der Mann ist also gestorben", stellte Frau Schloms, in den Kragen ihres sicherlich warmen Mantels hinein, fest. „Und Sie untersuchen den Fall. Das wird eine schwierige Sache."

„Wie kommen Sie darauf?", fragte Frenzel, der hinzugetreten und im Fall Diebold nicht mit Eleonore Schloms in Berührung gekommen war.

„Meine Karten sagen mir das, junger Mann. Dieser Tote trug ein Geheimnis mit sich herum."

„Das lassen Sie mal unsere Sorge sein", sagte Emmerich streng. „Wo haben Sie ihn gefunden?"

„Kommen Sie mit."

Eleonore Schloms wandte sich um und ging in den Garten hinein. Trotz der nassen, weißen Flocken, die immer dichter vor seinen Augen wirbelten, sich aber auf dem Boden sofort in Wasser verwandelten, fühlte Emmerich sich in eine andere Welt versetzt. Der Garten war nicht besonders groß, aber von einer beinahe zauberhaften Anmut. Ein besseres Wort fiel ihm nicht ein, obwohl er normalerweise nicht zu poetischen Beschreibungen neigte. Sein erster Blick fiel auf einen kleinen Wasserfall, der zwischen künstlich angelegten Felsen in einen Teich hinunterplätscherte. Trittsteine führten hindurch auf die andere Seite. Rechts stand ein weißes Gebäude mit einem Dach, das Emmerich für typisch chinesisch hielt, er kannte sich da nicht besonders gut aus. Daneben blühte, in zartem Rosa, ein Baum und dieser Baum war es, der das Ganze aussehen ließ, wie eine asiatische Postkartenidylle. Eleonore Schloms folgte nicht den Trittsteinen und schenkte weder dem Baum noch dem Gebäude besondere Aufmerksamkeit, sondern stieg neben dem Wasserfall, der von einer Pagode gekrönt wurde, ein paar Stufen hinauf. Von hier eröffnete sich eine Aussicht über den Stuttgarter Talkessel, die man bei besserem Wetter sicherlich genießen konnte, doch jetzt fuhr ein kalter Windstoß durch Emmerichs dünnes Jackett und ließ ihn zittern.

„Da hat er gesessen", sagte Eleonore Schloms und wies auf eine steinerne Bank, die in exponierter Lage aufgestellt worden war. „Ganz still und ein bisschen schief. Das Wetter war so ähnlich wie jetzt. Deshalb habe ich mich gewundert und ihn angesprochen. Er war aber schon ziemlich ... na, ja ... hinüber."

Emmerich sah fröstelnd die Bank an und drückte sich in den Windschatten eines künstlichen Felsens.

„Um wie viel Uhr war das?"

„Zwanzig nach sieben, schätze ich. Glücklicherweise hatte ich mein Handy dabei."

„Sie haben den Notarzt gerufen?"

„Was hätte ich sonst tun sollen?"

„Nichts, vermutlich." Emmerich suchte mit den Augen den Boden ab und wunderte sich über die mit zahllosen leeren Sekt- und Schnapsflaschen gefüllten Papierkörbe.

„Warum waren Sie in dieser Herrgottsfrühe hier?"

„Ich liebe diesen Garten. Hier kommen um diese Zeit selten Leute her. Ich finde, die Umgebung reinigt den Geist. Verstehen Sie etwas von Feng-Shui?"

„Nein."

„Ich auch nicht. Aber hier kann ich fühlen, dass es funktioniert."

„Aha", sagte Emmerich wenig einfallsreich, stieg die Stufen wieder hinunter und strebte dem Ausgang zu, einem zweiflügeligen Tor, das in eine weiße Mauer eingefügt war. Vor dem Tor stand, umgeben von Gestrüpp, ein weißes Blechschild, das ihm beim Hineingehen nicht aufgefallen war. Die Aufschrift besagte, dass der Garten aufgrund seiner filigranen Beschaffenheit zwischen 20.00 Uhr abends und 7.00 Uhr morgens geschlossen wurde. Die Mitarbeiter des Gartenamtes hatten das Recht, noch verweilende Besucher hinauszuwerfen.

„Also dann vielen Dank, Frau Schloms", setzte Emmerich zur Beendigung der Ortsbegehung an und sah sich nach Frenzel um, der hinter der weißen Mauer zurückgeblieben war.

„Er hat noch etwas gesagt, bevor die Sanitäter gekommen sind", sagte Eleonore Schloms und stieß kleine, weiße Atemwölkchen aus. „Falls Sie das interessiert."

„Was denn?"

„Es war sehr schwer zu verstehen. Ich habe lange darüber nachgedacht und die Worte aufgeschrieben, die ich glaubte, gehört zu haben. Hier."

Emmerich wurde ein kleiner, gelber Notizzettel gereicht.

„Nelken sehen", las er stirnrunzelnd. „Atmosphäre … Sieger … geblieben. Was soll das bedeuten?"

„Ich sagte doch, es wird eine schwierige Sache", meinte Eleonore Schloms von oben herab. „Aber Sie werden erfolgreich sein."

„Wie beruhigend für mich." Frenzel trat durch das Tor und warf einen letzten Blick in den Garten. „Fertig, Mirko? Können wir gehen?"

„Schwierige Sache", grummelte Emmerich, als sie wenig später zurück im Büro waren. „Feng-Shui und geistige Reinigung. Hast du die Schnapsflaschen gesehen? Bestimmt ausgesprochen wirksam, was das anbelangt. Ich kann diese Orakelei nicht ausstehen. Was weiß jemand wie die Schloms schon von unserem Job?"

„Bleib cool, Mann. Du hast sie hinter dir." Frenzel nickte Frau Sonderbar, deren Büro sich mittlerweile wieder im gewohnt aufgeräumten Zustand befand, freundlich zu. „Haben Sie gefunden, was Sie gesucht haben?"

„Ja", sagte Frau Sonderbar schlicht, was Emmerich dazu veranlasste, sie wie vom Donner gerührt anzustarren.

„Ja?", wiederholte er ungläubig. „Das Gesicht des Toten ist tatsächlich auf einem alten Fahndungsplakat? Sie müssen ein Gedächtnis haben wie ein Elefant."

„Im Allgemeinen kann ich mir Gesichter ganz gut merken", erklärte Frau Sonderbar mit einem dünnen Lächeln und griff nach einem gerollten Stück Papier. „Bitte sehr."

Emmerich nahm das Papier und zog es auseinander.

„Verdacht auf Mitgliedschaft in einer terroristischen Vereinigung", las er laut vor. Unter der Überschrift war das schwarz-weiße Foto eines ungefähr Dreißigjährigen mit langem, dunklem Haar und einem sauber gestutzten Vollbart zu sehen. „Nopper, Peter, geboren am 17. April 1954", las Emmerich weiter. „Vermisst seit dem 18. Dezember 1989. Mutmaßlicher Unterstützer der Rote Armee Fraktion (RAF). Peter Nopper ist 1,78 Meter groß und schlank. Sachdienliche Hinweise nimmt jede Polizeidienststelle entgegen."

„RAF?" Frenzel ließ einen leisen Pfiff hören. „Da müssen wir wohl das LKA benachrichtigen."

„Abwarten." Emmerich rollte das Papier wieder zusammen und sah seine Sekretärin nachdenklich an. „Warum haben Sie das denn aufgehoben? Ist ja immerhin schon fast zwanzig Jahre her?"

„Aus familiären Gründen", sagte Frau Sonderbar ausweichend. „Frau Nopper war eine Kundin meines Vaters."

„Also war er verheiratet?"

„Darüber weiß ich nichts. Ich rede von seiner Mutter. Sie war eine wirkliche Dame. Er dagegen …"

„Sprechen Sie ruhig weiter."

Frau Sonderbars Gesicht rötete sich einmal mehr.

„Ein Casanova", schnaubte sie, trotz des zeitlichen Abstandes nach wie vor sichtlich empört. Emmerich vermutete, dass diese Empörung weniger auf die „familiären Gründe", sondern auf persönliche Erfahrungen der jungen Frau Sonderbar zurückzuführen war, behielt diese Annahme aber für sich.

„Lebt sie noch, die Mutter?", fragte er sachlich.

Frau Sonderbar schüttelte heftig den Kopf.

„Sie ist vor einigen Jahren verstorben, ich habe die Anzeige gesehen. Aber fragen Sie mich nicht, wann genau das war."

„Warum haben wir seine Fingerabdrücke nicht im Archiv, wenn er bei der RAF war?", wollte Frenzel wissen.

„Ich glaube, das kann ich erklären", meinte Frau Sonderbar, deren Gesichtsfarbe wieder ihren normalen Ton angenommen hatte. „Es gab damals keinen konkreten Verdacht gegen Peter Nopper. Nur Gerüchte. Er soll konspirative Wohnungen angemietet und mit RAF-Mitgliedern verkehrt haben. Richtig los ging dieses Geschwätz aber erst, als er plötzlich sang- und klanglos verschwunden ist."

„So, wie der aussah", meinte Emmerich lakonisch, „wundert mich das gar nicht. In den 70er-Jahren waren lange Haare bei einem Mann Grund genug für einen derartigen Verdacht."

„Sie sagten aber doch, dass er erst Ende der 80er-Jahre vermisst wurde", vergewisserte sich Frenzel.

„Kurz nach dem Fall der Mauer", nickte Frau Sonderbar. „Deshalb kann ich mich ja noch so gut an den Zeitpunkt erinnern."

„Liebe Güte", seufzte Emmerich, der die Geschehnisse dieses denkwürdigen Herbstes noch in lebhafter Erinnerung hatte, kopfschüttelnd. „Auch das ist schon wieder fast zwanzig Jahre her. Und seither ist er nicht wieder aufgetaucht?"

„Ich bin leider noch nicht dazugekommen, es zu überprüfen." Frau Sonderbar wies mit dem Kinn auf einen Stapel Akten. „Es ist nämlich nicht so, dass ich in diesem Büro nichts zu arbeiten hätte."

„Ach, Hildegard …", schmachtete Mirko mit verdrehten Augen und erntete ein angewidertes „Pfft".

„Lass das", raunzte Emmerich ihn an. „Komm lieber mit in mein Büro."

Er ging voraus, entledigte sich seiner feuchten Jacke und nahm hinter seinem Schreibtisch auf dem ihm angestammten, in jahrelanger Polizeiarbeit mühevoll durchgesessenen Drehstuhl Platz. Statt des gewohnten leisen Ächzens gab der Stuhl ein unheilvolles Quietschen von sich und fuhr samt seinem Besitzer mit sachtem Schwung in die Tiefe.

„Heiligs Blechle", fluchte Emmerich, dessen Nase gerade noch so über die Kante der Schreibtischplatte ragte, und rappelte sich mühsam wieder hoch. „Was hat das jetzt zu bedeuten?"

„Ich schätze, es bedeutet, dass du dich mit einem moderneren Sitzmöbel anfreunden solltest", grinste Frenzel amüsiert.

„Quatsch." Emmerich bückte sich und suchte unter der Sitzfläche nach einem geeigneten Knopf, der den Stuhl wieder auf sein herkömmliches Niveau bringen konnte. „Der da ist noch pfenniggut."

„Selbstverständlich", entgegnete Frenzel trocken. „Und vollkommen zeitgemäß. Steht höchstens so lange da, wie Herr Nopper vermisst wird."

„Man muss nur ein bisschen ruckeln", verteidigte Emmerich seinen geliebten Weggefährten und führte die entsprechenden Bewegungen aus. „Siehst du, so. Mein Kreuz ist an diesen Stuhl gewöhnt." Vorsichtig setzte er sich wieder, alles blieb ruhig. „Na, bitte. Also weiter im Text. Unser Toter hat jetzt immerhin einen Namen."

„Eine ordentliche Identifizierung ist das nicht", gab Frenzel zu bedenken und setzte sich gegenüber hin. „Ein altes Plakat und eine unbekannte Anruferin."

„Aber ein Anhaltspunkt." Emmerich vollführte einige behutsame Drehbewegungen und nickte zufrieden. „Ich habe mir was überlegt, da oben im chinesischen Garten."

„Respekt", entgegnete Frenzel. „Bei diesen Temperaturen."

„Rechne mal nach", fuhr Emmerich unbeirrt fort. „Um sieben Uhr morgens wird der Garten geöffnet, das stand auf diesem Schild. Zwanzig Minuten später hat die Schloms den Mann gefunden. Wie soll man sich das praktisch vorstellen?"

„Er hatte getrunken", meinte Frenzel. „Vielleicht war er depressiv. Wenn einem einmal alles egal ist …"

„Nein." Emmerich schüttelte den Kopf. „Ich mache es ungern, aber ich muss Zweigle recht geben. Irgendetwas stimmt da nicht. Bei diesem Wetter, um diese Zeit … selbst wenn ich sturzbesoffen wäre, würde ich mir für einen Selbstmord andere Umstände aussuchen."

Es klopfte an der Tür, Frau Sonderbar kam mit einer Mappe in der Hand herein und legte sie vor Emmerich auf den Schreibtisch.

„Von der KTU", sagte sie ausdruckslos, wandte sich an Frenzel und reichte ihm einen Zettel. „Ich soll Ihnen ausrichten, dass der Anruf von einem Anschluss im Grasigen Rain kam. Das gehört bereits zu Fellbach. Bofinger, Rosemarie."

„Danke." Frenzel steckte den Zettel ein. Emmerich schlug die Mappe auf, nahm ein einzelnes Blatt heraus und überflog den Inhalt.

„Da haben wir den Salat", sagte er nachdrücklich. „Auf der Schachtel mit den Tabletten ist kein einziger Fingerabdruck. Und Handschuhe hat der Tote nicht getragen, es wurden auch keine bei ihm oder in der Umgebung gefunden."

* * *

Für Elke Bofinger war es kein guter Tag. Das Bild aus der Zeitung spukte noch in ihrem Kopf herum, als sie an ihrem Arbeitsplatz anlangte und spürte, dass auch hier etwas merkwürdig war. Die Stimmung in der Bank hatte sich auf schwer zu beschreibende Weise verändert, anstatt der üblichen „Guten Morgen"- und „Mahlzeit"-Grüße wurde auf den Gängen und in den Aufzügen getuschelt, die Angestellten wirkten bedrückt. Auf dem Weg ins Büro schnappte Elke vereinzelte Wortfetzen auf. „Internationale Finanzkrise" hieß das häufigste Schlagwort, dazwischen war von möglichen Entlassungen die Rede. Um mehr zu erfahren, verbrachte sie ihre Mittagspause ausnahmsweise in der Kantine, die zwar „Betriebsrestaurant" genannt wurde, von dem, was Elke unter einem Restaurant verstand, aber etwa so weit entfernt war wie der Stuttgarter Fernsehturm vom Mount Everest, weshalb sie die alte Benennung bevorzugte. Natürlich hatte auch sie bereits von der sich weltweit anbahnenden Finanzkrise gehört, das Ganze jedoch bislang für ein vorwiegend amerikanisches Problem gehalten. Elkes Arbeitsplatz lag nicht in der internationalen Welt der Hochfinanz, sondern in den Niederungen des Privatkundengeschäfts, wo sie ihre Zeit mit verlorenen Scheckkarten, falsch verbuchten Lastschriften und der Beratung schusseliger Senioren verbrachte. Der Informationsgehalt der Kantinengespräche erwies sich als wenig ergiebig. Womöglich hatte auch ihr Arbeitgeber sich beim großen Spiel mit den amerikanischen Hypotheken verkalkuliert, doch über die unmittelbaren Auswirkungen schien niemand Bescheid zu wissen. Verdrossen schob Elke den letzten Löffel eines garantiert kalorienarmen, dafür aber absolut geschmacksneutralen Fruchtpuddings in den Mund und wandte sich wieder ihrem eigentlichen Problem zu. Kais Vater war aus der Nicht-Existenz wieder aufgetaucht, nur um sich gleich darauf abermals, und diesmal endgültig, zu verabschieden. Elke hatte keine Vorstellung davon, wo Peter sich in den zurückliegenden Jahren herumgetrieben haben mochte, es interessierte sie auch nicht besonders. Was sie jedoch wusste, war, dass er vor seinem Verschwinden der Sohn recht vermögender Eltern gewesen war. Diese Eltern hatten sich hartnäckig geweigert, Kai als ihren Enkel anzuerkennen, doch das waren andere Zeiten gewesen. Heute gab es eindeutige Möglichkeiten, eine Vaterschaft festzustellen. Elke erinnerte sich an den Fall eines Tennisspielers, der in diesem Zusammenhang zu zweifelhaftem Ruhm, weit über seine sportlichen Erfolge hinaus, gekommen war. Es lag ihr wenig daran, die Vergangenheit aufzuwühlen und noch weniger wollte sie Kai mit Dingen belasten, die keine Aussicht auf Erfolg versprachen, doch das Bild in der Zeitung beinhaltete eine Chance. Sie musste nur noch einen Weg finden, der diese Chance für sie greifbar machen würde. Wenn sie es richtig anfing, bestand immerhin die Möglichkeit, dass die Auswirkungen der internationalen Finanzkrise sowohl ihr als auch Kai letztendlich egal sein konnten. *Lieber Gott, hilf mir, das Richtige zu tun*, schickte Elke, die im Allgemeinen wenig religiös war, ein Stoßgebet zur hell verschalten Kantinendecke hinauf und brachte ihr Tablett zum Fließband.

5

Der Grasige Rain lag dort, wo die Städte Fellbach und Stuttgart, die im Verlauf ihrer Geschichte immer mehr zusammengewachsen waren, sich berührten. Er entpuppte sich als eine Straße, die zunächst durch ein kleines Gewerbegebiet mit dem schönen Namen „Lindle" führte, dann tauchten Mehr- und schließlich auch einige Einfamilienhäuser auf. Vor Rosemarie Bofingers Haus führte ein schmaler Weg aus Cannstatter Travertin durch einen kleinen Garten zur Haustür. Emmerich drückte auf die Klingel, die an einem steinernen Pfosten neben dem Gartentor angebracht war. Das dazugehörige Schild lautete auf „Familie Wilhelm Bofinger", einen Lautsprecher konnte er nirgends entdecken. Er richtete seinen Blick daher auf das Haus und sah, wie sich zuerst hinter einem der Fenster im Erdgeschoss ein Vorhang bewegte, dann öffnete sich die Tür einen Spalt breit und eine alte Frau lugte heraus. Emmerich holte Luft und erhob die Stimme:

„Frau Bofinger? Wir sind von der Polizei und würden Sie gerne etwas fragen."

„Von der Polizei?" Die Tür öffnete sich ein klein wenig weiter. „Sie sehen aber gar nicht aus wie von der Polizei."

„Dürfen wir näherkommen? Ich zeige Ihnen meinen Ausweis."

„Meinetwegen." Die alte Frau blieb skeptisch. „Aber nur einer."

Emmerich öffnete das hölzerne Gartentor, holte seinen Dienstausweis heraus und durchschritt den kleinen Garten.

„Hauptkommissar Emmerich", stellte er sich vor und wies nach hinten. „Mein Kollege, Kommissar Frenzel."

„Warten Sie, ich muss meine Brille holen." Die Frau verschwand im Haus, kam mit dem benötigten Gegenstand zurück und studierte eingehend Emmerichs Ausweis.

„Könnte echt sein", sagte sie misstrauisch.

„Ist er auch."

„Man liest so viel von Trickbetrügern."

Emmerich entschloss sich zum Angriff.

„Sie haben heute Morgen bei uns angerufen, Frau Bofinger. Wegen dem Mann in der Zeitung."

„Woher wollen Sie das denn wissen? Ich habe doch meinen Namen gar nicht gesagt."

„Aber angerufen haben Sie. Wir können so etwas heute feststellen."

„Das ist die Höhe!" Die alte Dame schnaufte erregt. „Ein Überwachungsstaat werden wir wieder. Wie damals beim Hitler, alles wird kontrolliert und verboten. Das lasse ich mir nicht gefallen, ich werde …"

„Frau Bofinger." Emmerich versuchte, einen beruhigenden Ton anzuschlagen. „Wir haben nur ein paar Fragen an Sie. Kannten Sie den Mann?"

„Sonst hätte ich ja nicht angerufen. Aber ich will in nichts hineingezogen werden."

„Ich verspreche Ihnen, das werden Sie nicht", sagte Emmerich mit dem gebotenen Ernst. „Wir behandeln jede Information absolut vertraulich. Dürfen wir jetzt hereinkommen?"

„Wenn Sie meinen." Die alte Frau trat widerstrebend zur Seite und Emmerich winkte Frenzel. Im Wohnzimmer setzten sie sich auf eine schwere, olivgrüne Polstergarnitur, die zweifellos schon bessere Tage gesehen hatte. Frau Bofinger schien nach wie vor nicht vollständig von der Richtigkeit ihres Tuns überzeugt.

„Wir haben doch ein Brief-, Post- und Fernmeldegeheimnis", sagte sie verunsichert. „Das steht im Grundgesetz. Dürfen Sie sich denn einfach darüber hinwegsetzen?"

Emmerich, der kein Interesse daran hatte, sich auf eine Erörterung der Befugnisse staatlicher Stellen, die auch ihm teilweise zu weit gingen, einzulassen, zwinkerte verschwörerisch.

„Jetzt seien Sie uns mal nicht böse, Frau Bofinger. Wir brauchen doch Ihre Hilfe."

„Meine Hilfe?" Rosemarie Bofinger nahm mit schwerfälligen Bewegungen dünnwandige Gläser aus einem Schrank und schenkte aus einer grünen Flasche Mineralwasser ein. „Ich weiß nicht, ob ich Ihnen helfen kann."

„Aber Sie haben uns einen Namen genannt. Sie sagten, der Mann heiße Peter Nopper."

„Vielleicht habe ich mich geirrt. Er könnte ihm ja auch nur ähnlich sehen. Es ist schließlich schon lange her."

„Dass Sie ihn gesehen haben?"

Rosemarie Bofinger nickte stumm und rückte mit fahrigen Handbewegungen die Nippesgegenstände auf einer Anrichte aus den 50er-Jahren zurecht.

„Woher kannten Sie ihn denn?"

„Er ist ... nein, er war ... aber natürlich nur, wenn er es ist, der Sohn von der Schwester von meiner Schwägerin."

„Ähem", grunzte Frenzel verständnislos, während Emmerich gedanklich versuchte, das Gehörte in die richtige Ordnung zu bringen.

„Der Sohn von der Schwägerin Ihrer Schwester? Das wäre dann ..."

„Nein", unterbrach ihn Rosemarie Bofinger mit einem Anflug von Ungeduld. „Der Neffe von der Frau meines Bruders. Sie ist eine geborene von Hebsack, die Familie geht zurück bis auf den Graf Eberhard im Bart. Wissen Sie, dass halb Württemberg von Graf Eberhard im Bart abstammt? So viele uneheliche Kinder hatte der. Im Stammbaum der Bofingers kommt er auch vor, obwohl der lange nicht so weit zurückreicht wie der von den Hebsacks. Man kann das heute viel leichter herausfinden als früher. Wegen der Mormonen."

„Mormonen?" Frenzel machte ein Gesicht, das nicht auf das Vorhandensein höherer Intelligenz schließen ließ.

„Die Mormonen, junger Mann", belehrte ihn Frau Bofinger, „leben an einem Salzsee in Amerika und betreiben Vielweiberei. Damit sie nicht den Überblick verlieren, sind sie große Ahnenforscher geworden."

„Tatsächlich", gluckste Frenzel schwach und sah Emmerich hilfesuchend an.

„Peter Nopper gehört also zu Ihrer Familie", versuchte der zum eigentlichen Gegenstand der Befragung zurückzukehren.

„Nein", entgegnete die alte Dame mit unerwarteter Heftigkeit. „Ich sagte doch, er ist ..."

„Angeheiratete Verwandtschaft", verbesserte Emmerich sich hastig.

„Aber nur ganz entfernt. Seine Mutter war auch eine geborene von Hebsack."

„Wann haben *Sie* ihn denn zum letzten Mal gesehen?"

„Oh je." Rosemarie Bofinger staubte mit dem Ärmel zärtlich einen Kakadu aus weißem Porzellan ab und stellte ihn nachdenklich zurück auf die Anrichte. „Das muss zwanzig Jahre her sein. Vielleicht auch länger."

„Trotzdem haben Sie ihn sofort erkannt. Er hat wohl bleibende Eindrücke bei Ihnen hinterlassen."

„Das können Sie laut sagen."

„Inwiefern?"

„Ein Gammler war er", erklärte Rosemarie Bofinger erregt. „Ein Hippie. Ein richtiger Tagedieb. Nichts arbeiten wollen, aber lauter verrückte

Ideen im Kopf. Von der Sorte gab's früher viele. Die meisten sind irgendwann vernünftig geworden, aber der nicht. Wollte die Welt auf den Kopf stellen, doch dann war er plötzlich weg."

„Wie? Weg?"

„Na, weg halt. Fort aus Deutschland. Wir … sie haben seit Jahren nichts mehr von ihm gehört."

Emmerich war das kurze Zögern nicht entgangen, er sah die alte Dame scharf an.

„Wir oder sie?"

„Sie natürlich. Seine Familie."

„Könnten Sie mir da eine Adresse geben? Die von Ihrer Schwägerin zum Beispiel?"

„Schreck, lass nach", sagte Frenzel, als sie das Haus im Grasigen Rain wieder verlassen hatten. „Wahrscheinlich wären wir irgendwann bei Adam und Eva gelandet."

„Eva genügt", entgegnete Emmerich boshaft. „Ich hab mal gelesen, dass man alle Menschen auf sechs oder sieben Urmütter genetisch zurückverfolgen kann."

„Warum hast du das nicht gesagt? Urmutter von Hebsack, das wäre doch was."

„Du hast nicht zugehört. Frau Bofinger ist mit Hebsacks nicht verwandt, sondern nur verschwägert und das auch nur ganz entfernt."

„Soll ich dir was sagen? Das interessiert mich einen feuchten …"

„Mich auch nicht", fiel Emmerich Frenzel ins Wort und postierte sich wartend neben der Beifahrertür. „Aber findest du es nicht merkwürdig, dass die gute Frau Bofinger gegen ihren entfernten Verwandten eine derartige Abneigung hat? Eigentlich müsste er ihr doch ziemlich egal sein."

„Du meinst, die weiß mehr, als sie sagt?"

„Worauf du einen lassen kannst. Sie kennt ihn sicherlich besser, als sie es uns gegenüber zugeben möchte."

„Dann fahren wir jetzt zu dieser Schwägerin?"

„Nein." Emmerich schüttelte den Kopf. „Jetzt gehen wir was essen, ich habe einen Bärenhunger."

„Von mir aus." Frenzel öffnete den Wagen und stieg ein. „Ich kenne eine Kneipe in Cannstatt, die haben prima Schnitzel."

„Hört sich gut an." Emmerich nahm auf dem Beifahrersitz Platz, wartete, bis Frenzel die Hauptstraße erreicht hatte und fischte sein Handy aus der Tasche.

„Was Neues?", fragte er knapp, als sich Frau Sonderbar nach dem zweiten Läuten meldete.

„Ein Anruf. Von einem Hotel Sieber in der Tübinger Straße. Der Tote soll da ein Zimmer gehabt haben. Das Bett wurde allerdings während der letzten Nächte nicht benutzt."

„Rufen Sie bitte dort an. Wir kommen nach dem Mittagessen vorbei und sehen uns das Zimmer an. Und sonst?"

„Noch nichts von der KTU. Dr. Zweigle scheint noch eine wichtige Entdeckung gemacht zu haben."

„Welche?"

„Er will es leider nur Ihnen persönlich sagen."

„Machen Sie sich nichts daraus", meinte Emmerich nonchalant. „Wichtiger als mein Mittagessen ist sie sicher nicht."

„Sie gestatten, dass ich anderer Ansicht bin?"

„Selbstverständlich."

„Was also soll ich ihm sagen?"

„Dass ich zurückrufe. Später."

„Wie Sie meinen."

Frau Sonderbar beendete das Gespräch und Frenzel, den Emmerich hatte mithören lassen, sagte amüsiert:

„Jetzt ist sie beleidigt."

„Schon möglich. Aber kann ich es zulassen, dass ein bücherschreibender Leichenfledderer meiner Sekretärin den Kopf verdreht? In ihrem Alter? Als Vorgesetzter habe ich eine Verantwortung für meine Mitarbeiter."

„Na, hör mal."

„Nix, na hör mal. Heute früh ist sie tatsächlich rot angelaufen, als dieser Affe ins Büro kam."

„Was schätzt du, wie alt ist Zweigle?"

„Keine Ahnung. Ende fünfzig vielleicht? Warum fragst du?"

„Sperr die Augen auf", empfahl Frenzel und bog rechts ab. „Vielleicht passen die beiden ja zusammen."

Emmerich fühlte sich, als hätte ihm jemand einen leichten Schlag auf den Kopf versetzt. Noch nie, aber wirklich noch gar nie, war es ihm in den Sinn gekommen, dass Frau Sonderbar private Beziehungen zum anderen Geschlecht unterhalten könnte. Sie war ihm in dieser Hinsicht stets als ein Neutrum erschienen, das allenfalls über mütterliche Eigenschaften verfügen mochte. Ein geschlechtsneutrales, unauffällig gekleidetes und frisiertes Wesen, das ein verlässlicher und selbstverständlicher

Bestandteil seines Lebens war, an dessen Geburtstage ihn Gabi erinnerte und die passenden Pralinen besorgte.

„Hab ich was Falsches gesagt?", fragte Frenzel besorgt und hielt neben einer Parklücke vor dem Gebäude der Cannstatter Zeitung. „Du bist so still."

„Wenn ich mir's recht überlege", entgegnete Emmerich, immer noch leicht benebelt, „dann hatte sie heute Morgen etwas völlig Neues an."

„Frau Bofinger?" Frenzel konzentrierte sich auf's Einparken.

„Frau Sonderbar."

„Sie hat sogar eine neue Brille. Ist dir noch gar nicht aufgefallen, was?"

„Nein", musste Emmerich kleinlaut zugeben. „Ich ... äh ... hab's nicht so mit modischen Details."

„Du stehst auch nicht im Ruf, ein ausgewiesener Frauenversteher zu sein." Frenzel zog den Zündschlüssel ab. „Da drüben warten unsere Schnitzel."

Emmerich stieg aus und betrachtete bedrückt die etwas schäbig wirkende Fassade des von Frenzel empfohlenen Gasthauses.

„Bist du sicher?"

„Hundertprozentig. Das *Abklatsch* ist eine geile Kneipe."

„So hab ich's nicht gemeint. Sag mir eines: Warum Zweigle?"

6

„Nein, Ihre Scheckkarte ist nicht kaputt", sprach Elke Bofinger geduldig in ihr Headset, während sie am Bildschirm die Kontodaten der Kundin ansah. Vier Abbuchungen von Schuhgeschäften in der Woche vor Ostern. Zwei von teuren Boutiquen in der Königstraße, deren Schaufensterauslage Elke keine Beachtung schenkte, da der Inhalt für sie unerschwinglich war. Außerdem eine Zahlung an einen der großen Discounter über annähernd zweihundert Euro.

„Ich konnte aber kein Geld damit abheben", beschwerte sich die Anruferin in unfreundlichem Ton.

„Das liegt an Ihrem Konto. Der Kreditrahmen beträgt zweitausend Euro. Sie haben bereits um zweitausendfünfhundert überzogen."

Für einige Sekunden herrschte Stille am anderen Ende der Leitung, dann brach ein Sturm über Elke herein.

„Was glauben Sie eigentlich, wer Sie sind? Das ist doch die Höhe. Eine derartige Knauserigkeit ist mir ja noch nie untergekommen. Was sind denn fünfhundert Euro? Sie sind eine Bank. Sie verleihen Geld. Davon leben Sie, Sie ..."

Mein Kopf. Elke nahm das Headset ab, legte es vor sich auf den Tisch und massierte sich müde die Schläfen. *Ich muss hier raus.* Das Zetern ihrer Kundin drang wie das Summen eines lästigen Insekts aus dem kleinen Lautsprecher und ebbte nur langsam ab. Elke wartete, bis sie etwas hörte, das wie „Sind Sie überhaupt noch dran?" klang, und hielt den Hörer wieder ans Ohr.

„Sicher bin ich noch dran. Ich werde Ihre Beschwerde weiterleiten, mehr kann ich nicht für Sie tun. Warum sprechen Sie nicht mit Ihrem Kundenbetreuer auf der Filiale?"

„Das habe ich schon. Wollen Sie wissen, was der mich kann, der Kundenbetreuer?"

„Nein, danke. Einen schönen Tag noch." Kurz entschlossen unterbrach Elke die Verbindung. Man hatte ihr in Seminaren und Schulungen beigebracht, auch in schwierigen Gesprächssituationen freundlich zu bleiben, doch in der Praxis hatte sie gelernt, dass Freundlichkeit in solchen Fällen ein anderes Wort für Zeitverschwendung war. Sollte sie doch wieder anrufen, die Dame, und die Nerven eines anderen Kollegen strapazieren, ihre waren ohnehin schon bis zum Zerreißen gespannt. Elke schaltete den Bildschirm aus, verteilte unauffällig etwas Speichel auf Stirn und Wangen, nahm ihre Handtasche und ging durch das Großraumbüro zum Tisch ihrer Chefin.

„Ich habe Durchfall und schwitze ungewöhnlich stark", verkündete sie mit matter Stimme. „Das Norovirus soll herumgehen."

„Der fehlt uns hier gerade noch." Die Chefin warf einen flüchtigen Blick auf Elkes feucht glänzendes Gesicht. „Machen Sie, dass Sie nach Hause kommen. Ich will Sie für den Rest der Woche nicht mehr sehen."

Elke nahm den Aufzug nach unten. Am Norovirus, so hatte sie gelesen, erkrankte man kurz und heftig, nach einem Tag war der Spuk bereits wieder vorbei. Die Krankmeldung würde sie nachträglich besorgen müssen. *Ein überaus praktisches Virus,* dachte sie beschwingt, als sie, mit der Aussicht auf dreieinhalb zusätzliche Urlaubstage, die Bank verließ. Was sie nun brauchte war ein Plan. Elke ging zum Hauptbahnhof und kaufte sich eine Tageszeitung.

★ ★ ★

„Nette Wirtschaft." Emmerich zog sich angelegentlich die Hose nach oben und verließ hinter Frenzel das *Abklatsch.* „Kommst du öfter her?"

„Ab und zu. Mindestens einmal im Jahr am schmotzigen Donnerstag. Da steppt hier der Bär."

„Du stehst auf Fasching?"

Frenzel angelte den Autoschlüssel aus der Hosentasche und sperrte den Wagen auf.

„Es heißt Fasnet. Nicht Fasching. Fasching ist in Bayern, wir sind in Schwaben."

„Kann ich nichts mit anfangen. Stuttgart ist protestantisch, wir waren noch nie eine Karnevalshochburg."

„Die Zeiten ändern sich. Mit Religion hat das doch schon lange nichts mehr zu tun. Hauptsache, Party."

„Party geht auch ohne Fasching."

Über das Wagendach hinweg sah Emmerich, wie Frenzel die Augen verdrehte, bevor er einstieg. *Er denkt, was weiß der alte Sack schon,* nahm er an. Vor nahm er sich dagegen, Jule bei Gelegenheit zu fragen, ob der alljährliche Mummenschanz bei der heutigen Jugend ein höheres Ansehen genoss, als zu seiner Zeit.

„Wohin jetzt?", wollte Frenzel wissen und startete den Motor.

„Hotel Sieber. Tübinger Straße."

Sie durchquerten die Tunnelröhre unter den Berger Sprudlern und landeten im Stau.

„Willst du Radio hören?", fragte Frenzel gelangweilt.

„Nö."

„CD?"

„Muss nicht sein."

„Weißt du, was das für ein Zeichen ist? Da vorne, auf dem Kofferraum von dem Golf?"

Emmerich äugte träge durch die Windschutzscheibe. Er hatte sich eine ungewohnt große Portion paniertes Schnitzel mit Pommes vollständig einverleibt und fühlte sich ein wenig schlapp.

„Ein Reiher? Ein Geier? Warum sollte ich das wissen?"

„Weil mir aufgefallen ist, dass in letzter Zeit immer mehr Autos mit diesem Vogelzeichen unterwegs sind."

„Neumodisches Zeug halt. Vor dreißig Jahren hatten alle einen Kleber von Sylt hinten drauf. Das hat so ähnlich ausgesehen."

„Du kannst doch Sylt nicht mit einem Vogel vergleichen." Frenzel rückte ein paar Meter vor.

„Mach ich ja nicht. Ich meinte nur, dass ein Kleber aussieht, wie der andere. Stell das Blaulicht auf's Dach, mir dauert das hier zu lange."

„Ich finde, er sieht aus, wie ein Adler. Und irgendwas hat er bestimmt zu bedeuten."

Eine Viertelstunde später quetschte Frenzel den Wagen in der Tübinger Straße vor ein Tor, auf dem „Einfahrt freihalten" stand. Das Hotel Sieber lag ein paar Schritte weiter, eine nüchterne, einstmals vielleicht freundlich gelbe Fassade, die im Lauf der Jahre durch die Abgase des Straßenverkehrs einen schmuddeligen Grauton angenommen hatte.

„Nicht unbedingt ein Fünf-Sterne-Haus", meinte Emmerich und öffnete die Tür aus dunklem Rauchglas. Dahinter herrschte eine etwas altmodische, überraschenderweise aber sehr gediegene Atmosphäre. Ein mit Messingstangen befestigter, roter Läufer führte einige Stufen hinauf zu einer kleinen Rezeption. Hinter dem Tresen stand ein ernst aussehender junger Mann mit sorgfältig gescheiteltem, kurzem Haar.

„Was kann ich für Sie tun?"

Emmerich zeigte seinen Ausweis und stellte sich vor.

„Haben Sie uns angerufen? Wegen des Fotos in der Zeitung?"

Für den Bruchteil einer Sekunde verschwand das professionelle Lächeln aus dem ansonsten ausdruckslosen Gesicht des jungen Mannes.

„Nicht ich", sagte er, sich sofort wieder in der Gewalt habend. „Der Herr Direktor. Einen Augenblick, ich lasse ihn rufen." Er griff zu einem Telefon und wandte sich ab. Emmerich sah sich in den etwas beengt wirkenden Räumlichkeiten um. Links von der Rezeption gab es eine Glastür mit Streifen und der Aufschrift „Frühstückszimmer", daneben einen Treppenabgang mit WC-Symbolen. Rechts standen dunkelgrüne Ledersesselchen paarweise um Tischchen gruppiert, die kleine, gefältetelte Stehlampen trugen. Das einzige Fenster war mit einem schweren, ebenfalls dunkelgrünen Samtvorhang verhängt. Zwischen den Sesselchen und der Rezeption entdeckte Emmerich eine Aufzugtür, deren Alter er auf mindestens vierzig Jahre schätzte. Das Hotel Sieber schien kein besonders großes Haus zu sein. Frenzel räusperte sich und wollte etwas sagen, doch im selben Moment öffnete sich die Aufzugtür. Heraus trat ein hochgewachsener, stattlicher Mann in mittleren Jahren und einem dunklen Anzug, der zielstrebig auf die Kommissare zukam.

„Herr Sieber?", fragte Emmerich höflich.

„Aber nein", entgegnete der Mann, auf die gleiche, professionelle Weise lächelnd wie der Portier. „Siebers gibt es hier schon lange keine mehr. Mein Name ist Hoffmann. Wollen Sie nicht Platz nehmen?"

„Sie sagten am Telefon, der Mann aus der Zeitung habe bei Ihnen gewohnt. Eigentlich würden wir lieber das Zimmer sehen."

„Das Zimmer?" Herr Hoffmann wirkte ein wenig irritiert. „Ich dachte, Sie würden seine Sachen abholen."

„Soll das heißen, seine Habseligkeiten befinden sich nicht mehr im Zimmer?"

„Also, das ist …", sagte Hoffmann und sah verlegen zu Boden, „es … wie soll ich sagen … wir sind ein gut gebuchtes Haus. Wir konnten schließlich nicht wissen, ob der Herr wieder kommt oder nicht."

„Mit anderen Worten", warf Frenzel ein, „Sie haben das Zimmer geräumt und an einen anderen Gast vergeben."

„Richtig." Hoffmann lächelte erleichtert.

„Wann war das?"

„Gestern … hm … Abend. Der Herr hatte das Zimmer seit vier Nächten nicht mehr benutzt."

„Aber bezahlt?", wollte Emmerich wissen.

„Bis Ostermontag. Sein Koffer steht in meinem Büro."

„Und Sie sind sicher, dass Ihr Gast der Mann aus der Zeitung war?"

„Oh, ja." Hoffmann rieb sich die Hände und sah abwechselnd Emmerich und Frenzel an. „Ein solches Gesicht vergisst man nicht. Mit diesen Haaren. Diesen … äh … langen Haaren."

„Na, schön." Emmerich ging zu einem der Sesselchen und setzte sich hinein. „Dann zeigen Sie uns mal die Anmeldung. Den Koffer nehmen wir dann mit."

Hoffmann beugte sich leicht über den Tresen der Rezeption, erteilte flüsternd einige Anweisungen und kehrte mit einem Blatt Papier zurück. Der junge Mann ging zum Aufzug.

„Hier", sagte Hoffmann und legte das Papier vor Emmerich auf das Tischchen. „Michael Ford aus Kalifornien, USA. Eingecheckt am Montag vergangener Woche. Vorausbezahlt für sieben Übernachtungen."

„Ford?", fragte Frenzel und sah Emmerich verblüfft an. „Warum Ford?"

„Warum nicht?" Emmerich warf Frenzel einen warnenden Blick zu und wandte sich wieder an den Direktor. „Der Mann war also Amerikaner? Haben Sie selbst mit ihm gesprochen?"

„Nur ein- oder zweimal. Ich gehe beim Frühstück immer durch und erkundige mich bei den Gästen, ob alles in Ordnung ist."

„Sprach Mr. Ford Deutsch?"

„Ein wenig, glaube ich."

„War er zufrieden?"

„Er hat nichts Gegenteiliges gesagt."

„Wissen Sie, warum er hier war?"

„In Stuttgart, meinen Sie? Oder in meinem Hotel?"

„Sie dürfen mir gerne beides beantworten."

„Das kann ich nicht. Wir fragen unsere Gäste nicht nach dem Zweck ihres Aufenthaltes."

„Natürlich." Emmerich setzte ein kumpelhaftes, aber ebenfalls professionelles Lächeln auf. „Das geht Sie ja schließlich auch nichts an, richtig?"

Hoffmann nickte und sagte nichts.

„Wer hat das Zimmer geräumt?"

„Ein Zimmermädchen."

„Können wir mit der Frau sprechen? Ist sie im Haus?"

Hoffmann warf einen Blick auf seine Armbanduhr und schüttelte den Kopf.

„Jetzt sicherlich nicht. Und auch sonst weiß ich nicht, ob ich Ihnen weiterhelfen kann. Wir haben den Zimmerservice fremdvergeben. Die Firma schickt uns nicht immer die gleichen Damen."

„Soll heißen, Sie können mir nicht sagen, wer Mr. Fords Siebensachen zusammengepackt hat?"

Hoffmann strahlte und bleckte ein unnatürlich weißes Gebiss.

„Ich fürchte, nein."

„Was für Leute steigen denn gewöhnlich bei Ihnen ab? Touristen? Geschäftsreisende?"

Aus den Augenwinkeln beobachtete Emmerich, wie Frenzel über den unbewachten Rezeptionstresen äugte, allem Anschein nach aber, ohne etwas Interessantes zu entdecken.

„Von allem etwas", erklärte Hoffmann. „Aber die meisten Gäste kommen zur Fortbildung her."

Ein leises, metallisches Geräusch ertönte, der junge Mann trat mit einem schäbigen Koffer in der Hand aus dem Aufzug und musterte Frenzel argwöhnisch.

„Da hätten wir es ja", sagte Hoffmann ölig. „Dies ist Mr. Fords Gepäck."

Emmerich stand auf.

„Schreiben Sie meinem Kollegen bitte noch den Namen von der Zimmerbetreuungsfirma auf. Und die Nummer, die Mr. Ford bewohnte."

„Aber gerne." Hoffmann erhob sich ebenfalls. „Ich hoffe, ich konnte Ihnen behilflich sein."

„Seltsamer Laden", sagte Emmerich nachdenklich, als sie wieder auf der Straße standen. Um den Wagen mit dem Blaulicht auf dem Dach hatte sich eine kleine Menschenmenge versammelt, die lautstark diskutierte.

„Seltsamer Name", entgegnete Frenzel. „Wieso heißt er plötzlich Ford und ist Amerikaner?"

„Abwarten." Emmerich ließ seinen Blick über die Versammlung gleiten und wandte sich an einen kleinen Mann im blauen Anton, der ruhig wartend dastand.

„Was gibt es hier Besonderes?"

„Nigt wisse. Nur warte, bis Ausfahrt frei."

„Wird gleich so weit sein." Emmerich ging zur Beifahrertür und öffnete sie. Die Diskussion verstummte abrupt.

„So", sagte eine grauhaarige Frau entschlossen. „Sie sind also die Polizei."

„Höchstpersönlich", nickte Emmerich.

„Und? Haben Sie etwas herausgefunden?"

„Wir finden immer etwas heraus. Deshalb sind wir die Polizei."

„Wollen Sie uns verarschen?"

Emmerich musterte die Frau und ihre fünf oder sechs Mitdiskutanten erstaunt.

„Das liegt nicht in meiner Absicht. Ich rate Ihnen allerdings, aufzupassen, was Sie sagen und zu wem."

„Soll das heißen, Sie unternehmen nichts?"

„Wogegen denn?"

„Gegen die Bande da", mischte sich eine zweite Frau ein und zeigte auf ein silbermetallenes Schild, das an der rechten Seite der Hofeinfahrt angebracht war. „Im Hinterhaus."

„Ihr Hinterhaus ist nicht Gegenstand unserer Ermittlungen, gnädige Frau", entgegnete Emmerich freundlich, aber bestimmt, und warf einen flüchtigen Blick auf das Schild. Unter einem Symbol, das er bereits kannte, stand: *Schulungszentrum der GBP.* „Wenn Sie damit ein Problem haben, dann bringen Sie es zur Anzeige. Und jetzt machen Sie bitte den Weg frei."

Er stieg ins Auto, hörte noch, wie eine der Frauen „Nicht zu fassen" rief, und zog die Tür zu. Frenzel saß bereits hinter dem Lenkrad und manövrierte den Wagen zurück auf die Straße.

„Was war denn?", wollte er wissen.

„Keine Ahnung. Eine Bande im Hinterhaus. Nicht, dass uns das etwas angehen würde, aber ich weiß jetzt wenigstens, was das komische Vogelzeichen bedeutet."

„Tatsächlich?"

„Es ist das Symbol einer dieser Kleinstparteien. FBP oder so ähnlich. Sie haben da ein Schulungszentrum."

„Und damit haben die Leute ein Problem?"

„Was weiß denn ich?" Emmerich schnaubte ungehalten. „Wir sind nicht unterwegs, um Meinungsverschiedenheiten in Hinterhäusern zu klären."

Frenzel warf seinem Vorgesetzten einen spöttischen Seitenblick zu.

„Wo wir doch die Polizei sind", sagte er ironisch. „Kennst du noch das Lied?"

„Welches Lied?"

„Eins, zwei drei", trällerte Frenzel. „Wo bleibt die Polizei …"

„Klar, kenne ich das. Aber du? Das gehört doch in den fossilen Bereich der Rockgeschichte."

„Vielleicht ist's ja auch ein Klassiker. Was machen wir jetzt?"

„Ins Präsidium fahren. Der Koffer muss untersucht werden und wir brauchen Verstärkung."

* * *

Mit der Tageszeitung in der Hand suchte Elke Bofinger ein Café gegenüber dem Hauptbahnhof auf. Früher einmal war hier ein Wienerwald gewesen; wenn sie sich an dessen Hähnchen erinnerte, lief ihr immer noch das Wasser im Mund zusammen. Vorbei, heutzutage stopften die Leute Hühnerabfälle in sich hinein, die hochtrabend „Chicken Wings" genannt wurden, und hielten das für eine anständige Mahlzeit. Für ihre Mutter war der Wienerwald gleichbedeutend mit dem Untergang des kulinarischen Abendlandes gewesen, inzwischen dachte Elke selbst ganz ähnlich über Burger- oder Kaffeehausketten. Dieser Umstand warf mehrere Fragen auf, zum einen die, ob sie womöglich Gefahr lief, so ähnlich zu werden wie ihre Mutter. Vielleicht war sie aber auch nur ganz einfach im Begriff, selbst eine alte Frau zu sein, die den Gewohnheiten der Jugend nichts mehr abgewinnen konnte? Was den Leuten dagegen in zwanzig oder dreißig Jahren von der sogenannten Systemgastronomie vorgesetzt werden würde, wollte sie gar nicht erst wissen. *Marinierte Hühnerknochen zum Lutschen, vielleicht*, überlegte sie bitter. *Das Fleisch können sich dann sowieso nur noch die Reichen leisten.* Elke bestellte einen Milchkaffee, schlug die Zeitung auf und sah sich das Foto an. Er war es, musste es sein, sie war sich sicher. Ebenfalls älter geworden, natürlich, doch immer noch schien ihr das Gesicht so vertraut, als ob sie es vor wenigen Tagen zum letzten Mal berührt hätte. Sachte strich sie mit dem Finger über das schwarz-weiße Antlitz, während eine Kellnerin in langer Schürze den Kaffee servierte. Elke gab sich einen Ruck und schob ihre Melancholie zur Seite.

„Ob Sie hier wohl ein Telefonbuch haben?"

„Ein Telefonbuch?", echote die Kellnerin kuhäugig, ohne eine weitere Regung im üppig geschminkten Gesicht. „Wahrscheinlich schon."

„Könnten Sie mir das für einen Augenblick ausleihen?"

„Ich frage mal." Das Mädchen ging weg und kam zu Elkes Verblüffung schon nach kurzer Zeit mit dem gewünschten Gegenstand zurück.

„Danke." Elke schlug den Buchstaben „L" auf, überflog die Spalten und stellte erleichtert fest, dass der von ihr gesuchte Name noch verzeichnet war. Genau genommen war er sogar kaum zu übersehen, denn er war fett gedruckt und mit dem Zusatz „Rechtsanwälte" versehen. Die dazugehörige Nummer musste die der Zentrale eines Büros sein, Privatnummer konnte Elke keine entdecken. Sie speicherte die Nummer in ihrem Handy, gab dem Mädchen das Buch zurück und drückte die Ruftaste.

„Kanzlei Lämmerwein und Griesinger, Sie sprechen mit Irina Grau, was kann ich für Sie tun?", leierte eine jung klingende Stimme.

„Ich hätte gerne Frau Carola Lämmerwein gesprochen."

„In welcher Angelegenheit?"

„Privat."

„Frau Lämmerwein ist im Meeting. Wenn Sie mir Ihren Namen und Ihre Telefonnummer ..."

„Aber sie ist im Haus?", unterbrach Elke die Stimme.

„Schon, aber ..."

„Richten Sie ihr bitte aus, dass ich sie dringend sprechen muss. Ich rufe in zehn Minuten wieder an."

„So einfach geht das nicht, Frau ..."

„In zehn Minuten. Sagen Sie ihr, es geht um die Sache im Jahr 1989. Wenn sie heute schon die Zeitung gelesen hat, weiß sie, was ich meine."

7

„Verstärkung?", wiederholte Frau Sonderbar Emmerichs Ansinnen mit einem Blick, der ihrem Namen alle Ehre machte und schien sich dabei zu amüsieren.

„Drücke ich mich womöglich schlecht aus?", fragte Emmerich ungehalten. „Wir haben eine unbekannte Leiche mit zwei verschiedenen Identitäten, die möglicherweise Verbindung zur RAF hatte. Wir haben eine Tablettenschachtel ohne einen einzigen Fingerabdruck darauf, was für Selbstmörder doch zumindest ungewöhnlich sein dürfte. Würden Sie Handschuhe anziehen, bevor Sie sich eine letale Menge Schlafmittel einverleiben?"

„Selbstverständlich nicht", entgegnete Frau Sonderbar ohne mit der Wimper zu zucken. „Ich kann mir kaum vorstellen, jemals in eine derartige Situation zu geraten."

„Nein", knurrte Emmerich biestig. „Sie bestimmt nicht. Aber der Mann aus dem chinesischen Garten auch nicht. Und deshalb will ich Verstärkung."

„Das wird schwierig werden. Die Kollegen sind doch alle in der Sonderkommission ..."

„Herrschaftszeiten", explodierte Emmerich, „was wollen die denn jetzt, die hohen Tiere von der Politik? Dass die Polizei ordentlich arbeitet oder dass sie kein Geld kostet?"

„Sie brauchen mich nicht anzubrüllen", sagte Frau Sonderbar kühl. „Ich kann nichts für die geplanten Stelleneinsparungen."

„Weiß ich doch." Emmerich öffnete die Tür zu seinem Büro. „Tut mir leid. Verbinden Sie mich mit dem Chef ... äh ... bitte." Er ging zu seinem Schreibtisch und rief sich innerlich zur Ordnung. Mit angemessener Vorsicht setzte er sich auf seinen alten Stuhl und stellte erfreut fest, dass dieser seinem Gewicht mit dem gewohnten, leisen Ächzen standhielt. Das Telefon klingelte.

„Emmerich hier", sagte er höflich. „Ich bedaure, Sie während einer laufenden Soko mit meinem Anliegen ..."

„Ich bin's", nuschelte Gabi etwas undeutlich. „Weißt du schon, wann du heute Abend nach Hause kommst?"

„Hör mal, Spatz, ich hab gerade überhaupt keine Zeit, gleich kommt ein Anruf vom Chef und …"

„Wann?"

„Weiß nicht. Kann später werden."

„Vor acht?"

„Warum? Haben wir etwas vor?"

„Nicht, dass ich wüsste. Also nach acht?"

„Möglich. Wartet jedenfalls nicht mit dem Essen auf mich. Ich hatte ein wunderbares Schnitzel heute Mittag."

„Du sollst nicht so fett essen. Bis nachher dann."

„Hä?", machte Emmerich in die tote Leitung hinein. Frauen, auch die seine, wussten gerne, wann man nach Hause kam. Männer konnten diesbezüglich oft keine präzisen Angaben machen. Nach Emmerichs Erfahrung war dieses Problem ungefähr so alt wie die Menschheit, weshalb er keinen weiteren Gedanken daran verschwendete. Umso mehr interessierte es ihn, was sich wohl vor acht Uhr in seinen heimischen vier Wänden abspielen mochte. Bevor er ins Grübeln geraten konnte, meldete sich das Telefon erneut.

„Was denn?", ranzte Emmerich unwirsch in den Hörer und nahm instinktiv Haltung an. „Verzeihung, ich hatte gerade gar nicht mit Ihnen gerechnet."

„*Sie* wollten doch mit *mir* sprechen", sagte der Chef vorwurfsvoll mit einer Stimme, die erkennen ließ, dass er unter Druck stand. „Frau Sonderbar hat mir Ihre Situation bereits erklärt. Sind Sie sicher, dass Sie und Frenzel nicht noch ein paar Tage alleine klarkommen?"

„Völlig sicher. Aber wenn's nicht geht mit der Verstärkung, ziehen wir eben das LKA hinzu."

„Das LKA?"

„Unser Toter hatte möglicherweise Verbindungen zur RAF."

„Hören Sie mal, Emmerich." Der Chef räusperte sich und schien nachzudenken. „Das muss ja nicht unbedingt gleich sein. Denken Sie nur an den bürokratischen Aufwand."

„Daran denke ich ständig."

„Sie hätten dann womöglich auch gar keine freie Hand mehr bei der Bearbeitung des Falles."

„Ist mir vollkommen klar."

„Und die Anhaltspunkte sind noch mehr als vage, oder?"

„Das ist richtig."

Der Chef räusperte sich erneut. „Also sehen Sie, da halte ich es für viel zu früh … da muss man noch nicht … das LKA ist ja immerhin …"

„Sehe ich genauso, Chef", unterbrach Emmerich seinen Vorgesetzten. „Nur … so kommen wir auch nicht weiter."

„Was wäre also Ihr Vorschlag?"

Emmerich bedachte den etwas altmodischen Telefonapparat auf seinem nicht minder altmodischen Schreibtisch mit einem triumphierenden Lächeln.

„Wenn Sie mir vielleicht Frau Kerner zur Verfügung stellen könnten", sagte er vorsichtig. „Natürlich nur, wenn sie nicht ganz und gar unabkömmlich ist. Schließlich hat sie ja in unserem Dezernat noch nicht so viel Erfahrung, da dachte ich mir …"

„Hauptkommissarin Kerner?", wiederholte der Chef zurückhaltend. „Sie haben nicht ganz unrecht. Mal sehen, was ich tun kann."

Emmerichs Lächeln verwandelte sich in ein zufriedenes Grinsen. Der Chef war in gewissen Dingen ein hoffnungsloser Fall. Seine Einstellung zu berufstätigen Frauen im Allgemeinen und zu solchen, die dabei auch noch eine Karriere anstrebten, im Besonderen war geprägt durch seine Kindheit im ländlichen Raum und konnte keinesfalls zeitgemäß genannt werden. Gleichstellungsbeauftragte verursachten ihm Bauchschmerzen, dass Polizistinnen im Streifendienst körperlichen Gefahren ausgesetzt werden durften, betrachtete er als einen Verfall moralischer Werte. Neuerdings machte ihm etwas namens „Gender Mainstreaming" das Leben schwer, ein Begriff, der immer wieder durch Dienstanweisungen oder offizielle Verlautbarungen geisterte, mit dem bedauerlicherweise aber auch Emmerich nichts anzufangen wusste. Allenfalls, dass er vielleicht etwas mit Frauenförderung zu tun haben mochte. Unnötig zu sagen, dass der Chef in seinem tiefsten Inneren ein erzkonservativer Mensch war, der seinen Posten weniger seinen Fähigkeiten, als dem richtigen Parteibuch verdankte. Vermutete zumindest Emmerich und war damit nicht alleine. Hauptkommissarin Brigitte Kerner dagegen kannte er von einem seiner letzten Fälle, der ihr erster im Dezernat Tötungsdelikte gewesen war. Sie war eine intelligente junge Frau, die die richtigen Schlüsse zog, ohne sich darauf etwas einzubilden und damit mehr wert, als mancher männliche Wichtigtuer. Emmerich sah allerdings keinen Grund, dergleichen mit dem Chef zu diskutieren und sagte deshalb nur:

„Das wäre gut. Frau Kerner wird etwas lernen, Sie wissen schon … Gender Mainstreaming und so …"

„Natürlich, Emmerich." Der Chef klang nun geradezu angetan. „Eine sehr gute Idee, wenn ich es mir genau überlege. Schön, dass Sie so mitdenken. Das erwartet man ja heutzutage schon gar nicht mehr."

„Freut mich, wenn ich Ihnen helfen kann", sülzte Emmerich dienstbeflissen und war froh, dass der Chef sein Gesicht nicht sehen konnte. „Und die Kollegin schicken Sie dann zu mir?"

„Ich kümmere mich sofort darum."

Emmerich legte auf und verharrte einen Moment reglos in stummer Bewunderung seiner selbst. *Vielleicht hätte ich Psychologe werden sollen*, dachte er, doch dann fiel ihm ein, dass seine manipulativen Fähigkeiten bereits bei der eigenen Familie zu versagen pflegten und er wischte den Gedanken wieder beiseite. Stattdessen ließ er sich von Frau Sonderbar das Fahndungsplakat aus dem Jahr 1989 geben und befestigte es neben der Fotografie des Toten aus der Pathologie an der Pinnwand in seinem Büro. Die Ähnlichkeit des jungen mit dem alten Gesicht war unübersehbar. Warum also Mister Ford?

„Unter falschem Namen abgestiegen", überlegte Emmerich laut. „Oder er hat sich eine neue Identität zugelegt? Aber warum, wenn nichts Konkretes gegen ihn vorlag?"

Frau Sonderbar, die stehen geblieben war und die Bilder ebenfalls betrachtete, räusperte sich diskret.

„Ich habe mir erlaubt, ein bisschen zu recherchieren. Nur so, während der Mittagspause."

„Ach ja?" Emmerich zog die Brauen hoch und musterte seine Sekretärin erstaunt. Sie sah tatsächlich irgendwie anders aus, als er es gewohnt war, jugendlicher vielleicht oder auch farbenfroher. „Ganz ohne persönliche Hintergedanken, natürlich."

„Selbstverständlich." Frau Sonderbar verschränkte die Arme über der Brust und machte ein andeutungsweise beleidigtes Gesicht. „Welche persönlichen Hintergedanken sollte ich denn Ihrer Ansicht nach all den Jahren noch hegen?"

„Man kann nie wissen. Was haben Sie herausgefunden?"

Frau Sonderbar deutete auf das Gesicht des Toten,

„Das kann eigentlich gar nicht Peter Nopper sein."

„Warum nicht?"

„Weil er beim Stuttgarter Standesamt als verstorben geführt wird. Am 11. Februar 1998 in Daressalam."

„Was soll das sein? Ein Trainingscamp für islamistische Terroristen mit Fortbildungsmöglichkeit für Kollegen aus Europa?"

Frau Sonderbar sah Emmerich über den Rand ihrer Brille hinweg mitleidig an.

„Daressalam", erklärte sie in der Art einer Geografielehrerin, die die mangelnden Kenntnisse ihrer Schüler emotionslos betrachtet, „ist die Hauptstadt von Tansania. Das liegt in Ostafrika."

„Tatsächlich? Die Sache wird ja immer besser." Emmerich kratzte sich am Kopf und sah ratlos drein. „Eine Leiche, die seit zehn Jahren tot ist? Also entweder ein Zombie oder vielleicht doch Mr. Ford aus Kalifornien, USA?"

Mirko Frenzel spähte durch die Tür und schwenkte Beweismitteltütchen in der Hand.

„Störe ich?"

„Aber nein, ich erwarte geradezu sehnsüchtig dein Erscheinen. Was ist mit dem Koffer?"

„Liegt bei der KTU."

Emmerich gab in kurzen Worten die Ergebnisse von Frau Sonderbars Recherche wieder. Den Namen der ostafrikanischen Hauptstadt hatte er allerdings bereits wieder vergessen, was Frenzel aber nicht weiter zu stören schien.

„Zombie", kicherte er stattdessen. „Das wäre ein hübscher Name für unsere kleine Ermittlungsgruppe."

„Aber nur für den internen Gebrauch", feixte Emmerich. „Wir wollen doch korrekt bleiben."

Frau Sonderbar gab ein sonderbares Geräusch von sich und verließ den Raum.

„Nimm Platz", sagte Emmerich und wies auf einen der beiden Besucherstühle. „Bald haben wir Verstärkung. Frau Kerner wird kommen."

„Gitti? Wie hast du das hingekriegt?"

„Ich kann's halt gut mit dem Chef."

„Werd ich nie begreifen." Frenzel setzte sich und legte die Tütchen auf Emmerichs Schreibtisch.

„Musst du auch nicht. Bis du so weit bist, ist der Chef im Ruhestand. Zeig mir lieber, was du hast."

„Da wäre zuerst einmal der Pass", sagte Frenzel und schob eines der Tütchen über den Tisch. „Nicht anfassen, es sind massenhaft Abdrücke darauf."

„Von Zollbeamten aus aller Welt vermutlich." Emmerich nahm das Reisedokument, das aufgeschlagen in seiner Plastikhülle steckte, in Augenschein. „Ist er echt?"

„Ich habe veranlasst, dass jemand das bei den Amis überprüfen lässt. Kann aber dauern."

„Hm", machte Emmerich. „Das Ding wurde vor drei Jahren ausgestellt. Der Mann auf dem Passbild sieht unserem Zombie nicht besonders ähnlich und hat kurze, graue Haare. Das Alter könnte stimmen."

„Passbilder sind meistens besch … euert und Haare können wachsen."

„Sind Stempel im Pass? Vielleicht welche aus … na … Afrika?"

„Nein. Mr. Ford reiste bevorzugt zwischen den Staaten und Good Old Germany."

„Schön. Was noch?"

„Der Pass lag oben auf im Koffer. Unter einer Tageszeitung aus San Francisco vom Samstag vor Ostern. Ansonsten waren Kleider drin, Wäsche und Schuhe. Die KTU untersucht das Zeug. Außerdem dies hier."

Zwei weitere Tütchen wanderten über den Schreibtisch.

„Se coming of Satan", las Emmerich mit schwerem Akzent. „A … Alischter Graulei. Schpells änd Schpiezes. Was soll das sein?"

„Traktate." Frenzel lehnte sich zurück. „Aber nicht von der Kirche. Passt eher zu Zombies. Alister Crowley galt als bedeutender Satanist."

„Schwachsinn." Emmerich schob die Tütchen zur Seite. „Das hilft uns kaum weiter. Sie haben schon komische Ideen da drüben, hinter dem großen Teich."

„Teufelsanbeter gibt es auch bei uns in Europa. Und ein bisschen abenteuerlich ausgesehen hat er ja, unser Mann."

„Weiter."

„Den ersten Bericht bekommen wir noch heute. Aber ich weiß schon, was drin steht. Die Kleider des Toten sind sozusagen frisch aus der Reinigung. Gebraucht und abgetragen, aber jungfräulich sauber. Keinerlei verwertbare Spuren darauf."

„Das gibt's doch nicht." Emmerich stand auf und ging zur Pinnwand. „Sorgfältig gekleidete Selbstmörder lasse ich mir ja noch gefallen, auch wenn's makaber ist. Aber Mordopfer? Die sich vorher extra noch was Frisches anziehen? Hoffentlich ist das nicht irgendwas Rituelles. Satansjünger opfert sich nach Reinigungszeremonie, ich sehe schon die Schlagzeilen."

„Was also sollen wir tun?"

„Wir haben noch zwei Anlaufstellen. Einmal die Reinigungsfirma vom Hotel Sieber. Vielleicht lässt sich herausfinden, wer das Zimmer des Mister Ford geputzt und geräumt hat."

Frenzel warf einen Blick auf seine Armbanduhr.

„Die sitzen irgendwo in Filderstadt, wenn ich mich nicht irre. Wenn wir da heute noch etwas erreichen wollen, müssen wir *jetzt* los. Wer ist die zweite?"

„Na, diese Tante von dem Nopper, ich hab die Adresse aufgeschrieben, wo hab ich sie nur?" Emmerich fingerte suchend in den Taschen seines Cordsamtjacketts herum.

„Entweder oder", sagte Frenzel. „Du musst dich entscheiden."

„Hier." Emmerich förderte einen Zettel zutage. „Wenn die Kerner endlich aufkreuzen würde, könntest du alleine nach Filderstadt fahren. Dort müssen sie ja sicherlich erst Dienstpläne wälzen, bevor wir jemanden befragen können."

„Tja …" Frenzel zog die Achseln hoch. „Sollen wir eine Münze werfen?"

„Huhu", machte es an der Tür. Ein Kopf mit langen, dunklen Haaren schob sich herein, das dazugehörige Gesicht lächelte Emmerich strahlend an. „Das ist aber nett, dass Sie mich aus der Sonderkommission herausgelotst haben."

8

„Ich bin es wieder." Elke Bofinger hatte ihren Milchkaffee ausgetrunken und erneut gewählt. „Ist Frau Lämmerwein jetzt zu sprechen?"

„Ich verbinde", entgegnete die junge Stimme knapp. Für die Dauer einer halben Minute dideldumdeite eine alberne Melodie in Elkes Ohr, dann meldete sich eine andere, tiefere Stimme.

„Lämmerwein. Mit wem spreche ich?"

„Hier ist Elke. Elke Bofinger. Erinnerst du dich an mich?"

Das Schweigen am anderen Ende der Leitung dauerte einige Sekunden, dann sagte die Stimme reserviert:

„Ich glaube schon. Es ist lange her."

„Ja", antwortete Elke. „Das ist es. Hast du heute schon die Zeitung gelesen?"

„Warum fragst du mich das?"

„Peter ist zurück. Sein Foto ist drin. Er ist tot."

„Was geht mich das an?"

„Weiß ich noch nicht. Es wäre möglich, dass ich dich um einen Gefallen bitten muss."

„Ich habe seit Jahren keinen Kontakt mehr zu Peter." Carola Lämmerweins Stimme hatte einen kaum wahrnehmbaren feindseligen Klang angenommen.

„Da geht es dir nicht anders als mir", fuhr Elke unbeirrt fort. „Ich muss trotzdem mit dir sprechen. Heute noch."

„Wie stellst du dir das vor? Mein Terminkalender ist voll, die alten Zeiten sind vorbei, ich will nichts mehr damit zu tun haben."

„Verständlich", sagte Elke ungerührt. „Vor allem, wenn man bedenkt, dass du Peter im November 1989 Unterschlupf gewährt hast. Sicher hast du kein Interesse daran, dass ich das jetzt noch irgendjemand erzähle."

Wieder herrschte Schweigen am anderen Ende der Leitung. Elke meinte, das Klacken einer Computertastatur zu hören, ließ eine angemessene Frist verstreichen und fragte:

„Hast du nun Zeit für mich?"

„Weißt du, wo mein Büro ist?"

„Kronprinzstraße."

„In einer halben Stunde?"

„Ich werde da sein."

Elke steckte das Handy ein, verließ das Café und suchte das nächste Kaufhaus auf. Dort erstand sie ein billiges Tuch und schlang es sich um den Kopf. Der Teufel war bekanntermaßen ein Eichhörnchen, und nichts wäre peinlicher gewesen, als eine unverhoffte Begegnung mit ihrer Chefin auf offener Straße, wo sie doch längst das Bett zu hüten hatte. Solcherart vermummt machte sie sich auf den Weg zur Kronprinzstraße und fand nach kurzer Suche das Büro ihrer lange nicht gesehenen ... ja, was war sie eigentlich? Eine Freundin sicherlich nicht. Vor zwanzig Jahren hatten sie sich in denselben Kneipen herumgetrieben, aber damit erschöpften sich auch schon die Gemeinsamkeiten. Carola, blond und eloquent, gut aussehend, mit blendender Figur und schicker Kleidung hatte zu denen gehört, die fast immer und überall im Mittelpunkt stehen. Elke dagegen verkörperte in alten Jeans und schlabbrigen T-Shirts den Durchschnitt derer, die sich normalerweise im Hintergrund bewegten. Gegen das Charisma des damals bereits in den Dreißigern stehenden Peter Nopper waren allerdings weder sie noch Carola gefeit gewesen, doch es war natürlich Carola, die ihn bekommen hatte. Sie, die ohnehin schon alles hatte und genügend Geld von zu Hause noch obendrein. Im Gegensatz zu Peter, der trotz seiner begüterten Familie notorisch pleite gewesen war und sich mit charmantem Lächeln und intelligenten Worten von Bier zu Bier geschnorrt hatte. Natürlich war er politisch links gestanden, das waren alle, die in der damaligen Zeit irgendwie dazugehören wollten. Nur hielten nicht alle Reden wie Peter, der radikal umstürzlerische Ideen vertrat, das sogenannte „Establishment" zum Feind ausrief und dennoch kein Problem damit hatte, Carola zu den Pferderennen nach Iffezheim oder den Partys irgendwelcher Wirtschaftsbosse in Frankfurt oder München zu begleiten. Es war nicht Elkes Welt, in der die beiden sich bewegten, jahrelang hatte sie sich gefragt, wie Peters Reden zugunsten des Proletariats in seinem Kopf mit dieser Welt in Einklang stehen konnten. Dann war eines Tages einer Außenminister der Bundesrepublik geworden, der früher einmal ganz anders gesprochen hatte, und ein anderer, der plötzlich nicht einmal mehr vor der Verleihung eines Verdienstordens aus Bayern zurückschreckte, Innenminister, und Elke hatte aufgehört, sich derartige Fragen zu stellen. Übrig geblieben war nur ein vager Verdacht, Dinge, die sie sich zusammengereimt hatte nach der einen, für ihr weiteres Leben so entscheidenden Begegnung mit Peter. Das war im September des Jahres 1989 gewesen, auf einem der legendären

Fachschaftsfeste der Architekten im Kollegiengebäude II der Stuttgarter Universität. Elke hatte getanzt, „A whiter shade of Pale" von Procul Harum, als plötzlich Peter vor ihr gestanden hatte.

„Elke, du bist die Einzige, die mir helfen kann. Carola und ich haben gestritten, ich brauche einen Platz für die Nacht."

Mein Gott, ich war so jung und blöd, damals. Natürlich hatte sie ihn mit nach Hause genommen, still den Triumph auskostend, dass er von allen ausgerechnet sie ausgesucht hatte, und natürlich hatte sie ihn eine volle Woche bei sich wohnen lassen, als er bemerkt hatte, dass ihre Eltern im Urlaub gewesen waren. Sie hatte mit ihm geschlafen, für ihn gekocht und keine Fragen gestellt, als er Freunde mitbrachte, die sich seltsam benahmen und sie von ihren Gesprächen ausschlossen. Dann waren ihre Eltern zurückgekehrt und Peter rechtzeitig vorher verschwunden. Genau zwei weitere Male hatte sie ihn noch gesehen, beide waren in ihrem Gedächtnis gespeichert wie Filme, die sie jederzeit abspielen konnte. Zuerst hatte sie Peter zu ihrer größten Überraschung beim sechzigsten Geburtstag ihres Onkels Albrecht angetroffen. Warum er dort gewesen war, hatte sie nie erfahren, Peter selbst war nur kurz geblieben und hatte sie nur oberflächlich gegrüßt. Zum zweiten Treffen war es ebenso zufällig in einer Kneipe namens „Brett" im Stuttgarter Bohnenviertel gekommen, doch da hatte Elke bereits von ihrer Schwangerschaft gewusst und die Initiative ergriffen. Peter war nicht erfreut gewesen, ganz im Gegenteil. Stattdessen hatte er ihr seine Hilfe bei einer Abtreibung angeboten und sich mit der Versicherung, sich demnächst bei ihr zu melden, abgewandt. Wie ein geprügelter Hund hatte Elke vor einer Apfelschorle gesessen, ihre Tränen unterdrückt und mit halbem Ohr zugehört, was am Nachbartisch, wo natürlich Carola an Peters Seite saß, gesprochen wurde. Wie immer war Peter mit seinen üblichen Parolen der Wortführer gewesen, doch war auch Bad Homburg erwähnt worden und das Ferienhaus der Lämmerweins in den österreichischen Alpen, das um diese Jahreszeit leer stand. Elkes letzte Erinnerung an Peter bestand in dem Blick, den er ihr zugeworfen hatte, als sie das „Brett" verlassen hatte. Kalt war er gewesen, beinahe drohend, ein unausgesprochenes „Halt bloß den Mund, sonst …" Sie hatte ihn auf ihre Schwangerschaft bezogen und sich tagelang in ihrem Zimmer eingeigelt, bis sie im November die Bilder im Fernsehen sah, und Peter auf Fahndungsplakaten der Polizei gesucht wurde. Die folgenden Wochen waren für Elke mit Abstand die schlimmsten, die sie in ihrem Leben durchgemacht hatte. Auch wenn sie sie heute als die Zeit betrachtete, in der sie endgültig erwachsen geworden war, hatte sie damals niemanden gehabt, an den sie sich hätte halten können, und in ihrer Verzweiflung hatte sie sogar Carola angerufen, nur um herauszufinden, ob sie vielleicht etwas wusste. Carola aber hatte sich verleugnen lassen, war nie wieder im „Brett" oder in einer der anderen Kneipen, die damals angesagt waren, aufgetaucht und hatte in den folgenden Jahren bei zufälligen Begegnungen auf der Straße stets so getan, als kenne sie Elke nicht. Vor der Tür zum Büro dieser Frau stand sie nun, annähernd zwanzig Jahre später, und ihr Herz klopfte so stark, dass man es beinahe hören konnte. *Es ist für Kai*, nahm Elke ihren ganzen Mut zusammen. *Ich bin nicht mehr die graue Maus von damals. Ich werde kämpfen.*

⋆ ⋆ ⋆

Kriminalhauptkommissarin Brigitte Kerner betrat das Büro, setzte sich auf den zweiten Besucherstuhl und sah die Herren erwartungsvoll an.

„Hallo Gitti, wie kommt die Soko voran?", fragte Frenzel gut gelaunt.

„Schleppend. Zähe Routine, um den Chef zu zitieren. Hier dagegen soll es um Verbindungen zur RAF gehen. Scheinbar so eine Art Fortbildungsmöglichkeit für mich, wenn ich ihn richtig verstanden habe."

„Das ist keineswegs erwiesen", wiegelte Emmerich ab.

„Nur psychologisch hilfreich, wenn Verstärkung gebraucht wird", setzte Frenzel mit einem wissenden Lächeln hinzu.

„Ach, daher weht der Wind." Gitti zwinkerte spitzbübisch. „Mir soll's trotzdem recht sein."

In dürren Worten erläuterte Emmerich den Stand der Dinge und nickte Frenzel zu.

„Ab nach Filderstadt. Gegen fünf treffen wir uns auf eine kurze Abendlage. Spätestens um halb acht will ich zu Hause sein. Wir beide" – er wandte sich Gitti zu – „fahren zu einer Frau Gerstenmaier. Die könnte die Tante des Toten sein."

Vor dem Polizeipräsidium trennten sie sich, Frenzel bestieg einen Wagen und brauste davon, während Gitti ihren Blick über die geparkten Autos schweifen ließ und Emmerich fragend ansah.

„Welches nehmen wir?"

„Ihres hoffentlich. Ich hab keinen Dienstwagen angefordert."

„Sie haben vielleicht Humor. Bei den heutigen Benzinpreisen können sie froh sein, dass ich überhaupt mit dem Auto da bin."

Gitti fischte einen Schlüsselbund aus einer vielfarbig gemusterten Umhängetasche und ging zu einem roten Kleinwagen.

„Wohin geht's?"

„Cannstatt. Taubenheimstraße."

„Ist da nicht das LKA in der Nähe?"

„Das LKA lassen wir erst mal weg. Anweisung vom Chef."

„So, so", sagte Gitti und startete den Motor. Sie schafften es ohne Stau nach Bad Cannstatt, das nicht nur Wert auf den Titel „Bad" legte, sondern auch sonst darauf beharrte, ein besonderer Teil Stuttgarts zu sein. Nach Gittis Ansicht schlug sich dieses Beharren in der für Ortsunkundige undurchschaubaren, aber historisch gewachsenen Verkehrsführung negativ nieder. Hier durfte man nicht abbiegen, dort war eine unerwartete Einbahnstraße, entschuldigend verwies sie auf das Fehlen eines Navigationsgerätes, als sie schließlich in einer Sackgasse landeten.

„Gab's früher auch nicht", meinte Emmerich leutselig, einen etwas angejahrten Stadtplan in der Hand. „Wir sind trotzdem immer angekommen. Parken Sie hier, den Rest gehen wir zu Fuß."

Die Taubenheimstraße erwies sich als eine Allee mit mächtigen alten Bäumen, die zu dieser Jahreszeit allerdings kahl waren. Auch die Häuser, zumindest die auf der Straßenseite, auf der Ruth Gerstenmaier wohnte, entstammten einem anderen Jahrhundert, wirkten aber gut erhalten und gepflegt. Wieder klingelte Emmerich am Pfosten neben einem Gartentor, doch diesmal quakte ein fragendes „Ja" aus einem kleinen Lautsprecher über der Klingel.

„Kriminalpolizei", sagte Emmerich. „Frau Gerstenmaier?"

„Ja."

„Wir haben ein paar Fragen an Sie."

„Warum?"

„Bitte machen Sie auf. Wir wollen Sie persönlich sprechen."

Ein leises Brummen erklang, das Gartentor gab Emmerichs Druck nach. In der Haustür erschien eine Frau, die Rosemarie Bofinger irgendwie ähnlich sah. Emmerich zeigte seinen Dienstausweis, stellte Gitti vor und erklärte:

„Es geht um einen Peter Nopper. Er soll ein Verwandter von Ihnen sein."

„Eieiei", sagte die Frau. „Da hat sie halt wieder die Gosch nicht halten können, gell?"

„Von wem sprechen Sie?"

„Von der Rosi. Sonst wären Sie ja wohl kaum hier."

„Es spielt keine Rolle, von wem wir das wissen."

„Dann kommen Sie in Gottes Namen herein, bevor die halbe Nachbarschaft aufmerksam wird."

Emmerich und Gitti wurden in eine Erdgeschosswohnung und dort in ein peinlich sauberes Wohnzimmer geleitet. Durch das Fenster konnte man hinaus auf eine kleine Terrasse mit penibel gestutzten Buchsbäumen sehen. Die Lehnen der altrosafarbenen Polstergarnitur waren mit gehäkelten Spitzendeckchen bestückt, die Schrankwand war klassisch und noch aus echtem Holz. Durch eine halb geöffnete Schiebetür erhaschte Emmerich einen Blick in ein weiteres Zimmer, aus dem laienhaftes Klavierspiel klang.

„Veronika, der Lenz ist da", intonierte eine brüchige Stimme dazu.

„Albrecht, sei doch bitte mal ein paar Minuten still", sagte Ruth Gerstenmaier. „Wir haben Besuch."

Das Klavierspiel verstummte mit einem dissonanten Akkord. Im Rahmen der Schiebetür erschien ein fast haarloser, alter Mann in Pantoffeln, Jogginghose und Strickjacke. Unter der Strickjacke trug er ein weißes Hemd mit einer ordentlich gebundenen Fliege.

„Besuch?", fragte er. „Jetzt schon?"

„Es ist nicht die Frau Doktor. Die Herrschaften sind von der Polizei."

„Von der Polizei?" Der Mann schlurfte zu einem der beiden voluminösen Polstersessel und ließ sich hineinfallen. „Was verschafft uns die Ehre?"

„Herr Gerstenmaier, vermute ich", sagte Emmerich höflich. „Wir haben ein paar Fragen wegen eines Verwandten von Ihnen. Peter Nopper."

„Kenne ich nicht."

„Albrecht, bitte …" Ruth Gerstenmaier wies auf das Sofa. „Nehmen Sie doch Platz. Es stimmt schon, Peter war ein Neffe von mir. Ich habe das Foto in der Zeitung natürlich gesehen, und es besteht sicher auch eine gewisse Ähnlichkeit, nur, wissen Sie, Peter ist schon einige Jahre tot. Ich glaube wirklich nicht, dass ich Ihnen weiterhelfen kann."

„Wenn Sie sich das Foto vielleicht noch einmal …"

„Kopper", sagte Albrecht Gerstenmaier nachdrücklich. „Aus dem Fernsehen. Der immer mit dieser … na … Obertal unterwegs ist."

„Nein, Schatz." Ruth Gerstenmaier tätschelte fürsorglich die Hand ihres Gatten und warf Emmerich entschuldigende Blicke zu. „Da bringst du jetzt etwas durcheinander."

„Ihre Freundin war ziemlich sicher, dass es sich bei dem Mann auf dem Bild um Ihren Neffen handelt", machte Emmerich einen neuen Versuch.

„Jetzt weiß ich's." Der alte Mann hob beschwörend den Zeigefinger. „Sie suchen den Bankdirektor. Der das von den ‚Peanuts' gesagt hat. Das wundert mich überhaupt nicht, das sind sowieso alles Verbrecher, die nur unser Geld verschludern, die gehören alle …"

„Vielleicht sollten wir uns besser in der Küche unterhalten." Ruth Gerstenmaier wies mit dem Kinn zur Tür, griff nach einer Fernbedienung und schaltete den Fernseher ein. „Sieh mal, Schatz, eine Kochsendung. Ich bin gleich wieder zurück." Auf Zehenspitzen schlichen Emmerich und Gitti aus dem Zimmer, gefolgt von Ruth Gerstenmaier und den protestierenden Worten „Ich kann doch gar nicht kochen." Die Küche lag am anderen Ende des schmalen Flurs.

„Verzeihen Sie, aber in letzter Zeit wird es immer schwieriger mit ihm", sagte die Gastgeberin mit besorgter Miene. „Aber das wird Sie ja wohl kaum interessieren."

„Na, ja", meinte Emmerich unbeholfen und war dankbar, dass die Hauptkommissarin an seiner Seite die Gesprächsführung übernahm.

„Ich verstehe Sie sehr gut", sagte Gitti mit der richtigen Mischung aus Mitgefühl und Sachlichkeit. „Wir sind auch gleich wieder weg. Eigentlich wollten wir Sie nur um eine Speichelprobe bitten. Dann können wir im Labor feststellen, ob der unbekannte Mann ein Verwandter von Ihnen ist."

„Eine Speichelprobe?" Ruth Gerstenmaier wirkte verunsichert.

„Geht ganz schnell und tut überhaupt nicht weh", versicherte Gitti liebenswürdig. Sie hatte eine kleine Schachtel aus ihrer Umhängetasche genommen und holte ein Wattestäbchen daraus hervor. *Liebe Güte, ist das Mädel auf Draht*, dachte Emmerich bekümmert. *Warum bin ich nicht selbst darauf gekommen, ich werde wirklich langsam alt.* Laut setzte er hinzu:

„Das ist der einfachste Weg, Frau Gerstenmaier. Sonst müssten wir Sie bitten, mit uns zu kommen und den Toten zu identifizieren."

„Aber ich verstehe das nicht. Dass er nach all der Zeit zurückkommt und dann ist er wieder tot."

„Warum erzählen Sie uns nicht einfach die ganze Geschichte?"

„Da gibt es nicht viel zu erzählen. Das Gesicht in der Zeitung sieht meinem Neffen sehr ähnlich. Er war der Sohn meiner Schwester Friederike. Vor etwa neunzehn Jahren ist er spurlos verschwunden. Ungefähr zehn Jahre später hieß es dann, er sei tot. Das hat meiner Schwester das Herz gebrochen, er war ihr einziges Kind. Sie hat sich vollkommen gehenlassen und ist wenig später auch gestorben."

„Wissen Sie, ob Ihr Neffe Kontakte zur RAF hatte?"

„Solche Sachen wurden damals herumerzählt. Ich konnte es nie glauben."

„Wissen Sie, warum er abgehauen ist? Oder wohin?"

„Nein." Ruth Gerstenmaier nahm einen Topf aus einem Oberschrank, ließ Wasser hineinlaufen und setzte ihn auf den Herd. „Was soll das überhaupt heißen? Abgehauen? Als hätte er seine Mutter im Stich gelassen. Peter war kein schlechter Sohn. Die jungen Leute damals hatten eine Menge konfuse Ideen. Er ist einfach in die falsche Gesellschaft geraten."

„Sie wissen also nicht, wo er sich in den zehn Jahren zwischen seinem … hm … Verschwinden und seinem Tod aufgehalten hat?"

„Nein. Und ich will es auch jetzt nicht mehr wissen. Es bringt Unglück, wenn man diese Dinge wieder aufwärmt."

„Vielleicht gibt es im Nachlass der Mutter noch …"

Der alte Mann mit dem weißen Hemd und der Fliege kam langsam durch die Küchentür.

„Es ist mir wieder eingefallen", verkündete er triumphierend. „Wegen der Bank. Peter Nopper, das war dieses langhaarige Subjekt, das den Herrhausen in die Luft gejagt hat."

Die Stille im Raum, die dieser erstaunlichen Mitteilung folgte, war beinahe mit Händen zu greifen. Emmerich holte tief Luft, überlegte, ob er sich verhört haben könnte, machte den Mund auf und sofort wieder zu. Gitti schien mit hochgezogenen Brauen angestrengt nachzudenken. Ruth Gerstenmaier sah ihren Gatten vorwurfsvoll an und sagte streng:

„Das wäre jetzt aber wirklich nicht nötig gewesen, gell."

Einzig Albrecht Gerstenmaier wirkte vollkommen ungerührt.

„So war es doch, oder etwa nicht? Was essen wir heute?"

„Hören Sie mal, Frau Gerstenmaier", meinte Emmerich zögernd. „Wenn das wahr ist, was Ihr Mann da sagt, dann …"

„Er weiß ü … ber … haupt nichts", erklärte Ruth Gerstenmaier schwer atmend. „Es gab eine Menge Gerüchte, als Peter verschwunden ist. Meine Schwester Gerlinde wollte sogar zu dem Pfarrer auf dem Hallschlag, Sie wissen schon, der die Tochter in Stammheim hatte, aber Friederike war dagegen. Dabei war der Pfarrer ein guter Mensch, er konnte ja auch nichts dafür, dass sein Kind mit den anderen auf dem Dornhaldenfriedhof gelandet ist und …"

„Ganz ruhig, Frau Gerstenmaier", warf Gitti beschwichtigend ein. „Wir machen Ihnen doch keine Vorwürfe. Es geht uns nur darum, die Identität eines unbekannten Toten festzustellen. Was der Mann getan oder nicht getan hat, spielt zunächst einmal gar keine Rolle."

„Ich hätte gerne Spiegeleier", äußerte Albrecht Gerstenmaier, vom Geschehen in der Küche unbeeindruckt. „Und Toast mit Knoblauchbutter. Wussten Sie, dass Knoblauch gut für die Durchblutung ist?"

„Das wissen heute alle, Schatz", sagte seine Frau mit einem Anflug von Ungeduld. „Möchtest du uns nicht noch ein Lied auf dem Klavier vorspielen? Vielleicht ‚Die Gedanken sind frei'?"

„Gerne. Ein schönes Lied. Sie kennen es sicher."

„Ja", sagte Emmerich. „Ein sehr schönes Lied. Spielen Sie nur."

Albrecht Gerstenmaier schlurfte wieder hinaus, wenig später hörten sie ihn das Piano bearbeiten. Seine Frau nahm den Topf mit dem kochenden Wasser vom Herd und hängte zwei Beutel Pfefferminztee hinein.

„Wenn es unbedingt sein muss, nehmen Sie diese Probe. Aber dann will ich nichts mehr davon wissen. Zu viel Aufregung für Albrecht."

Ergeben legte sie den Kopf in den Nacken, öffnete den Mund und machte „Aaah". Gitti werkelte kurz mit dem Stäbchen und sagte:

„Schon passiert."

„Gibt es noch andere Verwandte?", wollte Emmerich wissen.

„Ja", entgegnete Ruth Gerstenmaier und wischte sich den Mund sorgfältig mit einem Blatt Küchenrolle ab.

„Würden Sie uns Namen und Adressen geben?"

„Wir waren drei Schwestern", erklärte Ruth Gerstenmaier, ohne auf Emmerichs Frage einzugehen. „Friederike, Peters Mutter, war die älteste. Dann kam Gerlinde und dann kam ich. Wir haben leider niemals Kinder gehabt und Gerlinde brauchen Sie nach nichts zu fragen, sie lebt seit vier Jahren in einem Heim und bekommt gar nichts mehr zusammen."

„Hat sie Kinder? Ihre Schwester Gerlinde?"

„Zwei Buben und ein Mädle. Zu denen hab ich schon lange keinen Kontakt mehr. Adressen auch nicht."

„Aber den Familiennamen können Sie mir sagen?"

„Musfeld", erklärte Ruth Gerstenmaier widerstrebend. „Johannes und Markus, so hießen die Buben." Sie nahm die Teebeutel aus dem Topf, warf sie in den Mülleimer und setzte mit einem verächtlichen Lächeln hinzu: „Wie die Evangelisten."

„Na, das ist doch schon etwas." Emmerich wollte die Nerven der alten Dame nicht überstrapazieren, auch wenn sie im Großen und Ganzen einen recht robusten Eindruck auf ihn machte. „Sie bekommen Bescheid von uns, wenn es sich um Ihren Neffen handelt."

„Eigentlich will ich das gar nicht", sagte Ruth Gerstenmaier und brachte Emmerich und Gitti zur Tür. „Eigentlich wollen wir unsere Ruhe, mein Mann und ich."

9

Die junge Frau, deren Stimme Elke Bofinger vom Telefon kannte, führte sie in eine Art Wartezimmer. Elke entging nicht der geringschätzige Blick, mit dem sie gemustert wurde, ebenso wenig wie die Tätowierung, die über dem Hosenbund der jungen Frau zu sehen waren, bevor deren knapp sitzendes Oberteil begann. *Arschgeweih nennt man das*, dachte Elke, die den Ausdruck von Kai gehört hatte. *Wie es wohl aussieht, wenn sie siebzig ist?* Das Wartezimmer war spartanisch, aber edel mit dunkelbraunen Ledersofas, drei echten Bildern und einem enormen Ficus Benjamini möbliert. Innerhalb weniger Sekunden wurde sich Elke nicht nur ihres nicht vorhandenen Haarschnitts und der etwas abgestoßenen Sportschuhe, die sie an den Füßen trug, bewusst, sondern auch der Tatsache, dass sie nie Glück mit diesen Pflanzen gehabt hatte. Ficus Benjaminis im Hause Bofinger pflegten innerhalb weniger Wochen sämtliche Blätter abzuwerfen und wie ein abgestorbenes Gerippe zu wirken. Elke fühlte sich in dieser Umgebung ganz ähnlich, ebenso fehl am Platz wie auch schon zwanzig Jahre zuvor in Carola Lämmerweins Gesellschaft. Es dauerte nur wenige Minuten, bis die junge Angestellte zurückkehrte und Elke zu einem Büro eskortierte, wo eine füllige Frau mit üppigem, dunklem Haar wartete. Die Frau trug ein anthrazitfarbenes Kostüm mit einem lindgrünen Shirt darunter und hatte ein sorgfältig geschminktes Gesicht. Ihre Lippen hatte sie zu einem schiefen Lächeln verzogen.

„Hallo Elke", sagte sie, ohne die Hand auszustrecken. „Du hast dich kein bisschen verändert."

„Carola?", fragte Elke misstrauisch. „Warst du früher nicht blond?"

„Sie können gehen", sagte die Frau über Elkes Schulter hinweg und wies auf eine weinrote Sitzgruppe. „Setz dich. Blond ist im Geschäftsleben keine besonders vorteilhafte Farbe. Gott sei Dank hat man das ja heutzutage selbst in der Hand. Was kann ich für dich tun?"

„Wie ich schon sagte …" Elke setzte sich unsicher auf den äußersten Rand eines Sofas. „Du möchtest sicherlich nicht, dass die Sache mit eurem Ferienhaus an die Öffentlichkeit …"

„Lass das." Carola Lämmerwein ließ sich in einen Sessel fallen und schlug die Beine übereinander. „Damit wir uns richtig verstehen: Ich weiß noch genau, worüber damals im ‚Brett' gesprochen wurde. Peter war in diesem Ferienhaus. Nach dem Attentat. Ich kann mir allerdings nicht vorstellen, dass das heute noch irgendwen interessiert. Abgesehen davon, dass er mir glaubhaft versichert hat, nichts mit dem Anschlag auf den Vorstandssprecher der Deutschen Bank zu tun gehabt zu haben."

„Warum ist er dann abgehauen?"

„Was genau weißt du darüber?"

„Über das Attentat? Nur das, was in den Zeitungen und im Fernsehen war."

„Wer kann schon sagen, ob das die ganze Wahrheit ist."

Elke rutschte unbehaglich ein wenig tiefer in das Sofa.

„Wie meinst du das?"

„Wie ich es sage. Ich betrachte es als keineswegs sicher, dass es tatsächlich die RAF war, die den Anschlag ausgeführt hat. Allerdings nehme ich an, dass wir nie erfahren werden, wie es wirklich war."

„Dann stimmt es also? Er war bei diesen … Terroristen?"

„Es ist lange her."

„Das macht es nicht besser."

„Nein." Carola Lämmerwein sah einige Sekunden lang nachdenklich zum Fenster hinaus, bevor sie sich wieder an Elke wandte. „Er ist nach Goa gegangen. Wir haben uns dort noch zweimal getroffen, dann habe ich hier einen anderen kennengelernt. Der Kontakt ist abgebrochen. Jahre später habe ich gehört, dass er gestorben sein soll. Und jetzt kommst du daher."

„Das verstehe ich nicht." Elke runzelte die Stirn. „Es muss sein Bild sein, das heute in der Zeitung ist. Ich bin mir ganz sicher." Sie zog das mehrfach geknickte Blatt aus ihrer Tasche und schlug es auf. „Hier, sieh selbst."

Carola warf nur einen flüchtigen Blick auf das Foto.

„Ich lese auch Zeitung", sagte sie abweisend. „Natürlich könnte er es sein. Aber es geht mich nichts mehr an. Du wirst es vielleicht nicht glauben, aber ich habe diesen Mann geliebt. Wirklich geliebt. Ich war nur leider nicht die Einzige, in Goa hatte er an jedem Finger fünf andere. So konnte ich nicht weiterleben, und trotzdem tut es immer noch weh. Warum kommst du zu mir, um das alles wieder aufzuwärmen?"

„Weil ich etwas von ihm habe, das du nicht hast."

„Du?" Carola zog die Brauen nach oben und lächelte geringschätzig. „Du hattest doch höchstens eine gemeinsame Nacht mit ihm."

„Es waren fünf", entgegnete Elke trocken. „Das Resultat ist männlich und wird demnächst volljährig."

Die Wirkung dieser Mitteilung auf ihr Gegenüber verschaffte Elke eine wahrlich tiefe, innere Befriedigung, derer sie sich vielleicht einem anderen Menschen gegenüber sogar geschämt hätte, doch das galt nicht für die Frau in diesem Büro. Carolas Gesichtsausdruck schockiert zu nennen, wäre eine Untertreibung gewesen. Alle Farbe war, trotz des Make-ups, aus ihrem Gesicht gewichen, ihre Hände krallten sich in die Lehnen des weinroten Sessels, dass die Adern bläulich hervorschimmerten, sie atmete heftig und stoßweise.

„Du hast ein Kind von ihm?"

Elke nickte.

„Hat er das gewusst?"

Elke nickte ein zweites Mal.

„Er hat mir nie etwas davon gesagt. Nie."

Elke zuckte die Schultern.

„Er hat auch nie etwas dafür bezahlt."

„Unglaublich." Carola angelte mit zitternden Fingern eine Packung Zigaretten aus der Tasche ihres Blazers und steckte sich eine an. Die Finger ihrer freien Hand klopften einen nervösen Rhythmus auf der Sessellehne. „Weiß der Junge, wer sein Vater ist?"

„Er kennt den Namen und ein paar Fotos."

„Unglaublich", wiederholte Carola, zog an ihrer Zigarette und musterte Elke scharf. „Trotzdem verstehe ich nicht, was du von mir willst."

„Peter kam aus einer reichen Familie. Kai, so heißt mein Junge, müsste der Erbe sein. Ich will nur wissen, wo ich sie finden kann. Ich gehe davon aus, dass du sie damals gekannt haben musst."

Carola ließ ein kurzes, scharfes Lachen hören. „Das Erbe ist doch längst verteilt. Da hättest du früher aufstehen müssen."

„Ich konnte nicht wissen, dass …"

„Nein, das konntest du nicht. Und keiner von denen wusste etwas von dem Kind." Carola stand auf, drückte die Zigarette in einen Ascher auf ihrem Schreibtisch und schien nachzudenken.

„Hör zu, Schätzchen", sagte sie schließlich geschäftsmäßig. „Ich muss das erst einmal verdauen. Anschließend werde ich ein paar Erkundigungen einziehen und dann rufe ich dich an. Wann sagtest du, wird der Junge volljährig?"

„Im Sommer."

„Das heißt, du bist noch für ein paar Wochen die gesetzliche Vertrete-
rin und könntest mir ein Mandat erteilen."

„Ich glaube nicht, dass ich dich bezahlen kann."

Carola Lämmerwein ging zur Tür und öffnete sie.

„Das lass meine Sorge sein. Sag meiner Sekretärin Bescheid, wo ich
dich erreichen kann."

* * *

„Also, was haben wir?", eröffnete Emmerich gähnend die kleine Konfe-
renz am späten Nachmittag in seinem Büro. Frenzel wechselte einen
kurzen Blick mit Gitti Kerner, gähnte ebenfalls und ergriff das Wort.

„Der Reinigungsdienst aus Filderstadt hat den Auftrag für das Hotel
Sieber seit drei Jahren. In den Putzkolonnen arbeiten nur ausländische
Hausfrauen und Studentinnen auf Minijob-Basis. Sie werden pro Zim-
mer bezahlt und müssen vor allem schnell sein."

„Sauerei", entfuhr es Gitti. „Ausbeutung in Reinkultur."

„Ich weiß nicht. Wenn ich den Chef richtig verstanden habe, kämpfen
sie ums Überleben. Osteuropäische Unternehmen machen's noch billi-
ger."

„Darum können wir uns nicht auch noch kümmern", warf Emmerich
sachlich ein. „Was hast du herausbekommen?"

„Der Chef dort konnte das Mädchen ausfindig machen, das Mister
Fords Zimmer geräumt hat. Eine bildhübsche, chinesische Studentin mit
Köpfchen, Donnerwetter."

„Ist ja wohl das mindeste, was man von einer Studentin erwarten
kann", sagte Gitti mit einem Anflug von Sarkasmus. „Ihr Aussehen er-
scheint mir eher sekundär."

„Wie auch immer." Frenzel ließ sich nicht aus der Ruhe bringen und
fischte einen Zettel aus seiner Tasche. „Wang Ma, so heißt die Studentin,
wobei mir nicht ganz klar ist, welches der Vor- und welches der Nachname ist, war der Ansicht, dass Mister Ford ein eigenartiger Mensch sein
müsse. Einer, der ohne Kulturbeutel verreist. Bei seinen Sachen befanden
sich weder eine Zahnbürste, noch ein Rasierapparat, kein Shampoo, kein
Kamm, einfach nichts, was der Körperhygiene dienlich sein könnte. Und
so was traut Wang Ma nicht einmal einem Amerikaner zu, obwohl sie
von denen nicht allzu viel zu halten scheint."

„Kann man verstehen", murmelte Emmerich kaum hörbar und fügte
lauter hinzu: „Ist ihr noch mehr aufgefallen?"

„Ich sagte ja schon, dass die Frauen beinahe im Akkord arbeiten. Viel Zeit für Beobachtungen bleibt da nicht. Sie erinnert sich noch an den Pass und die Zeitung, beides lag auf dem Nachttisch. Die Traktate dagegen sind ihr nicht aufgefallen. Der fertig gepackte Koffer wurde von einem Hausdiener abgeholt."

„War sie vorher schon mal in dem Zimmer? Als Mister Ford noch dort gewohnt hat?"

„Sie arbeitet nur einmal die Woche für den Reinigungsdienst. Es ist ein typischer Studentenjob."

„Schon seltsam", überlegte Gitti. „Dass genau die Dinge fehlen, die am ehesten für einen DNA-Abgleich taugen würden."

„Vielleicht hatte er vor, eine Nacht außerhalb des Hotels zu verbringen und den Kulturbeutel mitgenommen?", mutmaßte Frenzel.

„Vielleicht gibt es aber auch gar keinen Kulturbeutel. Und auch keinen wirklichen Mister Ford", hielt Emmerich dagegen. „Sondern nur einen Peter Nopper, der unter falschem Namen abgestiegen und in Wahrheit ganz woanders untergekommen ist."

Das Telefon summte. Emmerich nahm ab, formte mit den Lippen das Wort „Zweigle" und drückte die Mithörtaste.

„... habe ich das Blutbild angefordert und ein weiteres Mal mit dem Kollegen im Katharinenhospital gesprochen", tönte die Stimme des Pathologen in zweifelhafter Qualität durch das Büro. „Wie Sie wissen, hatte ich schon nach der Obduktion Verdacht geschöpft."

„Durchaus, Herr Doktor", entgegnete Emmerich liebenswürdig. „Sie haben ausreichend häufig darauf hingewiesen."

„Bei der Einlieferung litt der Patient unter Herzrhythmusstörungen", erklärte Zweigle, ohne Emmerichs Einwurf zu beachten. „Exitus durch Herzstillstand. Die Obduktion ergab allerdings ein völlig intaktes Organ. Was schließen wir daraus?"

„Wir gar nichts", sagte Emmerich. „Sie sind der Arzt."

„Richtig." Zweigle hüstelte und räusperte sich. „Haben Sie schon einmal von Kaliumchlorid gehört?"

„Ist das ein Bestandteil von diesem Schlafmittel?"

„Ipnoral? Oh, nein. Kaliumchlorid ist sozusagen das finale Schlafmittel, wenn Sie ... ähem ... verstehen, was ich meine."

„Tut mir leid." Emmerich wechselte einen Blick mit Frenzel und Kerner und verdrehte die Augen. „Da müssen Sie mir schon auf die Sprünge helfen."

„Genau dafür bin ich ja da. Kaliumchlorid wird beispielsweise von Veterinären benutzt, wenn ein Tier eingeschläfert werden muss. In den Vereinigten Staaten werden Todesurteile damit vollstreckt. Und im menschlichen Körper gehört es zu den am schwersten nachweisbaren Giften."

„Aber Sie haben es natürlich gefunden?"

„Nicht direkt. Sehen Sie, die Kaliumwerte im Blut steigen nach dem Tod auf natürliche Weise so um das Zwei- bis Dreifache an. Veränderungen, die noch zu Lebzeiten entstanden sind, werden dadurch verdeckt und lassen sich kaum nachweisen. Dabei reichen schon kleine Mengen aus, um den Tod zu bewirken."

„Das heißt, Sie konnten mithilfe der Blutprobe aus dem Katharinenhospital …"

„Die Blutprobe allein beweist noch gar nichts", dozierte Zweigle, offensichtlich nicht gewillt, sich seinen großen Auftritt durch ungebührliche Eile verderben zu lassen. „Obwohl sie natürlich erhöhte Kaliumwerte aufweist. Es ist mir gelungen, die dazugehörige Einstichstelle am rechten Unterschenkel zu finden."

„Sapperlott." Emmerich gab sich beeindruckt. „Er starb also nicht durch das Schlafmittel."

„Der Mann wurde mit Ipnoral betäubt, in den chinesischen Garten verbracht und erhielt an Ort und Stelle eine Injektion."

„Wir können also jetzt sicher sein, dass es sich um einen Mord handelt?"

„Quod erat demonstrandum", sagte Zweigle selbstgefällig.

„Irgendwelche Hinweise auf den Täter? Wer, außer Veterinären und amerikanischen Henkern, weiß Bescheid über Kaliumchlorid?"

„Im Prinzip jeder." Zweigle hüstelte wieder. „Steht heute alles im Internet. Und das Zeug bekommen Sie ohne Schwierigkeiten in der Apotheke."

* * *

Gegen fünf Uhr nachmittags traf Elke Bofinger im Grasigen Rain ein und stellte erfreut fest, dass ihre Mutter nicht im Hause weilte. Es war Mittwoch und mittwochnachmittags ging Rosemarie seit ungezählten Jahren ein paar Häuser weiter zum Canastaspiel mit den Nachbarinnen. Das hatte sich schon eingebürgert, als Elkes Vater noch gelebt hatte und jeden Versuch, die Kartenrunde im Bofinger'schen Heim stattfinden zu lassen, energisch abgewehrt hatte. Nach seinem Tod war nichts daran geändert worden und Elke war ihrem Erzeuger bis heute dankbar für dessen Hartnäckigkeit. Aufgrund ihres fortschreitenden Alters verließ ihre Mutter das Haus immer seltener, oft blieben ihr nur diese wenigen Stunden an den Mittwochen, um wirklich alleine zu sein. Elke schlüpfte in bequeme Leggins, zog ein ausgeleiertes Sweat-Shirt über und ging ins Wohnzimmer, wo sie sich der Länge nach auf das bejahrte Sofa fallen ließ. Fünf Minuten atmete sie tief, bewusst und regelmäßig ein und aus, dann begann sie, nachzudenken. Carola Lämmerweins Büro hatte nicht den Eindruck erweckt, dass sie sich die Dienste dieser Sozietät würde leisten können. Elke verstand nicht allzu viel vom Wesen der deutschen Justiz. Wenn man etwas ausgefressen hatte, bekam man einen Pflichtverteidiger, den der Staat unvermögenden Leuten bezahlte. Ob dasselbe für das Einklagen einer Erbschaft galt, wagte Elke zu bezweifeln. Dennoch musste es auch für Kai eine Möglichkeit geben, zu seinem Recht zu kommen. *Schritt eins,* überlegte Elke. *Ich gehe zur Polizei und beantrage einen Vaterschaftstest. Das geht auch mit Toten.* Blieb die Frage, ob die Polizei dies so einfach zulassen würde. Wahrscheinlich würde man dort wissen wollen, in welcher Beziehung Elke zu Peter stand, ob sie etwas mit dessen Vergangenheit, womöglich sogar mit dem Attentat auf diesen Bankmenschen, zu tun hatte. Am Ende, so fürchtete Elke, unterstellte man ihr oder Kai noch ein berechtigtes Interesse an Peters Tod. *Sie haben nicht geschrieben, woran er gestorben ist,* schoss es ihr durch den Kopf. Elke gehörte einer Generation an, die der Polizei in ihrer Jugend kein Vertrauen entgegengebracht hatte. „Haut die Bullen platt wie Stullen" war die Devise gewesen, auch wenn nur wenige versucht hatten, sie in die Tat umzusetzen. Zur Polizei also würde sie nur gehen, wenn ihr absolut nichts Besseres einfiel. Als zweite Anlaufstelle bot sich ihr Onkel Albrecht an, auf dessen Geburtstag sie Peter begegnet war. Der Bruder ihrer Mutter aber war, zumindest in Elkes Augen, schon seit einiger Zeit hoffnungslos senil geworden, was bedeutete, dass sie sich an Tante Ruth würde wenden müssen. Bei ihr war sie sich nicht sicher, ob sie über Kais Herkunft Bescheid wusste, darüber war nie gesprochen worden, auf jeden Fall nicht mit ihr. Tante Ruth war irgendwie mit Peter verwandt, so viel war Elke bekannt, allerdings auch, dass sie seit Jahren eine heftige Abneigung gegen den Rest ihrer Familie hegte, für deren Ursache sich Elke nie interessiert hatte. Hinzu kam, dass Tante Ruth jegliches Ersuchen ihres Patenkindes sofort mit ihrer besten Freundin Rosemarie besprechen würde und vielleicht mit anderen guten Freundinnen ebenso. Tante Ruth kam daher zur Lösung ihres Problems ebenfalls nur im Notfall infrage. Übrig blieb lediglich ihre Mutter, der sich möglicherweise mit ein paar unauffällig gestellten Fragen die Lebensumstände der Schwestern Hebsack und deren Nachfahren entlocken ließen. Die Leidenschaft ihrer Mutter für die Ahnenforschung bot hier einen guten Ansatzpunkt. In Gedanken versuchte sie, ein paar geeignete Fragen zu formulieren, als das Telefon klingelte. Der Hörer lag weder am gewohnten Platz neben der Fernbedienung für das TV-Gerät, noch steckte er in der Ladestation. Elke, die seit geraumer Zeit zu der Ansicht gekommen war, dass schnurlose Telefone keine geeignete Erfindung für ältere Menschen waren, die zunehmend vergesslich wurden, fluchte. Dem Klingelton folgend fand sie den Apparat schließlich auf dem Buffet unter der Zeitung vom heutigen Tag und schloss daraus, dass Tante Ruth bereits über das Foto des toten Peter informiert worden war. Ärgerlich drückte sie die grüne Taste.

„Bofinger."

„Elke, bist du das?", vernahm sie Carola Lämmerweins Stimme.

„Ja."

„Sehr gut. Wir werden das Mandat übernehmen."

„Aber ..."

„Du kannst uns nicht bezahlen, ich weiß schon. Das musst du zunächst auch gar nicht. Wenn wir das Erbe deines Sohnes erstreiten, habt ihr beide genügend Geld. Nicht nur für unsere Rechnung."

„Aber ..."

„Kein Aber. Sagen wir, unsere Kanzlei arbeitet auf eigenes Risiko. Du bezahlst nur im Erfolgsfall. Wann können wir uns treffen? Ich brauche deine Unterschrift für die Vollmacht."

„Kannst du mir nicht wenigstens erzählen, was ..."

„Nicht am Telefon. Morgen Vormittag um elf in meinem Büro?"

„Das könnte ich einrichten."

„Super. Dann bis morgen. Tschüüüüsss."

„Ich hasse sie." Elke starrte angewidert den Hörer an und legte ihn zurück auf seinen Platz neben der Fernbedienung.

* * *

„Morgen", erklärte Emmerich müde und rieb sich die Augen, „gehen wir folgendermaßen vor. Mirko organisiert ein paar Leute für die Zeugenermittlung im Tatortbereich. Außerdem rufst du beim Gartenamt an. Wir müssen wissen, wann genau der chinesische Garten geöffnet wurde und ob der betreffende Mitarbeiter etwas Außergewöhnliches bemerkt hat."

„Okay", sagte Frenzel gedehnt. „Was noch?"

„Ihr beide fahrt noch mal ins Hotel Sieber. Versucht herauszufinden, wie oft Mister Ford beim Frühstück war, wann er ein- oder ausging und ob er mit jemandem vom Personal oder einem anderen Gast gesprochen hat."

„Könnte dauern", meinte Kerner. „Sollen wir uns nicht besser auf die Spur von Peter Nopper setzen?"

„Das übernehme ich", sagte Emmerich. „Ich gehe zum Standesamt und lasse mir erklären, warum der Mann vor zehn Jahren gestorben sein soll. Im Übrigen müssen wir die Ergebnisse der KTU abwarten. Und jetzt will ich heim. Schönen Abend noch."

Wie immer nahm er die Stadtbahn zum Hauptbahnhof, verzichtete jedoch des schlechten Wetters wegen auf seinen gewohnten Spaziergang durch den Park und stieg stattdessen um in die Linie 14, die ihn zum Neckartor brachte. Emmerich verspürte einen Anflug von schlechtem Gewissen, keinesfalls wollte er den Eindruck erwecken, Gabi kontrollieren zu wollen. Andererseits hatten ihre Fragen seine Neugier auf den Plan gerufen. Was mochte sich vor acht Uhr in seinem Heim abspielen, das seine Anwesenheit unerwünscht machte? Plante sie eine Überraschung? Gewährte sie womöglich Jule eine sturmfreie Bude? War es vielleicht sogar besser, wirklich erst nach acht zurückzukehren? Weil Dinge vor sich gingen, die er gar nicht wissen wollte? Von Zweifeln geplagt, sah Emmerich auf seine Uhr. Es war kurz vor sieben. Letztendlich war es sein gutes Recht, nach Hause zu kommen, wann er es für richtig hielt, oder etwa nicht? Im vierten Stock des Jugendstilhauses, in dem er mit seiner Familie wohnte, schloss er die Tür auf und hörte Gelächter auf der Veranda.

„Hihihi", kicherte seine Gattin und „huhuhu" juchzte unverkennbar Angelika.

„Ihr nehmt mich überhaupt nicht ernst", sagte vorwurfsvoll eine dritte Stimme. Emmerich erstarrte und verstand, weshalb er besser noch ein Weilchen weggeblieben wäre.

„Dieser Mann ist so etwas von unbewusst", fuhr die Stimme in weinerlichem Ton fort. „Er hat keinen Kontakt zu seinem inneren Kind. Und ich verstehe nicht, was es da zu lachen gibt."

„Loretta", japste Gabi und keuchte. „Wie oft hab ich dir schon gesagt, dass das gar nicht geht? Männer *sind* Kinder."

„Aber so einen will ich nicht. Was soll ich mit einem Mann, der einen Mutterersatz sucht und meine Körpersprache nicht versteht?"

„Mit der Einstellung", sagte Angelika trocken, „wirst du nie einen finden."

„Das stimmt nicht. Ich hatte Sergio. Der war nicht so ein unsensibler Tropf."

„Das Weichei?", fragte Gabi interessiert. „Ich dachte, den hast du rausgeschmissen."

„Was hätte ich tun sollen?" Loretta seufzte so tief, dass auch Emmerich im Flur es nicht überhören konnte. „Er hatte doch ständig andere Frauen. Und das in meiner Wohnung."

„Dem hat wohl eine Mama nicht gereicht", kicherte Angelika und Gabi setzte hinzu:

„Sensible Männer sind halt begehrt."

Emmerich warf einen wütenden Blick in Richtung Veranda, zog Jacke und Schuhe aus und schlich sich auf Zehenspitzen ins Wohnzimmer. Dort traf er seine Tochter vor dem Fernseher an.

„Hast du keine Schularbeiten zu machen?", raunzte er übellaunig.

„Es heißt *Guten Tag* oder *Guten Abend*, wenn man nach Hause kommt", sagte Jule, ohne ihre Lage auf dem Sofa zu verändern. „Was willst du überhaupt schon hier? Wir dachten, du hättest einen neuen Fall."

„Ich kann ja wieder gehen, wenn ich überflüssig bin."

„Jetzt werd nicht peinlich, Papa. Wir haben einfach nicht so früh mit dir gerechnet." Jule betätigte den Ausschaltknopf. „Weiß Mama, dass du da bist?"

„Nein. Sie hat diese ... diese Person zu Besuch."

„Loretta?" Jule nickte nachsichtig mit der gesamten Weisheit ihrer siebzehn Jahre. „Die ist echt psycho. Ich geh rüber und sag Bescheid."

„Danke."

Wenig später hörte Emmerich, wie Gabis Freundinnen sich verabschiedeten. *Ich bin ein Ekel*, dachte er schuldbewusst. *Ein Haustyrann, der nach der Arbeit seine Ruhe will und die Familie bevormundet.*

„Hallo, Hasi", sagte Gabi und betrat das Wohnzimmer. „Schön, dass du früher gekommen bist. Noch zehn Minuten länger und ich wäre wahnsinnig geworden."

„Warum lädst du sie ein?"

„Ich lade sie nicht ein. Sie kommt einfach."

„Dann schmeiß sie raus."

„Das geht nicht. Sie braucht Hilfe."

„Aber nicht deine."

„Davon verstehst du nichts."

„Weil ich ein unsensibler Tropf bin?"

„Ach, Hasi." Gabi lächelte ihn mitleidig an. „Wir haben doch nicht von dir gesprochen. Das würde ich mit Loretta niemals tun."

„Warum war es dann wichtig, wann ich heimkomme?"

„Weil ich dir deinen geliebten Sauerbraten machen wollte. Der dauert ein bisschen länger. Aber du musstest ja Schnitzel essen."

10

Am nächsten Morgen unterlief Emmerich beim Frühstück ein strategischer Fehler. Beiläufig erwähnte er, nicht direkt ins Büro zu fahren, sondern erst beim Standesamt in der Stadtmitte vorbeischauen zu wollen.

„Oh", sagte Gabi erfreut. „Das ist aber praktisch. Du kommst sicher an der Markthalle vorbei."

„Eigentlich nicht."

„Stell dich nicht an. Es ist nur ein klitzekleiner Umweg. Ich brauche Parmaschinken und Parmesan, und wenn du sowieso schon da bist, kannst du auch gleich frischen Spinat mitbringen."

„Ich bin nicht sowieso schon da. Und mit Spinat kenne ich mich nicht aus."

„Nichts einfacher als das. Ich schreib's dir auf." Gabi trank einen letzten Schluck Tee, eilte geschäftig in den Flur und kam mit einem Zettel zurück. „Ein gutes Pfund wird reichen, schätze ich. Nimm meinen Einkaufskorb."

„Spatz, ich ermittle nicht mit Einkaufskorb."

„Dann nimm eine Jutetasche. Die passt in deine Jacke."

Emmerich seufzte, leerte seine eigene Tasse und fügte sich in sein Schicksal. In solchen Dingen pflegte er stets den Kürzeren zu ziehen, warum wusste Gott, falls es ihn denn geben sollte, allein. Wenig später saß er in der Straßenbahn, fuhr bis zur Haltestelle „Rathaus" und ging in entgegengesetzter Richtung zur Markthalle in die Eberhardstraße. Im Standesamt wurde er an einen korpulenten, bebrillten Mann kurz vor der Pensionsgrenze verwiesen. Emmerich trug sein Anliegen vor, erhielt zur Antwort, dass der Mann „amol gucka" würde und wartete. Die Guckerei dauerte annähernd eine halbe Stunde, dann kehrte der Standesbeamte mit einigen bereits leicht vergilbten Papieren zurück. Dem Totenschein war ein Schreiben beigeheftet, das den Stempel „Citycouncil of Daressalam" trug. In handschriftlichem Englisch, die Tinte begann schon zu verblassen, wurde dort mitgeteilt, dass Peter Nopper in der Nähe eines Ortes namens Arusha tödlich verunglückt und mangels zuständiger Angehöriger auch gleich beigesetzt worden war. Wie dieses Schreiben seinen Weg in das Stuttgarter Standesamt gefunden hatte, ließ sich anhand der vorhandenen Unterlagen nicht mehr feststellen. Emmerich bat um eine Kopie und machte sich auf den Weg zur Markthalle, wo es ihm ohne Schwierigkeiten gelang, Gabis Bestellungen zu erwerben. Während die Händlerin am Gemüsestand den Spinat abwog, sah er sich um, freute sich am üppigen Anblick der Verkaufsstände und sog genüsslich die vielen, verschiedenen Gerüche exotischer Gewürze, delikater Wurstwaren und fremdländischer Früchte ein, bis er am gegenüberliegenden Stand eine Entdeckung machte. „Naturelle – Gemüse vom guten Acker" stand da geschrieben und einige Meter weiter „Naturelle – Fleisch vom guten Hirten". Verziert war der Stand mehrfach mit dem Vogelzeichen, das Frenzel auf den Autos und er selbst an der Hofeinfahrt neben dem Hotel Sieber bemerkt hatte. Die Verkäuferinnen am Stand hatten ihr Haar zu Knoten geschlungen und sahen, trotz ihrer Jugend, irgendwie alt aus. Wobei „alt" nicht das richtige Wort war, wie Emmerich sich umgehend korrigierte, „altbacken" passte entschieden besser. *Doch keine Partei,* dachte er und fragte neugierig die Gemüsehändlerin:

„Wissen Sie, was das bedeutet? Das Zeichen da?"

Die Frau hielt inne und runzelte die Stirn

„Das da? Das sind komische Vögel, sage ich Ihnen. Die wollen mit uns anderen Händlern nichts zu tun haben und kriegen auch bei der Kundschaft kaum das Maul auf. Aber der Stand läuft, es kommen eine Menge Leute, die kaufen nur dort ein. Ich hab mal einer Frau Salat angeboten, als sie drüben keinen mehr hatten, die hat mich angeguckt, als wäre meiner giftig."

„Fleisch vom guten Hirten", zitierte Emmerich nachdenklich. „Hört sich eigenartig an."

„Wenn Sie mich fragen …" Die Händlerin packte den Spinat in eine Plastiktüte, schob das Ganze in Emmerichs Jutetasche und senkte die Stimme zu einem Flüstern. „Das ist irgendeine Sekte. Ich verstehe nicht, warum die Stadt so etwas in der Markthalle zulässt. Wir hatten das Problem vor einiger Zeit schon einmal, da hat's auch ewig gedauert, bis jemand eingeschritten ist."

„So lange sie nichts Kriminelles tun …", sagte Emmerich achselzuckend und bezahlte.

„Nix Genaues weiß man nicht", entgegnete die Händlerin grimmig und gab ihm sein Rückgeld.

* * *

Pünktlich um elf stand Elke Bofinger erneut vor den Räumen der Rechtsanwälte Lämmerwein & Griesinger und wurde wieder von der jungen Frau, die ihr heute eine winzige Spur weniger hochnäsig erschien, eingelassen.

„Morgen, meine Liebe", empfing Carola, heute in bordeauxfarbenem Kostüm mit altrosa Shirt, sie aufgeräumt. „Nimm Platz. Max wird gleich hier sein."

„Wer ist Max?"

„Mein Sozius. Der … hm … andere Mann, den ich nach Peter kennenlernte."

„Ihr seid nicht verheiratet?"

„Wir sind Juristen, Schätzchen. Unter anderem beschäftigen wir uns mit Scheidungen und lassen daher die Finger von der Ehe."

„Ich dachte, du hättest Anglistik studiert."

„Hab ich auch. Eine brotlose Kunst. Gott sei Dank habe ich rechtzeitig umgesattelt. Da bist du ja."

Ein hochgewachsener Mann in den Sechzigern, Hemd und Krawatte Ton in Ton, betrat mit ausgestreckter Hand das Büro.

„Frau … äh …"

„Bofinger", stellte Carola vor. „Elke Bofinger. Wir sind Freundinnen aus alten Unitagen."

Nein, dachte Elke, *das sind wir nicht. Und dem geschniegelten Max hätte ich früher nicht einmal den kleinen Finger gereicht.*

„Griesinger", sagte Max und drückte Elkes Hand. „Ich freue mich, dass Sie unsere Kanzlei mit der Vertretung Ihrer Erbschaftsangelegenheit betrauen."

„Aber das will ich doch gar nicht", platzte Elke überrumpelt heraus. „Ich dachte, ein paar Auskünfte von Carola wären im Moment völlig …"

„Darf ich Ihnen Kaffee anbieten? Oder ein Wasser?" Max Griesinger nickte Carola zu, die zum Telefon eilte und Getränke bestellte. „Sie stehen vor einer schwerwiegenden Auseinandersetzung. Ohne juristischen Beistand werden Sie gar nichts erreichen."

Elke fühlte sich eingeschüchtert. Wie immer beim Umgang mit Leuten wie Carola oder jetzt Griesinger, empfand sie sich als irgendwie minderwertig. Als trüge sie Schuld daran, keine berufliche Karriere gemacht zu haben. Sich nicht in modische Kostüme zu kleiden. Weniger zu wissen. Aber sie hatte einen Sohn und war es ihm schuldig, nicht schon bei der kleinsten Unannehmlichkeit den Rückzug anzutreten. Also riss sie sich zusammen, sah Griesinger an und sagte:

„Das verstehe ich nicht. Peters Mutter ist gestorben, nun ist Peter ebenfalls tot, also muss Kai etwas erben. Ich will nur wissen, an wen ich mich wenden muss, um dieses Geld zu bekommen."

„Natürlich." Griesinger legte die Spitzen seiner manikürten Finger aneinander und lächelte mild. „Es ist nur so, dass die Dinge nicht so einfach sind, wie Sie vielleicht glauben."

„Sie meinen, Peter hatte noch andere Kinder?"

„Das können wir sicher nicht völlig ausschließen, er hat ja lange im Ausland gelebt und niemand weiß, was er dort in den letzten Jahren gemacht hat. Allerdings war er wohl ausschließlich in Ländern, wo …"

Die junge Angestellte kam mit einem Tablett ins Büro und stellte Tassen mit Kaffee, Gläser und kleine Flaschen auf den Besprechungstisch.

„Danke", sagte Griesinger und wartete, bis sie den Raum wieder verlassen hatte. „Wo war ich stehengeblieben?"

„Kinder im Ausland sind nicht unser Problem", verkürzte Carola Lämmerwein die Ausführungen ihres Partners. „Zumal dann nicht, wenn sie in Asien oder Afrika leben. Selbst, wenn es welche gibt, müssten sie über Peters Verhältnisse Bescheid wissen und ihre Ansprüche geltend machen. Ich glaube nicht, dass wir mit etwas Derartigem zu rechnen brauchen. Konzentrieren wir uns lieber auf die Sachlage hier."

„Du sagst es, meine Liebe." Griesinger nippte an seinem Kaffee und sah wieder Elke an. „Sie ist, vorsichtig ausgedrückt, ein wenig heikel. Friederike Noppers Tod liegt beinahe zehn Jahre zurück."

„Die Nopper-Stiftung wird in wenigen Monaten endgültig rechtskräftig", fügte Carola hinzu. „Wir haben also nicht mehr viel Zeit."

„Und sie werden die Ansprüche Ihres Sohnes sicherlich nicht ohne Gegenwehr hinnehmen", nickte Griesinger. „Man darf diese Leute nicht unterschätzen. Abgesehen davon, dass auch das Gewohnheitsrecht zu bedenken ist oder die Rechtssicherheit im Hinblick auf anstehende Projekte."

„Wie bitte?" Elke fühlte sich mehr und mehr, als sei sie nur der Zaungast eines privaten Gesprächs der beiden Anwälte. Ein Kiebitz, der die Regeln des Spiels nicht verstand. „Welche Stiftung?", fragte sie hilflos. „Und wer sind *sie*?"

* * *

In seinem Vorzimmer traf Emmerich Gitti Kerner und Frau Sonderbar bei einem Schwätzchen an, dessen Inhalt offensichtlich nicht für seine

Ohren bestimmt war. Beide Damen verstummten abrupt, als sie seiner ansichtig wurden.

„Lassen Sie sich bloß nicht stören", schnappte Emmerich und betrat, die Tasche mit dem Spinat fest unter den Arm geklemmt, zielstrebig sein Büro. Gitti folgte ihm umgehend.

„Mirko wird gleich da sein", sagte sie munter. „Er erledigt nur noch den Anruf beim Gartenamt. Die Zeugenermittlung ist am Laufen. Im Hotel Sieber waren wir auch schon."

„Tüchtig, tüchtig." Emmerich sah sich suchend nach einem Platz für die Tasche um, fand aber keinen. „Ist was dabei herausgekommen?"

„Wie man's nimmt. Der Direktor war angeblich nicht im Haus. Gäste, die noch Kontakt zu Nopper alias Ford gehabt haben könnten, auch nicht mehr. Aber wir konnten mit einer Büfettkraft sprechen."

„Und?"

„Das Mädchen machte einen sehr verängstigten Eindruck. Erst hat es behauptet, Mister Ford gar nicht bemerkt zu haben."

„Schwerlich." Emmerich hängte die Jutetasche versuchshalber über die Rückenlehne seines Stuhls, von wo sie umgehend zu Boden glitt. Grüne Blätter rutschten heraus. „Wie der Herr Direktor bei unserem ersten Besuch ganz richtig bemerkt hat, vergisst man ein solch markantes Gesicht nicht so schnell."

„Richtig." Gitti beobachtete ihren Vorgesetzten aufmerksam. „Darauf hat Mirko das Mädchen auch hingewiesen. Kann ich Ihnen irgendwie helfen?"

„Geht schon." Emmerich sammelte die Blätter ein und stopfte sie unsanft zurück in die Tasche. „Weiter."

„Sie hat dann zugegeben, dass Ford dreimal beim Frühstück war. Dienstag, Mittwoch und Donnerstag. Ist das Futter für Ihre Ratte?"

„Die Ratte gehört meiner Tochter. Das ist Spinat. Frischer Spinat."

„Toll", sagte Gitti ehrfürchtig. „Ich bewundere Leute, die so was kochen können. Ich kann's nämlich nicht."

Emmerich blieb die Antwort schuldig. Auch er war keinesfalls ein Genie am Herd, doch das musste er ja nicht unbedingt zugeben.

„Hat sie mit ihm gesprochen?"

„Nein." Gitti schüttelte den Kopf. „Aber sie sagte, dass er sehr gut ausgesehen hätte, für sein Alter. Und sehr gut gekleidet war. Besser, als die anderen Gäste. Am Finger hätte er einen schweren Ring getragen. Sollte man den Spinat nicht besser in einen Kühlschrank tun?"

„Zu viel Kälte zerstört das Aroma", entgegnete Emmerich, der sich nicht sicher war, ob ein derartiges Gerät im Präsidium überhaupt vorhanden war, mit professioneller Miene. Kurzerhand hängte er die Jutetasche an den Griff des einzigen vorhandenen Fensters und sah Gitti zweifelnd an.

„Das passt jetzt aber gar nicht zu unserer Leiche. Die steckte in abgetragenen, alten Klamotten."

„In frisch gewaschenen, alten Klamotten", verbesserte Gitti. „Und sie hatte jahrelang einen Ring am Finger."

Die Tür wurde geöffnet. Mirko Frenzel kam herein. In der einen Hand hielt er eine Klarsichthülle, in der anderen einen Leberkäswecken. Emmerich deutete anklagend auf den Wecken.

„Musst du dieses stinkende Zeug immer in *meinem* Büro essen?"

„Wieso stinkend?" Mirko nahm einen kräftigen Bissen, kaute und schluckte. „Aromatisch ist das richtige Wort. Ich hab halt Hunger um diese Zeit. Und außerdem Neuigkeiten." Er biss nochmals in den Wecken und wedelte mit der Klarsichthülle. „Vom Paff."

„Paff?", vergewisserte sich Emmerich einigermaßen irritiert. „Der Zauberdrache?"

„Quapf", mampfte Frenzel und legte die Hülle auf Emmerichs Schreibtisch. „Schein Paff."

„Vielleicht schluckst du mal", empfahl Gitti trocken. Emmerich nahm ein Blatt Papier aus der Hülle, überflog es und sagte:

„Ach, was."

„Informiert mich auch jemand?", fragte Gitti säuerlich.

„'Tschuldigung. Die Amerikaner lassen uns wissen, dass Mister Fords Pass vor zwei Tagen vom Inhaber als gestohlen gemeldet wurde. Und zwar in Nancy. Das ist in …"

„… Frankreich", ergänzte Gitti ätzend. „So weit reichen meine Geografiekenntnisse noch. Aber sonst ergibt das irgendwie keinen Sinn."

„Wieso?" Frenzel hatte sich die Reste des Leberkäsweckens einverleibt und fläzte locker auf einem der Stühle. „Wir wissen jetzt immerhin, dass der echte Ford noch unter den Lebenden weilt. Nopper muss den Pass geklaut haben."

„Hm." Emmerich furchte die Stirn. „Er hat damit vor … lass mich nachdenken … zehn Tagen im Hotel Sieber eingecheckt. Das heißt, Mister Ford war mindestens eine Woche lang ohne seinen Pass unterwegs. Ohne den Verlust zu bemerken? Oder hat er ihn nur zu spät angezeigt?"

„Keine Ahnung." Frenzel zog die Schultern hoch. „Das müssten wir ihn fragen können."

„Wir wissen doch nicht einmal, wo er sich in den letzten Tagen herumgetrieben hat. Oder ob er sich überhaupt noch in Europa aufhält. Michael Ford! Genauso gut könnten wir nach einem Martin Müller suchen."

„Eben." Gitti war ans Fenster getreten. „Solche Allerweltsnamen machen mich immer misstrauisch. Die ganze Geschichte stinkt."

„Hab ich was verpasst?" Frenzel sah abwechselnd Gitti und Emmerich fragend an. Emmerich nickte aufmunternd.

„Bitte."

„Na, ja", sagte Gitti. „Mir scheint, da gibt sich jemand ziemlich viel Mühe um die Identität des Toten zu verschleiern. Man hat ihm andere Kleidung angezogen. Seinen Ring entfernt. Und … das ist jetzt Spekulation … man versucht, ihn uns als amerikanischen Staatsbürger zu verkaufen."

„Genau mein Eindruck", bestätigte Emmerich und nickte erneut. Diesmal beifällig.

„Aber", warf Frenzel, sich nachdenklich am Kinn kratzend ein, „das würde bedeuten, dass der Herr Direktor Hoffmann irgendwie in der Sache mit drinhängt."

„Ja", sagte Emmerich. „Dieser Gedanke ist mir auch schon gekommen. Gleich bei unserem ersten Besuch. Diese Eile, mit der das Zimmer geräumt wurde. Dass niemand im Hotel den Mann vermisst hat, obwohl das Bett mehrere Nächte lang nicht benutzt wurde. Ich kenne mich da natürlich nicht so gut aus, vielleicht ist es ja üblich, dass Hotelgäste tagelang verschwinden und dann wieder auftauchen, aber komisch fand ich das schon. Und dann noch der fehlende Kulturbeutel. Alles ein bisschen mysteriös, aber auch recht stümperhaft, oder?"

„Stümperhaft? Wieso stümperhaft?", fragte Frenzel. „Willst du damit sagen, es steckt ein richtiger Plan dahinter?"

„Es kommt mir so vor. Dabei kann sich eigentlich jeder Vollidiot, der sonntags ‚Tatort' guckt, denken, dass wir den Pass überprüfen lassen."

„Ein Vollidiot vielleicht nicht", meinte Gitti mit leisem Kopfschütteln. „Aber ein Vollidiot benutzt auch kein Kaliumchlorid und kleidet sein Opfer neu ein. Deshalb stimme ich Ihnen zu, dahinter steckt ein Plan."

„Freut mich", lächelte Emmerich. „Es ist immer schön, wenn mehrere zur selben Ansicht gelangen. Also verrate ich euch auch, was ich sonst noch so glaube. Wir haben es mit etwas zu tun, das man Bauernschläue

85

nennt. Mit Leuten, die sich für ausgesprochen clever halten, es in Wahrheit aber nicht sind. Keine Profis, sondern Menschen, die Fehler machen. Kennt ihr noch die Kinderbilder, wo man suchen musste, wo sich falsche Dinge eingeschlichen haben? Original und Fälschung hieß das, glaube ich. So ähnlich ist es hier. Wir müssen diese Dinge suchen. Sie zeigen uns den Weg."

„Und was hältst du in diesem Fall für Fälschung?", fragte Mirko mit zweifelnder Miene.

„Sicherlich den Pass. Wahrscheinlich auch die Kleidung. Und bei den satanischen Traktaten könnte ich beinahe schwören, dass sie uns ebenfalls auf eine falsche Fährte locken sollen."

* * *

Elke Bofinger schwirrte der Kopf. Seit einer halben Stunde lauschte sie mal mehr, mal weniger konzentriert, den Ausführungen der beiden Rechtsanwälte, und das Gefühl, weniger als die Hälfte davon zu verstehen, verstärkte sich von Minute zu Minute. Von Vermögensaufstellungen war da die Rede, vom mutmaßlichen Willen der Erblasserin, gesetzlichen Erbfolgen und Abkömmlingen oder testamentarischen Verfügungen zugunsten Dritter, deren Namen Elke noch nie gehört hatte. Alles, was Elke den anwaltlichen Worten bis dahin entnehmen konnte, war, dass Peters Mutter ihr Geld jemand anderem hinterlassen hatte und man prozessieren musste, um es wieder zu bekommen.

„Bitte", sagte sie schließlich müde. „Wenn ich gewusst hätte, dass alles so schwierig ist, dann …"

„Aber, aber." Griesinger lächelte väterlich. „Schwierig heißt nicht, dass es unmöglich ist."

„Würden Sie es mir dann freundlicherweise noch einmal erklären? Aber nur das Wichtigste. Das, was ich wissen muss."

Die beiden Anwälte tauschten einen Blick, der Elke ausreichte, um sich wie eine Idiotin zu fühlen.

„Sicher, Schätzchen", sagte Carola geduldig. „Also noch einmal: Friederike Nopper hat den größten Teil ihres Vermögens in eine Stiftung verwandelt. Für kulturelle und wohltätige Zwecke, ein sehr dehnbarer Begriff. Im Testament befindet sich allerdings eine Klausel. Sie besagt, dass die Stiftung erst zehn Jahre nach dem Tod der Stifterin endgültig rechtskräftig wird. Sollte ihr Sohn vor Ablauf der zehn Jahre lebend zurückkehren, gibt es keine Stiftung und er erbt alles."

„Aber Peter ist doch tot."

„Inzwischen schon. Aber man darf wohl davon ausgehen, dass er nicht als Toter die Heimreise angetreten hat. Bei seiner Rückkehr muss er gelebt haben. Sagtest du nicht, er hätte dir sogar noch einen Brief geschrieben?"

„Schon. Er trägt nur keine Unterschrift."

„Das macht nichts. Wir werden irgendwie beweisen können, dass er von ihm ist. Die zehn Jahre sind noch nicht um. Er ist der Erbe und nach ihm kommt sein Sohn."

Elke sah von Carola zu Griesinger und wieder zu Carola.

„Ich fürchte, ich verstehe es immer noch nicht. So klingt es doch ganz einfach."

„Das Problem …", entgegnete Griesinger und nippte an seinem Kaffee, „ … ist nicht das Testament der Friederike Nopper. Das Problem sind die Leute, die derzeit das Vermögen verwalten. Sie werden alles andere als erfreut sein, von Peters Rückkehr zu erfahren. Und noch weniger, wenn sich herausstellt, dass ein weiterer Erbe vorhanden ist."

„Und was soll ich jetzt tun?"

„Hier unterschreiben." Carola schob ein Blatt Papier über den Tisch, auf dem „Vollmacht" stand. „Für solche Dinge sind Anwälte da. Wir brauchen noch eine Haarprobe von deinem Jungen. Für den genetischen Vergleich."

„Was ist, wenn sie das Geld nicht hergeben wollen? Diese … Leute?"

„Damit müssen wir rechnen. Also stellen Sie sich auf einen längeren Rechtsstreit ein." Griesinger zückte einen goldfarbenen Kugelschreiber und reichte ihn Elke.

„Ich weiß nicht." Elkes Hand mit dem Stift schwebte unschlüssig über dem Papier. „Vielleicht sollte ich doch besser warten, bis Kai zurück ist. Es betrifft doch eigentlich ihn."

„Hör mal." Carola Lämmerwein sah Elke mit strenger Miene an. „Was glaubst du, wie lange sie Peters Leichnam in ihren Kühlkammern aufbewahren? Wenn sich niemand meldet, bekommt er ein Armenbegräbnis mit Feuerbestattung. Das war's dann mit genetischem Vergleich. Du unterschreibst jetzt, dann können wir loslegen."

„Wenn du meinst." Immer noch zögernd setzte Elke ihre Unterschrift auf das Blatt Papier und gab Griesinger den Kugelschreiber zurück.

11

Emmerich verbrachte die Mittagspause im Büro und dachte nach. Dies gelang ihm erfahrungsgemäß am besten, wenn ihn niemand dabei störte, weshalb er Frenzel beauftragt hatte, die Aufenthaltsorte von Noppers restlicher Verwandtschaft ausfindig zu machen. Gitti dagegen hatte erklärt, einer eigenen Idee nachgehen zu wollen, und so saß Emmerich nun alleine auf seinem etwas fragilen Stuhl und musste feststellen, dass es ihm schwerfiel, sich auf den Fall zu konzentrieren. Seine Gedanken schlugen ihre eigenen Wege ein und wandten sich einer Szene vom Vorabend zu, die mit dem Verzehr eines Schnitzels in jener gemütlichen Cannstatter Kneipe in unmittelbarem Zusammenhang stand. Gabi hatte den Verdacht geäußert, dass es sich bei diesem Schnitzel um ein schweinernes, paniertes Exemplar in Gesellschaft von Fritten gehandelt hatte, was Emmerich, ohne etwas Böses dabei zu denken, ohne Umschweife zugegeben hatte.

„Und Salat? War wenigstens Salat dabei?", hatte Gabi wissen wollen.

„Schon."

„Aber du hast ihn nicht gegessen?"

„Spatz, du bist dir doch darüber im Klaren, dass Salat noch nie zu meinen Leibgerichten ..."

„So kann es nicht weitergehen."

„Was?"

„Mit deinen Ernährungsgewohnheiten."

„Gegen ein Schnitzel kann ja wohl kaum etwas einzuwenden sein", hatte Emmerich es gewagt, zu protestieren und der Antwort mit entsprechender Skepsis entgegengesehen.

„Und ob. Dein BMI ist sicherlich größer als fünfundzwanzig."

Da war sie wieder, diese Größe, deren genaue Natur ihm gänzlich unbekannt war, jetzt verbunden mit einer Zahl, die Gabi so aussprach, als stelle sie eine Bedrohung dar.

„Was soll das heißen?", hatte er daher unbehaglich zu wissen begehrt und Gabis darauffolgende Worte wie einen Schlag in den Magen empfunden.

„Du bist zu dick."

„Nein."

„Doch."

88

„Das ist nur vorübergehend. Weil ich mit dem Rauchen aufgehört habe. Und ich bin allenfalls ein bisschen vollschlank."

„Wenn du nicht aufpasst, wirst du noch dicker. Die Deutschen sind das dickste Volk in Europa."

„Wer sagt das?"

„Es stand in der Zeitung."

„Spatz, das ist Blödsinn", hatte Emmerich es auf die versöhnliche Art versucht. „Geh hinunter auf die Straße. Es gibt dicke Türken, dicke Ex-Jugoslawen und dicke Was-weiß-ich-Wens. Man darf nicht alles glauben, was in der Zeitung steht."

Doch Gabis Miene war störrisch geblieben.

„Ein BMI über fünfundzwanzig ist gefährlich."

An dieser Stelle war es Emmerich zu bunt geworden. Obwohl im Allgemeinen ein durchaus verträglicher Charakter, gab es Dinge, bei denen er empfindlich reagierte. Fragen der persönlichen Lebensführung, insbesondere wenn es sich um so elementare Vorgänge wie die Nahrungsaufnahme handelte, gehörten eindeutig dazu.

„Jetzt hör aber auf", hatte er mit erhobener Stimme gesagt. „Ich gehe jeden Tag zur Arbeit. Ich zahle meine Steuern. Ich habe ein Kind großgezogen und war noch bei der letzten Untersuchung kerngesund. Da muss man aus einem Schnitzel kein Drama machen."

Ihre Reaktion hatte in einem biestigen Blick und einer spitzen Bemerkung bestanden.

„*Wer* hat das Kind großgezogen?"

Danach war Schweigen eingekehrt, doch, wie bei Emmerichs üblich, hatte die streitbare Stimmung nicht lange gehalten. Am Morgen allerdings hatte Gabi ihm einen undurchsichtigen Plastikbeutel in die Hand gedrückt und ihn mit den Worten „Versuchs doch mal damit" verabschiedet. Er fragte sich, warum man sich nach neunzehn Jahren Ehe wohl über Schnitzel streiten musste, wippte vorsichtig mit dem Stuhl und zog in Betracht, dass dieser eventuell einem Wert über fünfundzwanzig, wofür auch immer er stehen mochte, nicht gewachsen war. Verunsichert fasste sich Emmerich ein Herz und ging ins Vorzimmer. Frau Sonderbar hatte sich ihrer Schuhe entledigt, wackelte versonnen mit nylonbestrumpften Zehen, hatte eine Banane im Mund und sah auf eine fremde, unbestimmte Art ordinär aus.

Zweigle, schoss es Emmerich bitter durch den Kopf und gleich darauf: *Ich sehe ja schon Gespenster. Sie macht doch nur Mittagspause.* Laut sagte er:

„Darf ich Sie etwas fragen?"

Frau Sonderbars Füße angelten hektisch nach ihren Pumps, an der Banane verschluckte sie sich beinahe, brachte es aber dennoch fertig, mit einigem Anstand ein nicht unbeträchtliches Stück davon abzubeißen.

„Waf denn?"

„Finden Sie mich zu dick?"

„Fie?" Sie kaute, musterte Emmerich von oben bis unten, schluckte und schüttelte energisch den Kopf.

„Wie kommen Sie darauf?"

„Mein Stuhl." Emmerich machte eine vage Bewegung in Richtung seines Büros. „Ich … äh … fürchte, er trägt mich nicht mehr."

„Ihr Stuhl ist steinalt", erklärte Frau Sonderbar missbilligend und nahm ihre gewohnte, ein wenig steife Haltung ein. „Und dick war unser früherer Bundeskanzler. Ich könnte Ihnen auch noch einige der derzeit amtierenden Minister als Beispiel nennen."

„Sie meinen also …"

„Ich hoffe, Sie werden nicht auch noch ein Opfer des überall grassierenden Gesundheitswahns. Mehr will ich dazu nicht sagen."

„Gesundheitswahn?"

„Früher glaubten die Menschen an Gott und trachteten nach dem ewigen Seelenheil", äußerte Frau Sonderbar kryptisch. „Heutzutage …"

„War nur eine Frage", sagte Emmerich hastig und trat den Rückzug an. „Haben Sie vielen Dank."

In seinem Büro öffnete er mit berechtigtem Argwohn Gabis Beutel. Vollkornbrot mit Quark, Schnittlauch und Radieschen. *Der Hunger würgt's runter*, dachte Emmerich resigniert und biss hinein. Es schmeckte um vieles besser, als er befürchtet hatte.

Am frühen Nachmittag fand sich das kleine Häuflein derer, die nicht in der Sonderkommission nach dem Mörder der Prostituierten fahndeten, wieder zusammen.

„Was spricht der Flurfunk?", erkundigte sich Emmerich angelegentlich nach dem Stand der Dinge. Mirko Frenzel zog die Schultern hoch.

„Sieht nicht so besonders aus, wie man hört. Womöglich irgendein Osteuropäer, der längst über alle Berge ist."

„Eine Schande ist das", fügte Gitti Kerner nachdrücklich hinzu. „Unter welchen Bedingungen diese Frauen arbeiten müssen. Dass die Freier sich nicht schämen, werde ich nie verstehen."

„Meine Güte, das war doch schon immer so", meinte Emmerich gleichgültig. „Dienstleistungen dieser Art werden angeboten und genutzt, seit es menschliche Gesellschaften gibt. Zu keiner Zeit war das ein ungefährliches Milieu. Denken Sie bloß an Jack the Ripper …"

„Und?", fuhr ihn Gitti unerwartet heftig an. „Ist das ein Grund, dass wir immer noch tatenlos zusehen, wie Menschen auf widerliche Art ausgebeutet werden, sich in einer zivilisierten, reichen Gesellschaft unter unwürdigen Bedingungen ihren Lebensunterhalt verdienen müssen und dabei auch noch getötet werden, wenn's dumm läuft?"

„Huch", sagte Frenzel, während Emmerich die junge Hauptkommissarin verwundert ansah.

„Sie scheinen sich ja eine gehörige Portion Idealismus bewahrt zu haben. Als ich in Ihrem Alter war, hab ich es längst aufgegeben, mich über solche Abgründe unseres Daseins aufzuregen."

„Ohne Idealismus könnte ich diesen Job nicht machen", beschied ihn Gitti knapp und Emmerich vermeinte, aus ihren Worten eine unausgesprochene Kritik an seiner eigenen Einstellung herauszuhören. „Wenn ich ihn verliere, lass ich mich zum Schreibdienst versetzen."

„Kommt nicht infrage." Emmerich sah zu Frenzel, der ein gelangweiltes Gesicht machte. „Sie haben nämlich Talent. Das wäre beim Schreibdienst völlig vergeudet. Talent ist wichtiger als Idealismus."

„Darüber kann man verschiedener Ansicht sein", knurrte Gitti, immer noch gereizt.

„Nun …", setzte Emmerich zu einer längeren Erörterung des Verhältnisses von Begabung und persönlicher Begeisterung an, als Frenzel ihn rüde unterbrach.

„Ich schlage vor, ihr klärt das später und wir machen jetzt unsere Arbeit."

„Wenn du meinst", entgegneten Emmerich und Gitti, gleichermaßen bissig, wie aus einem Mund und mussten ob der unerwarteten Übereinstimmung lachen.

„Mirko hat recht", sagte Emmerich versöhnlich. „Vielleicht unterhalten wir uns mal bei einem Bier darüber. Machen wir weiter."

„Ich habe Noppers restliche Verwandtschaft ausfindig gemacht", erklärte Frenzel geschäftsmäßig, nahm einen Filzstift und bezog Position vor dem im Büro aufgestellten Flipchart. „Drei Schwestern Hebsack. Friederike, verheiratete Nopper, war die älteste und die Mutter von Peter. Gerlinde, verehelichte Musfeld, die zweite. Drei Kinder, Johannes, Markus und Sarah, alle wohnhaft in Stuttgart." Frenzel malte Kringel, in die er die Namen schrieb. „Die Adressen der Männer habe ich. Die dritte

Schwester heißt Ruth, verheiratete Gerstenmaier, keine Kinder. Das war's."

„So weit waren wir auch schon", meinte Emmerich. „Bis auf die Adressen. Da könnt ihr beide die Mitglieder der Familie Musfeld ja heute Nachmittag besuchen gehen."

„Ich hab auch noch was", sagte Gitti. „Daran würde ich gerne noch ein bisschen weiterarbeiten."

„Bitte."

„Peter Nopper ist Ende 1989 verschwunden. Im November dieses Jahres war das RAF-Attentat auf Alfred Herrhausen, den Vorstandssprecher der Deutschen Bank, wie der alte Herr Gerstenmaier ganz richtig gesagt hat. Der Mord ist bis heute nicht aufgeklärt. Wenn man Wikipedia glauben darf, war ein ‚Peter' daran beteiligt."

„Wiki – wer?" Emmerich zog die Brauen hoch.

„Wikipedia", wiederholte Frenzel geduldig und wechselte einen schnellen Blick mit Gitti, der Emmerich dennoch nicht entging. „Das ist ein Internetlexikon. Es wird allerdings von den Usern geschrieben, weshalb manche Leute sagen, man könne nicht alles glauben, was drinsteht."

„Wozu soll das gut sein? Und wer sind die Ju … ju …?"

„User", erklärte Gitti. „Die Nutzer. Sie füllen das Lexikon mit Inhalten und benutzen es auch."

„Aber wenn es nicht stimmt, was sie schreiben?" Emmerich sah sich einmal mehr mit einem Phänomen konfrontiert, dessen Sinn sich ihm nur schwer erschloss.

„Vieles stimmt ja", sagte Frenzel. „Wahrscheinlich sogar das meiste. Wenn nicht, wird es korrigiert. Nur ganz sicher kann man eben nicht sein."

„Deshalb möchte ich daran weiterarbeiten", fuhr Gitti fort. „Einen gesicherten Anhaltspunkt finden. Die RAF hatte damals sogenannte Sympathisanten. Das waren Leute, die nicht dazugehörten, aber auch niemanden verraten hätten. Von meinen Eltern weiß ich, dass es davon in Stuttgart gar nicht mal so wenige gab. Vielleicht kann ich ja so jemanden auftreiben."

„Gute Idee", nickte Frenzel. „Dann gehen Reiner und ich die Verwandtschaft besuchen."

Emmerich hatte das unbestimmte Gefühl, dass ihm irgendetwas entglitt. Es war ein Gefühl, das ihn seit einiger Zeit häufiger beschlich und er war selbstkritisch genug, um sich einzugestehen, dass es etwas mit seinem Widerwillen gegenüber gewissen Errungenschaften der Moderne zu tun hatte. Namentlich das Internet erschien ihm als eine zu großen Teilen feindliche Welt. Er wusste wohl, dass von ihm erwartet wurde, sie zu betreten und sich in ihr zu bewegen, doch es gefiel ihm dort nicht. Noch weniger, als er unbesehen glaubte, was einem Zeitungen oder Fernsehen als Wahrheit präsentierten, gelang ihm dies im Internet. Sicher fanden sich ein paar nützliche Sachen, wie zum Beispiel die Fahrpläne der Straßenbahn, darin. Im Grunde seines Herzens aber misstraute er dieser virtuellen Welt, und die Tatsache, dass sie neben brauchbaren Tipps zum effektiven Umgang mit Kaliumchlorid auch ein Lexikon hervorbrachte, dessen Inhalt von jedem Hinz und Kunz manipuliert werden konnte, trug nicht dazu bei, dieses Misstrauen zu mindern. Die Leute bekamen auch ohne Internet schon genügend Unwahrheiten vorgesetzt, doch Emmerich war sich schmerzlich darüber im Klaren, dass er nichts daran würde ändern können. Diese, von ihm schon seit langem erkannte Tatsache, die sich auf zahlreiche, weitere Umstände seines Lebens erstreckte, trug Schuld an seinem mittlerweile deutlich ausgeprägten Mangel an Idealismus, den Gitti ihm unausgesprochen zum Vorwurf machte.

„Hörst du zu?", unterbrach Frenzel seine Gedankengänge. „Ich habe vorgeschlagen, dass …"

„Sicher", sagte Emmerich hastig. „Machen Sie ruhig, Frau Kerner, es kann ja nichts schaden. Wir treffen uns am späten Nachmittag wieder hier im Büro."

✳ ✳ ✳

Nachdem sie die Kanzlei Lämmerwein und Griesinger verlassen hatte, stand Elke Bofinger unschlüssig auf der Kronprinzstraße herum und überlegte, was sie als Nächstes tun sollte. In einem früheren Leben wäre sie sicherlich erneut in ein Café gegangen, doch heutzutage war das Geld knapp und der Kaffee teuer, wie sie am gestrigen Tag einmal mehr hatte feststellen können. Hinzu kam der Umstand, dass in den meisten Cafés nicht mehr geraucht werden durfte, was ihr den Aufenthalt zusätzlich vergällte. Für ein längeres Verweilen auf einer der Parkbänke vor dem Neuen Schloss war es zu kalt und zu Hause würde sich ihre Mutter wundern, dass sie schon von der Arbeit kam. Einigermaßen deprimiert stellte Elke fest, dass sie eine Frau Mitte vierzig war, die es immer noch nicht geschafft hatte, über einen persönlichen Rückzugsraum zu verfügen. Ganz zu schweigen von all den anderen Dingen, die sie nicht erreicht hatte und aller Voraussicht nach auch niemals erreichen würde. Alles war wie vor zwanzig Jahren schon, die Begegnung mit einer Frau wie Carola Lämmerwein bewirkte unweigerlich, dass Elke sich klein, miserabel und unzulänglich fühlte. Niedergeschlagen zündete sie sich eine Zigarette an, setzte sich ziellos in Bewegung und dachte darüber nach, was Griesinger ihr erzählt hatte. Peters Vermögen ruhte in einer Stiftung, die den Namen seiner Mutter trug. Im Testament gab es die besagte Klausel, die Griesinger ihr erläutert hatte. Die Geschäfte der Stiftung führten irgendwelche Verwandten von Peter. Kein Problem, sollte man meinen, jetzt wo Peter noch vor Ablauf der Frist zurückgekehrt war. Doch Griesinger hatte den Kopf geschüttelt.

„Die Verwalter des Erbes verfügen über ausreichende Mittel, um gute Anwälte bezahlen zu können. Ein Rechtsstreit dieser Art kann Jahre gehen. Sie werden das Geld nicht herausrücken."

„Aber es gehört ihnen nicht", hatte Elke eingewandt. „Es gehört der Stiftung. Sie können es doch gar nicht für sich selbst verwenden."

„Das tun sie auch nicht. Soweit es uns bekannt ist, unterstützen sie damit kulturelle und wohltätige Veranstaltungen. Ganz im Sinne der Stifterin. Dort würde das Geld natürlich fehlen, wenn Sie Anspruch darauf erheben."

„Ich könnte ja auch helfen." Elke hatte umgehend ein schlechtes Gewissen empfunden. „Wenn ich das Geld hätte."

„Es ist Kais Geld", hatte Carola sich eingemischt. „Er müsste dann entscheiden. Und genau da liegt das Problem, das werden die Herrschaften nicht wollen. Am kulturellen Wert dieser Veranstaltungen habe ich ohnehin meine Zweifel."

„Liebes, bitte." Griesinger schien diese Bemerkung unangenehm zu sein. „Das müssen wir doch nun wirklich nicht diskutieren. Entscheidend ist allein die Rechtslage."

„Entscheidend ist, dass niemand diese privaten Stiftungen und die Verwendung ihrer Gelder wirklich kontrolliert. Aber du hast recht, das gehört nicht hierher."

„Wie auch immer." Griesinger hatte die Beine übereinander geschlagen. „Carola und ich haben das Testament aufgesetzt. Ich denke, wir sind daher in der Lage, das Beste für Sie und Ihren Sohn herauszuholen. Deshalb übernehmen wir auch das Mandat."

Elke, die längst den Verdacht geschöpft hatte, dass es sich bei diesem Mandat um ein äußerst lukratives handeln musste, hatte genickt und schließlich die Frage gestellt, die sie am meisten interessierte:

„Um ... wie viel Geld geht es eigentlich?"

„Ganz genau wissen wir es auch nicht", hatte Carola auf diese Frage geantwortet. „Aber so um die fünf Millionen dürften es schon noch sein. Euro natürlich, nicht Mark. Dazu kommt noch das Haus."

Das Haus. Elke erinnerte sich an dieses Haus noch ebenso gut wie an ihre einzige Begegnung mit Peters Mutter. Einige Wochen nach Kais Geburt war sie mit dem Baby da gewesen. Das Haus lag in einer Straße, deren Name ihr entfallen war, doch das galt nicht für den Weg dorthin. Sie rief sich die schwere Eingangstür und den hohen Zaun mit dem imposanten Tor ins Gedächtnis, der das Haus umgeben hatte. Sie würde es wiederfinden. Innen war sie von einem Dienstmädchen in einen sogenannten „Salon" geführt worden, wo ihr eine hagere, alte Dame in hochnäsiger Weise erklärt hatte, dass sie nie, aber auch gar nie, ein uneheliches Kind als Enkel zu akzeptieren gedachte und im Übrigen auch nicht glaube, dass das Kind, welches Elke ihr zeigte, ein solcher Enkel sei. Sie hatte das Haus vollkommen eingeschüchtert verlassen und nie mehr einen weiteren Versuch unternommen, mit Peters Mutter in Kontakt zu treten. Und nun bestand die Möglichkeit, dass dieses Haus ihrem Sohn gehörte. Es konnte also nichts schaden, dachte Elke, wenn sie es sich wenigstens einmal wieder ansah. Dass Carola sie beim Abschied ausdrücklich gebeten hatte, nichts auf eigene Faust zu unternehmen, hatte sie längst wieder vergessen.

12

„Welchen nehmen wir zuerst?", fragte Mirko Frenzel, der wie gewohnt hinter dem Steuer saß.

„Johannes Musfeld wohnt in Feuerbach, sein Bruder in Botnang", entgegnete Emmerich mit Blick auf den Computerausdruck in seiner Hand. „Ich seh mal auf dem Stadtplan nach, was günstiger liegt."

„Vergiss doch den Stadtplan, wir haben ein Navi." Frenzel schaltete den kleinen Monitor am Armaturenbrett ein.

„Sagt es dir, in welcher Reihenfolge wir Leute besuchen sollen?"

„Natürlich nicht, aber es …"

„Dann gib mir den Stadtplan."

Frenzel stieß einen abgrundtiefen Seufzer aus und reichte Emmerich ein einigermaßen zerfleddertes Kompendium von Straßenkarten.

„Feuerbach liegt näher", sagte er in resigniertem Ton.

„Näher heißt nicht unbedingt auch günstiger." Emmerich blätterte. „Weißt du, dass Navigationsgeräte blöd machen? Ich hab's im Fernsehen gesehen. Die Leute fahren einfach irgendwohin, selbst in Gewässer hinein, bloß weil dieser Kasten es ihnen sagt."

„Vom Fernsehen hat man dasselbe behauptet", entgegnete Frenzel unbeeindruckt und ließ den Motor an. „Dass es blöd macht."

„Da ist auch was dran."

„Warum glaubst du dem Fernsehen dann, was es dir über Navigationsgeräte erzählt?"

„Weil …" Emmerich starrte wütend den kleinen Bildschirm an. „Weil ich die Dinger nicht leiden kann."

„Trotzdem wüsste ich jetzt gerne, wo es hingeht."

„Botnang", entschied Emmerich. „Beethovenstraße. Das finde ich auch so, ohne Karten oder … Navi." Das letzte Wort betonte er sarkastisch.

„Sag's doch gleich." Frenzel schaltete den Monitor wieder aus und fuhr los. „Was wissen wir über die Musfeld-Brüder?"

„Sie sind Noppers Vettern. Sie haben noch eine Schwester. Die Mutter heißt Gerlinde und ist dement", zählte Emmerich auf.

„Alle Achtung." Frenzel trat bereits nach wenigen gefahrenen Metern wieder auf die Bremse. „Das sind ja tolle Informationen." Vor der Ampel am Pragsattel hatte sich ein Stau gebildet, obwohl es noch früh am Nachmittag war. „Vielleicht hätte ich doch noch eine Suchmaschine bemühen sollen. Wahrscheinlich sind sie um diese Zeit ohnehin bei der Arbeit und wir fahren umsonst."

„Probieren geht über studieren." Emmerich faltete gemütlich die Hände über seinem Bauchansatz. „Das gilt selbst im Zeitalter des Internets."

Sie benötigten eine knappe halbe Stunde bis zum Stadtteil Botnang und fanden ohne Schwierigkeiten die angegebene Adresse, ein hübsches, altes Mehrfamilienhaus aus roten Backsteinen, das von zwei geschwungenen Giebeln geschmückt wurde. Die Haustür war nur angelehnt, im zweiten Stock hing ein Schild aus Salzteig, auf dem „Hier wohnt Familie Musfeld" stand. Nach dem ersten Klingeln öffnete ein ungefähr fünfjähriger Knirps.

„Tag", sagte Emmerich. „Ist dein Papa da?"

„Nööö", krähte der Knirps.

„Die Mama?"

„Ich darf niemand reinlassen."

„Soll das heißen, dass du alleine bist?"

„Nööö." Der Knabe begann, auf und ab zu hüpfen wie ein Gummiball und sah Emmerich herausfordernd an. „Hast du ein Trampolin?"

„Nicht, dass ich wüsste. Wie heißt du denn, Kleiner?"

Das Kind sah zur Seite, hüpfte weiter und sagte nichts mehr. Frenzel ging in die Knie.

„Hör mal …", begann er freundlich, als von drinnen jemand rief: „David, wer ist denn das?"

„Frau Musfeld?", rief Emmerich zurück. „Wir sind von der Kriminalpolizei und würden gerne kurz mit Ihnen sprechen."

„Kriminalpolizei", echote es verschüchtert. „Um Gottes Willen."

Im Flur hinter dem Kind erschien eine Frau mit einem Säugling auf dem Arm, die Emmerich auf den ersten Blick an eine Waschmittelwerbung aus den Fünfzigerjahren erinnerte. Auf den zweiten Blick registrierte er, dass dies nicht auf ihr Alter oder das schlafende Baby zurückzuführen war, sondern auf den Umstand, dass sie eine Schürze trug. Ein Kleidungsstück, das seine Mutter in einer fernen Vergangenheit getragen hatte und an das er beinahe die Erinnerung verloren hatte. Emmerich glaubte nicht, in den letzten zwanzig Jahren noch eine Frau mit einer solchen Schürze gesehen zu haben, ließ sich sein Erstaunen aber nicht anmerken und sagte stattdessen höflich:

„Wir sind auf der Suche nach Lukas Musfeld. Er wohnt doch hier?"

„Mein Mann", nickte die Frau und sah verängstigt aus. „Hat er … etwas gemacht?"

„Nein, nein." Emmerich schlug einen beruhigenden Ton an. Aus der Wohnung drang lautes Kindergeschrei. „Wir brauchen Hilfe bei einer Ermittlung. Dürfen wir eintreten?"

„Bist du ein Mordkommissar?", fragte der Knirps, der das Hüpfen eingestellt hatte und nun mit ernstem Gesicht nach oben sah.

„Ich bin Kommissar, das stimmt schon", entgegnete Emmerich und dachte daran, wie Jule in diesem Alter gewesen war. „Aber weißt du, wir wollen mit deiner Mama sprechen."

„Nur über meine Leiche", erklärte der Knirps.

„David." Die Frau strich zärtlich über das raspelkurz geschnittene Haar des Jungen. „Bitte geh ins Kinderzimmer."

Der Knabe zog einen Flunsch, trollte sich aber dennoch ohne Widerrede ans Ende des Flurs. Das Geschrei schwoll an.

„Wie viele von der Sorte haben Sie denn?", fragte Frenzel teilnahmsvoll.

„Vier", sagte die Frau müde. „Die Mädchen sind zwei Jahre älter als David. Sie streiten sich ständig. Was wollen Sie?"

„Ist Ihr Mann zu Hause?"

„Um diese Zeit? Nein, er muss doch arbeiten."

Frenzel warf Emmerich einen Seitenblick zu, der ein „Siehste" beinhaltete und fragte weiter.

„Sagt Ihnen der Name Peter Nopper etwas?"

Die Frau zog reflexartig den Kopf ein und ähnelte dabei einer Schildkröte, die in ihrem Panzer verschwand.

„Ich … ich glaube nicht."

„Glauben heißt nicht wissen", konterte Emmerich. „Sie sind sich also nicht ganz sicher?"

„Mamaaaah", brüllte es aus dem Zimmer am Ende des Flurs.

„Bitte entschuldigen Sie, ich muss mich um die Kinder kümmern."

Emmerich warf über die Schulter der Frau, die einen ausgesprochen nervösen Eindruck auf ihn machte, hinweg einen prüfenden Blick in die Wohnung hinein, konnte aber nichts Besonderes entdecken.

„Wo finden wir denn Ihren Mann?", fragte er behutsam.

Sie warf ihm einen ängstlichen Blick zu.

„In der Praxis. Wahrscheinlich."

„Wo ist das?"

„Wenn Sie das Kind kurz halten können, schreibe ich es Ihnen auf."

Emmerich machte einen Schritt zurück, wies mit dem Kinn auf Frenzel und nickte. Nicht, dass der sich besser angestellt hätte als er selbst, aber das Halten von Säuglingen gehörte nicht zu den Dingen, die Emmerich sich ohne weiteres zutraute. Auch Mirko machte einen unbeholfenen Eindruck, im Gesicht des Kindes erschien für wenige Augenblicke ein Ausdruck ungläubigen Staunens, der sich wie in Zeitlupe in tiefstes Unglück verwandelte, dann begann es zu weinen. Seine Mutter ging währenddessen zu einem kleinen Sideboard, riss einen Zettel von einem Block, kritzelte etwas darauf und reichte ihn Emmerich. Das Weinen verwandelte sich in Schreien und Mirko beeilte sich, das Baby auf den Arm der Mutter zurückzugeben.

„Danke", sagte Emmerich väterlich und stellte insgeheim fest, dass er sich dabei schon beinahe an der Schwelle zum Großväterlichen fühlte. „Und nichts für ungut. Wie lange sind Sie eigentlich schon verheiratet?"

„Acht Jahre."

„Dann weiterhin alles Gute."

„Gott schütze Sie." Frau Musfeld drückte den greinenden Säugling an sich und begab sich in ähnlich schildkrötenhafter Manier in den Schutz ihrer Wohnung zurück, wie sie zuvor den Kopf eingezogen hatte.

„Feigling." Frenzel wischte sich die Hände an den Ärmeln seines Mantels ab und wandte sich zum Gehen.

„Ja", gab Emmerich schlicht zu. „Es gibt eben Sachen, denen ich mich nicht gewachsen fühle. Hast du das Schild gesehen?"

„Welches Schild?"

„Das Selbstgebackene."

„Entsetzlich", erklärte Frenzel nach einem kurzen Blick. „Sicher würde ich nie einer Frau erlauben, etwas Derartiges an meiner Wohnungstür anzubringen."

„Geschmackssache", meinte Emmerich. „Fällt dir nichts auf?"

„Was denn?"

„Das Vogelzeichen. Du warst es doch, der mich als Erster darauf aufmerksam gemacht hat."

„Du meinst, diese blauen Linien sind …" Frenzel beugte den Oberkörper, um das Salzteigartefakt genauer sehen zu können. „Möglich", räumte er ein. „Mit etwas Fantasie …"

„Leise", sagte Emmerich. „Ich will nicht, dass sie da drin mitbekommt, worüber wir reden. Lass uns gehen."

Zurück im Auto, hockte Frenzel hinter dem Lenkrad und starrte unschlüssig durch die Windschutzscheibe. Obwohl die Temperaturen mit etwa zehn Grad im Plusbereich die winterlichen Verhältnisse der Ostertage wieder hinter sich gelassen hatten, blies ein kalter Wind, erste Regentropfen klatschten auf die Scheibe.

„Hier muss ein Nest sein", sagte Frenzel und wies auf den Wagen, der in der Parkbucht vor ihnen stand. „Ein Vogelnest."

Emmerich sah das Zeichen auf dem Kofferraum und zuckte die Achseln.

„Wird Musfelds gehören", nahm er an. „Hast du bemerkt, dass die Frau schwanger ist?"

„Ich habe bemerkt, dass sie sich ausgesprochen unvorteilhaft kleidet. Selbst meine Oma läuft pfiffiger durch die Gegend."

„Vier Kinder und das fünfte ist unterwegs. In gerade mal acht Jahren Ehe."

„Das sind eben vorbildliche Staatsbürger", meinte Frenzel gleichgültig. „Ganz im Sinne unserer Familienministerin. Die sichern unsere Rente, nimm dir ein Beispiel."

„Nimm dir selbst eins. Ich hab immerhin eine Tochter."

„Ich weiß gar nicht, ob ich überhaupt Kinder will."

„Warum nicht?"

„Du hast Glück gehabt, mit deiner Gabi." Frenzel betätigte den Scheibenwischer. „Heutzutage … mit meinem Job … bei dem, was ich verdiene … ich hab gar nicht die Zeit für eine Frau oder eine Familie. Vom Geld mal ganz abgesehen."

„Unfug." Emmerich beobachtete träge, wie die Wischblätter vor ihm hin- und herfuhren. „Geld ist nicht ausschlaggebend. Ich hab auch nicht besonders viel verdient, als ich jung war."

„Aber damals hat ein Einkommen gereicht. Heute ist alles nur noch Stress. Stress im Job, Stress mit der Frau und dann womöglich auch noch mit den Kindern. Warum sollte ich mir das antun?"

„Weil eine Familie auch was Schönes sein kann."

„Weiß nicht. Meine Eltern haben sich bekriegt, bis ich volljährig war. Ich fühle mich heute noch bei meiner Oma am wohlsten."

„Deine Oma wird nicht ewig leben. Was willst du dann machen?"

„Weitersehen." Frenzel ließ den Motor an. „Sollen wir jetzt zu Johannes Musfeld?"

„Wahrscheinlich ist er auch bei der Arbeit." Emmerich kramte in den Taschen seines Cordsamtjacketts nach dem Zettel. „Wir fahren besser in die Praxis von Lukas Musfeld."

„Wo ist das?"

„Silberburgstraße. Und lass die Finger von diesem Navigationsdings, ich zeig dir den Weg."

* * *

Das Haus, in dem die Familie Nopper einst gewohnt hatte, lag am Hang. Für Kenner der Stuttgarter Topografie vielleicht nicht ganz in der berühmten Halbhöhenlage, wo die Bewohner des Talkessels die Wohnsitze der Besserverdienenden vermuteten, aber immerhin noch hoch genug, dass man Treppen steigen musste, bevor man auch nur das Gartentor vor sich hatte. In Elkes Erinnerung war dieses Tor ein mannshohes, schmiedeeisernes Gebilde, in der Mitte geschmückt mit einem lorbeerumkränzten „N". Dort, wo sie es zu finden gehofft hatte, befand sich allerdings kein solches Tor. Überhaupt schien in der Straße heute niemand mehr zu wohnen. Werbeagenturen, Immobilienmakler und Steuerberatungsbüros hatten sich der prachtvollen, alten Villen bemächtigt, statt schmiedeeiserner Tore bestimmten Garagen mit Videokameras darüber das Bild. Unsicher schlenderte Elke auf der gegenüberliegenden Straßenseite auf und ab und äugte den Hang hinauf. Welches Haus war es gewesen? Sie sahen sich alle irgendwie ähnlich, entstammten derselben Epoche und wirkten immer noch herrschaftlich-abweisend auf sie. Elke überlegte, ob sie den Mut aufbrachte, einfach zu einem dieser Häuser hinaufzusteigen und in einem der Büros zu fragen. Sie stellte sich vor, wie elegante Anzugträger oder intellektuell wirkende Kreative in schwarzen Rollkragenpullis sie auf dieselbe Art ansahen, wie es die junge Frau in Carolas Büro getan hatte, und kam zu dem Schluss, es bleiben zu lassen. Dann fiel ihr wieder ein, dass eine der Villen demnächst Kai gehören würde und sie hielt erschrocken die Luft an. *Verkaufen*, dachte sie. *Ich würde sie sofort verkaufen. Was sollen Leute wie wir mit so einem Haus anfangen?* Einmal mehr kamen ihr Zweifel, ob es richtig gewesen war, die Kanzlei Lämmerwein und Griesinger aufzusuchen, doch jetzt war es für solche Überlegungen zu spät. Die Vollmacht war unterschrieben, die Dinge nahmen ihren Lauf. Gegenüber öffnete sich mit leisem Surren ein Garagentor und eine Frau kam heraus. Sie trug einen Pelzmantel, der echt aussah, führte einen kleinen Dackel an der Leine und überquerte die Straße.

„Jetzt mach dein G'schäftle, Lumpi", hörte Elke sie sagen. „Wo macht der brave Hund sein Häufchen?"

Frau und Dackel wackelten gleichermaßen schwerfällig auf sie zu und Elke fiel auf, dass sie direkt neben einer kleinen, mit dürftigem Gras bewachsenen und einer erklecklichen Anzahl von Häufchen bestückten Rabatte stand. Ein dürres, von einem Holzgerüst umgebenes Bäumchen reckte ein paar kahle Äste daraus in die Höhe. Der Dackel steuerte das Bäumchen an und hob ein Bein.

„Suchen Sie etwas, junge Frau?", fragte die Dame am anderen Ende der Leine misstrauisch.

Elke gab ihrem Herz einen Stoß.

„Hier hat einmal eine Familie Nopper gewohnt", sagte sie schüchtern.

„Friederike? Ach, ja, das ist lange her."

Der Dackel kläffte rachitisch und wurde zurechtgewiesen.

„Ich suche das Haus."

„Sie sind alle tot", erklärte die Dame, die sich bei näherem Hinsehen als sehr alt erwies. Zahllose, feine Fältchen durchzogen wie Spinnweben ihr Gesicht, dessen ungesund fahle Farbe in einem krassen Gegensatz zu den grellrot geschminkten Lippen stand. „Die ganze Familie. Erst der Vater, dann der Sohn, dann Friederike. Ich habe sie gut gekannt, wir waren Nachbarn."

„Ihnen gehört also das Haus über der Garage?", folgerte Elke. „Und Noppers wohnten rechts davon? Oder links?"

„Schon lange nicht mehr." Die alte Dame seufzte. „Ich musste verkaufen. Mein Mann ... wissen Sie ... der hat über seine Verhältnisse gelebt. Wir haben es erst erfahren, als er gestorben ist. Mir ist nur die Mansarde geblieben. Heute haben wir allerdings einen Aufzug. Hinten raus. Den haben die jungen Leute gebaut. Oder, warten Sie, ich glaube, es war eine Firma. Sie hieß ... wie hieß sie noch gleich ... es ist jedenfalls ein guter Aufzug, wenn ich den nicht hätte ... Lumpi, pfui."

Der Dackel hatte ein weggeworfenes Papiertaschentuch im Maul und vertilgte es innerhalb weniger Sekunden.

„Familie Nopper", erinnerte Elke sein Frauchen mit einem Anflug von Ungeduld. „Wo sagten Sie, haben sie gewohnt?"

„Na, da." Die alte Dame wies auf die Villa schräg links über der Garage, aus der sie gekommen war. „Wo früher das große Tor stand. Aber Sie werden niemand mehr finden. Nur noch die Spinner. Nicht ziehen, Lumpi ..."

Der Dackel war offensichtlich zu der Ansicht gelangt, dass die bereits ausreichend benutzte Rabatte eines weiteren Häufchens nicht würdig war und strebte mit Nachdruck der nächsten entgegen.

„Danke", sagte Elke ins Leere hinein und sah zu der Villa hinüber. Der Tag war trüb, in einigen Fenstern brannte Licht, es schien, als befänden sich Büros dahinter. Es mussten Menschen dort sein. *Nur noch die Spinner*, hatte die alte Dame gesagt und Elke fragte sich, was wohl damit gemeint war. Es gab nur einen Weg, es herauszufinden. Sie ging zurück auf die andere Straßenseite, erklomm die Stufen und stand vor einer silberfarbenen Metalltür, die um vieles jünger sein musste, als das Haus, welches sie verschloss. Das Bild eines stilisierten Adlers war in das Metall geprägt. Über der Tür war eine Überwachungskamera angebracht, daneben zwei Klingeln. „Privat" stand auf der einen, „Verwaltung" auf der anderen. Sie entschied sich für „Verwaltung". Die Kamera über ihr surrte und neigte sich ein wenig, dann erklang aus dem Nirgendwo eine Stimme.

„Sie wünschen?"

„Ich bin auf der Suche …", begann Elke, die nicht so recht wusste, wie sie ihr Anliegen vorbringen sollte, stockend und registrierte verwundert, dass die Metalltür sich ein wenig öffnete.

„Klopfe an und es wird dir aufgetan", sagte die Stimme.

„Was?" Elke sah unsicher in die Kamera und wieder auf die Tür.

„Klopfe an und es wird dir aufgetan", wiederholte die Stimme. „Wer suchet, wird finden."

Zögernd klopfte Elke einige Male an die Metalltür, nahm zur Kenntnis, dass der Weg freigegeben wurde und betrat das Haus. Sie stand in der Eingangshalle, in der sie Jahre vorher mit Kai auf dem Arm schon einmal gestanden hatte. Schwere Holzvertäfelungen bekleideten die Wände, rechts und links sah sie Türen zu weiteren Räumen. Gegenüber des Eingangs führten zwei sich gegenüberliegende Treppen ins Obergeschoss, von der Decke hing ein beeindruckender Kronleuchter herab. Eine blasse Frau in Rock und Bluse mit einer Brille im schmalen Gesicht erwartete sie.

„Wie schön, dass der Herr dich hergeführt hat." Die Frau, deren Alter sich unmöglich schätzen ließ, lächelte herzlich. „Aber warum kommst du allein?"

„Allein?", fragte Elke verwirrt. Die Frau schien für den Bruchteil einer Sekunde ebenfalls irritiert zu sein, lächelte aber weiter.

„Ich verstehe. Natürlich bist du nicht alleine. Der Herr ist mit uns auf all unseren Wegen."

„Entschuldigen Sie", sagte Elke. „Ich fürchte, hier liegt ein Missverständnis vor. Mein Name ist Bofinger. Ich wollte mich nach jemanden erkundigen, der früher einmal hier gewohnt hat."

„Früher einmal?" Das Lächeln auf dem Gesicht der Frau war verschwunden. „Was wollen Sie damit sagen? Sie sind nicht auf der Suche nach unserem Herrn?"

„Nicht direkt. Ich suche nach Angehörigen der Familie Nopper."

„Nach Angehörigen der Familie ..." Die Frau musterte Elke mit schmalen Augen von Kopf bis Fuß. „Vielleicht sprechen Sie besser mit jemand anderem."

Sie eilte zu der Tür, hinter der früher einmal der „Salon" gelegen hatte, steckte den Kopf hindurch und sprach ein paar hastige Worte in den Raum dahinter. Sekunden später trat ein Mann heraus und auf Elke zu.

„Kann ich Ihnen helfen?"

Der Mann trug schwarze Hosen, ein weißes Hemd und eine schwarze Weste darüber. Am Ringfinger der Hand, die er Elke reichte, steckte ein Siegelring, die Manschettenknöpfe waren aufwändig mit Perlmutt verziert. Seine Frage klang in Elkes Ohren wie eine Drohung. Sie ignorierte die dargebotene Hand, machte einige Schritte rückwärts und stotterte:

„Es ... ist ... nicht so wichtig."

„Aber, aber", sagte der Mann. „Jedes Anliegen eines Mitmenschen ist wichtig. Sie suchen nach Angehörigen der Familie Nopper. Darf man fragen, weshalb?"

„Nur ... nur so."

„Meine liebe Frau ..." Der Mann stand ihr nun so nahe gegenüber, dass er ihr in die Augen sehen konnte. „Man kommt nicht einfach ‚nur so' in dieses Haus und kennt das Wort, das Einlass gewährt. Jemand muss es Ihnen gesagt haben."

„Nein." Elke fühlte eine leichte Panik in sich aufsteigen. „Wirklich nicht." Die Holzvertäfelungen sahen aus, als würden sie jeden Moment zusammenrücken und den Raum in eine Falle verwandeln. „Ein Zufall. Nichts weiter." Elke warf einen besorgten Blick auf den Kronleuchter und erwartete fast, ihn leise klirren zu hören, doch natürlich geschah nichts dergleichen. „Ich ... ich werde einfach wieder gehen. Bitte entschuldigen Sie die Störung."

„Nicht so hastig. Sie haben gefunden, was Sie suchen. Friederike Nopper war die Schwester meiner Mutter. Verraten Sie mir nun den Grund Ihrer Anwesenheit?"

„Ich ... ich war mit Ihrem Cousin befreundet."

„Peter?" Der Mann nickte bedächtig. „Er weilt nicht mehr unter uns."

„Ich weiß", sagte Elke. Sie fühlte sich beklemmt in der Gegenwart dieses Mannes. Als könne er in sie hineinsehen. Dunkle Augen, die direkt in die ihren blickten und sie auf eine unangenehme Art fesselten. Elke begann zu schwitzen.

„Sie wissen das?" Der Mann trat noch näher. „Und dennoch kommen Sie hierher? Interessant."

„Bitte." Elke griff nach der Klinke der metallenen Tür und zog. Sie war schwer, diese Tür. Als verschlösse sie einen Tresor. Oder einen Bunker. „Es ist nicht wichtig. Ich wollte nicht stören. Auf … auf Wiedersehen."

Fluchtartig rannte sie die Treppen hinunter und zur nächsten Haltestelle, wo sie dem Fahrplan entnahm, dass erst in zehn Minuten der nächste Bus fahren würde. Elke beschloss, zu Fuß zu gehen. Den Mann, der ihr in einigen Metern Entfernung folgte, bemerkte sie nicht.

13

Auf der Fahrt durch die Schlossstraße fiel Mirko Frenzel etwas ein.

„Sag mal", fragte er und sah Emmerich von der Seite an. „Hast du nicht gesagt, das Vogelzeichen gehöre zu einer Partei?"

„Ich weiß nicht." Emmerich berichtete von seinem Gespräch mit der Gemüsehändlerin. „Scheint wohl mehr eine Sekte zu sein."

„Sei vorsichtig mit dem, was du sagst", empfahl Frenzel. „Freie Religionsgemeinschaft ist der bessere Ausdruck."

„Weißt du was?" Emmerich versetzte dem Armaturenbrett einen unvermittelten Hieb. „Da pfeife ich drauf. Ich kann diese Getue mit pol … pol … du weißt schon, was ich meine, nicht mehr hören."

„Political Correctness?" ergänzte Frenzel.

„Genau. Nicht mal auf Deutsch können sie das sagen. Ich rede, wie mir der Schnabel gewachsen ist. Und ich brauche niemanden, der mir erklärt …"

„Hör mit der Bruddelei auf", unterbrach ihn Frenzel. „Und pass auf, dass dich niemand hört. Das kann dich Kopf und Kragen kosten. Von schlechter Presse mal ganz abgesehen."

„Eben. Es macht keinen Spaß mehr."

„Was?"

„Das Leben. Ein Schwabe muss grob sein dürfen. Dafür waren wir mal berühmt."

„Da gibt's aber Schöneres." Frenzel trat auf die Bremse, als ein Lastkraftwagen vor ihnen in waghalsiger Manier die Spur wechselte. „Als für Grobheit berühmt zu sein. So ein Vollidiot …"

Emmerich versank in dumpfes Brüten, bis Frenzel nach rechts in die Silberburgstraße abbog.

„Früher", setzte er unheilschwanger an, „früher war …"

„… alles besser", fiel ihm Frenzel ins Wort. „Das kenne ich von meiner Oma. Ist aber wenig hilfreich."

„Wofür hältst du mich eigentlich?", fragte Emmerich in dienstlichem Ton. „Was fällt dir ein, mich ständig in dieser impertinenten Weise zu unterbrechen? Früher waren weder Sekten noch politische Korrektheit ein Thema. Man darf dieser Entwicklung ja wohl noch skeptisch gegenüberstehen, ohne gleich für bedeppert gehalten zu werden."

Frenzel blieb die Antwort schuldig und suchte nach einem Parkplatz.

„Du brauchst nicht auf bockig zu schalten", knurrte Emmerich. „Ich mag es nicht, wenn ich unterbrochen werde, und so alt wie deine Oma bin ich noch lange nicht."

Der Wagen wurde in eine Lücke gesteuert, das Motorengeräusch erstarb und Frenzel sagte immer noch nichts.

„Es tut mir leid, dass ich explodiert bin und den gnädigen Herrn womöglich ungerechtfertigt angeschissen habe." Emmerich stieg aus. „Aber eine Sekte bleibt eine Sekte."

„Dann definiere das doch mal", schnappte Frenzel beleidigt. „Wenn du die Mitgliederzahlen zugrunde legst, kommen auch die Kirchen heutzutage für diese Bezeichnung infrage."

„Unsinn. Die sind doch staatlich anerkannt."

„Ach? Und was ist mit den Muslimen? Mit denen gibt es bis heute keinen Staatsvertrag. Sind die auch eine Sekte?"

„Natürlich nicht. Das ist doch eine ganz alte Religion. Ich denke da mehr an Scientology oder so."

„Du hast doch keine Ahnung." Frenzel warf die Wagentür auf seiner Seite mit einem wütenden Schwung zu. „Weißt du, wie viele Menschen in Nord- und Südamerika oder in Afrika in freien Religionsgemeinschaften organisiert sind? Das alles ist doch längst zu uns herübergeschwappt. Allein in Stuttgart gibt es fünf Baptistengemeinden und mindestens ein Dutzend evangelisch-methodistischer Kirchen."

„Jesses." Emmerich zog unwillkürlich ein wenig den Kopf ein. „Schrei mich doch nicht so an. Ich kenn halt die Pietisten in Korntal."

„Wir haben Zeugen Jehovas, wir haben die neuapostolische Kirche, wir haben Pfingstgemeinden, zu deren Mitgliedern höchst prominente, südamerikanische Fußballstars zählen, wir haben die biblische Glaubensgemeinschaft, die Adventisten und Miss Mary Baker Eddys christliche Wissenschafter, die Rosenkreuzer, die Heilsarmee und was weiß ich noch wen. Das sind tausende von Menschen, viele davon in den obersten Etagen von Wirtschaft und Gesellschaft. Willst du die alle als Sektierer abtun?"

„Vielleicht nicht alle, aber …"

„Ist ja auch egal." Frenzel knöpfte seinen Mantel zu und schlug den Kragen hoch. „Ich rate dir jedenfalls, vorsichtig zu sein, mit dem, was du über diese Gemeinschaften sagst. Manche von denen sind nicht gerade zimperlich."

„Ich wusste gar nicht, dass dieses Thema bei dir derartig … äh … emotional besetzt ist."

„Kannst du auch nicht. Ich rede nie drüber, aber ich habe vor Jahren mal einen Freund an so einen Verein verloren. Heute lebt er in der Psychiatrie."

„Mist", sagte Emmerich leise und betrachtete seine Füße. „Tut mir leid."

„Ja." Frenzel schob den Autoschlüssel in die Manteltasche und atmete tief durch. „Mir auch. Ist aber nicht mehr zu ändern. Machen wir uns wieder an die Arbeit?"

„Müssen wir wohl."

Schweigend gingen sie die Straße entlang, bis sie die Hausnummer erreicht hatten, die Frau Musfeld ihnen genannt hatte.

„Wenn du doch mal mit jemandem darüber sprechen willst", bot Emmerich an, „kannst du jederzeit zu mir …"

„Weiß schon", unterbrach ihn Frenzel in gewohnter Manier, jedoch ohne dass es ihm verübelt wurde. „Nett von dir. Vielleicht später mal. Wo hast du übrigens diesen Ausdruck her? Emotional besetzt?"

„Gabi sagt solche Sachen", erklärte Emmerich entschuldigend. „Wenn sie mit ihren Freundinnen ratscht."

„Verstehe." Frenzel drückte auf eine Klingel neben der „Praxis Dr. Musfeld" stand. „Du meine Güte."

Im zweiten Stock des Wohn- und Geschäftshauses öffnete Emmerich eine Tür, die angelehnt worden war, mit einem leichten Stups und stellte fest, dass es sich nicht um eine Arztpraxis handeln konnte. Auf den ersten Blick fehlte das Weiße, das in solchen Praxen für gewöhnlich den Ton angab, darüber hinaus aber auch die typischen Gerüche ärztlichen Tuns. Hier roch es anders, mehr wie in einem Büro und außerdem nach Seife. Nach Kernseife, um genau zu sein. Ein Geruch, der Emmerich seit seiner frühesten Kindheit zuwider war, doch waren die damit verbundenen Erinnerungen jetzt fehl am Platz. Sie standen in einem Vorraum, ausgestattet mit sechs frei schwingenden Stühlen und einem niedrigen Tisch, auf dem Zeitschriften lagen. Kinderzeichnungen hinter Glas schmückten die ockerfarben gestrichenen Wände, in die vier Türen eingelassen waren. Nur eine davon stand offen und von dort rief eine hohe Stimme mit schwachem Akzent:

„Einen Moment bitte, ich bin gerade am Telefon."

Sie näherten sich der geöffneten Tür und sahen eine Frau, deren Körperumfang man getrost als außergewöhnlich bezeichnen durfte. Emmerich dachte sich etwas politisch vollkommen Unkorrektes und gab sich alle Mühe, seinen Gesichtsausdruck neutral zu halten. Frenzel an seiner Seite tat sich damit etwas schwerer, er glotzte mit unverhohlenem Staunen auf den weiblichen Koloss hinter dem Schreibtisch, der noch einige Worte in den Hörer sprach und auflegte.

„Bitte", sagte die Frau und wandte ihnen ein Gesicht mit dreifachem Kinn, an das sich kleine, graue Löckchen schmiegten, zu. „Was kann ich für Sie tun?"

„Emmerich, Kripo Stuttgart. Mein Kollege Frenzel." Immerhin ihr Lächeln war freundlich, ja, geradezu liebevoll, als setze sie demnächst zu einer Umarmung an, eine Vorstellung, die Emmerich einen leichten Schauder über den Rücken jagte. „Wir hätten ein paar Fragen an Herrn Dr. Musfeld."

„Oh, wie schade", strahlte der Koloss. „Er ist in einem Meeting genau jetzt. Kann ich Ihnen helfen?"

„Möglich, Frau … äh …"

„Chipperfield. Elaine Chipperfield."

„Sind Sie Amerikanerin?"

„Oh, ja. Aber es gefällt mir hier, wirklich. So ein schönes Land, Sie müssen sehr stolz darauf sein."

Emmerich wechselte einen Blick mit Frenzel und verkniff sich eine unpassende Bemerkung. Stattdessen fragte er:

„Arbeiten Sie hier?"

„Oh, nein." Die außergewöhnlich umfangreiche Frau lächelte unvermindert herzlich weiter. „Ich bin nur zu Besuch und helfe dem Doktor ein wenig." Sie umrundete den Schreibtisch und Emmerich registrierte beunruhigt, dass der kernseifige Geruch von ihr ausging.

„Wann hätte er denn Zeit, der Herr Doktor?", fragte er und wich ein wenig zurück. Die Augen der Frau, die von kleinen Wülsten umgeben waren, blickten scharf, worunter ihr Lächeln aber nicht zu leiden hatte.

„Worum geht es?"

„Das würden wir gerne mit dem Doktor persönlich besprechen", sagte Frenzel verbindlich. „Was genau ist das denn für eine Praxis hier?"

„Wir helfen Menschen. Menschen, die Probleme haben."

„Probleme welcher Art?"

„Nun …" Das Lächeln der Frau, fand Emmerich, hatte schon beinahe etwas Unnatürliches, so anhaltend wie es war. „Verschiedene Probleme. Wie zum Beispiel … Ungluck."

„Ungluck?", wiederholte Frenzel mit einem merkwürdigen Unterton. „Soll das heißen, Herr Dr. Musfeld ist Psychologe?"

„Oh, nein."

„Was dann?"

Zum ersten Mal wurde das Lächeln eine Spur dünner, die Lippen über dem dreifaltigen Kinn schmaler.

„Ich fürchte, ich verstehe Sie nicht."

„Ganz einfach, Frau Schipperbild", sagte Emmerich sachlich. „Mein Kollege will wissen, welchen Beruf der Herr Doktor ausübt."

„Ich ... das kann ich Ihnen nicht ... ich weiß nicht, ob ..."

Die Falten des Kinns begannen in einer Art zu vibrieren, die auf Frenzel eine gewisse Faszination auszuüben schien, denn er starrte die Frau unvermittelt an. Emmerichs nächster Satz wischte das Lächeln endgültig aus ihrem fleischigen Gesicht.

„Wenn das Meeting hier in diesem Büro ist, dann holen Sie ihn jetzt bitte heraus. Wir haben wenig Zeit."

„Das geht nicht." Ihre ohnehin schon hohe Stimme rutschte noch ein paar Halbtöne nach oben. „Sie brauchen einen Termin."

„Vergessen Sie's. Wenn Sie oder Ihr Chef kein Interesse an einer genaueren Überprüfung dieser Praxis haben, einschließlich ihrer werten Arbeitserlaubnis, gnädige Frau, dann sorgen Sie dafür, dass wir jetzt unsere Fragen loswerden können. Wir warten draußen, aber höchstens fünf Minuten."

Emmerich ging zu einem der frei schwingenden Stühle, bedeutete Frenzel, dasselbe zu tun und bemerkte aus den Augenwinkeln, wie der weibliche Koloss zum Telefon griff. Hinter der Tür, die der Sitzgruppe am nächsten war, hörte man es läuten, danach eine erregte Männerstimme, die etwas Kurzes brüllte und sofort wieder verstummte. Frenzel pfiff leise durch die Zähne und begann, in den Zeitschriften und Broschüren zu blättern, da öffnete sich auch bereits die Tür. Zwei Herren in gedeckten Anzügen mit Aktenköfferchen in der Hand kamen heraus und verließen nach einem flüchtigen Blick zur Sitzgruppe grußlos die Praxis.

„Hey", sagte Frenzel erstaunt und sah ihnen hinterher. „Die kenne ich doch, das war ..."

„Klappe halten", fuhr Emmerich dazwischen und richtete seinen Blick auf einen kleinen, glatzköpfigen Mann mit Hornbrille, der einen weißen Kittel trug und hinter den Herren durch die Tür getreten war. Emmerich stand auf.

„Sind Sie Herr Dr. Musfeld? Lukas Musfeld?"

„Jawoll", entgegnete der kleine Mann zackig. „Und Sie? Wer sind Sie?"

„Hauptkommissar Emmerich von der Kriminalpolizei Stuttgart. Wir kommen wegen eines Verwandten von Ihnen."

„Ein Verwandter? Von mir?" Der Doktor sagte das in einer Art, als sei die Existenz von Verwandtschaft überhaupt ihm gänzlich neu und vollkommen unbekannt.

„Dürfen wir hereinkommen?", fragte Emmerich und wies auf die geöffnete Tür.

„Hereinkommen? Wenn Sie es wünschen …" Musfeld machte kehrt und ging voraus in einen Raum, den Emmerich so nicht erwartet hatte. Zweifellos handelte es sich um ein Büro, versehen mit den üblichen Einrichtungsgegenständen wie Schreibtisch, Stühlen, Regalen und einem Computerbildschirm. Das Ganze war allerdings in zarten Pastelltönen gehalten, lindgrüne Vorhänge kontrastierten mit hellgelben Tapeten und Teppichen in verwaschenem Orange. Auch hier gab es Kinderzeichnungen hinter Glas, die meisten stellten Vögel und Sonnen dar. Musfeld ließ sich hinter dem hell gebeizten Schreibtisch in einem cremeweißen Sessel nieder und wies auf Besucherstühle in derselben Farbe.

„Bitte. Sie sagten Verwandter? Es geht also nicht um eine Frau?"

„Nein." Emmerich setzte sich vorsichtig, fast als fürchte er, das Cremeweiß könne durch sein Sitzen Schaden nehmen. „Es geht um …"

„Ich habe nur einen lebenden, männlichen Verwandten, wenn man von meinen Kindern absieht. Meinen Bruder."

„Es handelt sich nicht um Ihren Bruder, sondern …"

„Johannes hat einen vollkommen unbescholtenen Leumund. Wie ich auch. Wir haben vor weniger als einer Stunde miteinander telefoniert."

„Wir sind nicht wegen Ihres Bruders hier."

„Dann", sagte der kleine Mann und trommelte mit den Fingern seiner Rechten auf der Tischplatte, „kann es sich nur um einen Irrtum handeln."

„Ihrerseits", entgegnete Emmerich und zwang sich zu einem freundlichen Lächeln. „Sie haben noch einen Cousin. Peter Nopper."

„Peter?" Das Trommeln verebbte nur einige Sekunden. „Peter ist tot."

„Seit Karfreitag. Das ist richtig."

„Neinneinneinneinnein." Musfeld fuchtelte abwehrend mit beiden Händen durch die Luft. „Seit ungefähr zehn Jahren."

„Haben Sie so lange nichts mehr von ihm gehört?"

„Länger. Wir waren zwar verwandt, aber keineswegs befreundet."

„Wie dem auch sei, er wurde am Karfreitag in der Frühe bewusstlos aufgefunden und ins Katharinenhospital gebracht, wo er wenig später verstorben ist."

Musfeld sah über den Rand seiner Hornbrille hinweg erst Emmerich, dann Frenzel und dann wieder Emmerich an.

„Ausgeschlossen, meine Herren."

„Wir haben Grund zu der Annahme, dass er sich bereits seit Montag vor Ostern in Stuttgart aufgehalten hat", fuhr Emmerich ungerührt fort. „Möglicherweise unter einem falschen Namen. Bei Ihnen gemeldet hat er sich in dieser Zeit nicht?"

„Wir halten nichts von spiritistischen Sitzungen", sagte der kleine Mann herablassend. „Tote tauchen nicht so einfach wieder auf. Es muss sich um eine Verwechslung handeln."

Emmerich nahm mit halbem Ohr, jedoch ohne näher darauf einzugehen, den verwendeten Pluralis Majestatis zur Kenntnis und schüttelte den Kopf.

„Tut es nicht. Der DNA-Vergleich wird uns die Identität Ihres Cousins mit größter Wahrscheinlichkeit bestätigen."

„DNA-Vergleich?" Der Kopf des Weißkittels ruckte nach oben. „Was denn für ein DNA-Vergleich?"

„Mit Ihrer Tante. Ruth Gerstenmaier."

„Sie haben meine Tante Ruth befragt?"

„Wir waren so frei. Sie hat uns Ihren Namen genannt. "

„Allerhand." Dr. Musfeld richtete seinen Blick verdrießlich auf einen Punkt, der sich hinter Emmerich an der Wand befinden musste und strich sich mit der Hand über das kahle Haupt. „Dazu hatte sie nun wirklich kein Recht."

Emmerich wartete einen Moment, doch es kam nichts Weiteres, also beugte er sich vor und fragte:

„Interessiert es Sie denn gar nicht, wie Ihr Cousin gestorben ist?"

Der Doktor zuckte kaum merklich zusammen, riss seinen Blick von dem Punkt hinter Emmerich los und sah erneut über den Rand seiner Brille.

„Ein Safariunfall, wenn ich mich recht erinnere", sagte er gleichgültig. „Irgendwo in Afrika."

„Sie haben nicht zugehört. Er wurde am Karfreitag …"

„Dochdochdochdochdoch." Musfelds Hände vollführten nun einhaltende, beschwichtigende Bewegungen. „Sie haben vollkommen recht. Es interessiert mich nicht. Wenn es so ist, wie Sie es sagen, dann weiß ich beim besten Willen nicht, wie er überhaupt dorthin gekommen ist. Oder warum."

„Was meinen Sie mit ‚dorthin'?"

Das Zögern währte nur Sekundenbruchteile, dann antwortete der Doktor glatt:

„Ins Katharinenhospital. Sie sagten doch …"

„Wo waren Sie am Karfreitag früh so gegen sieben Uhr?"

„Was glauben Sie denn?", entgegnete Musfeld in einem Ton, als unterstelle man ihm, um diese Zeit ein Bordell besucht zu haben. „Wir haben uns natürlich auf den Gottesdienst vorbereitet. Karfreitag ist der Todestag unseres Herrn. Ich hoffe doch, Sie haben dasselbe getan."

„Dürfen wir daraus schließen, dass Sie ein gläubiger Christ sind?", umging Emmerich die Frage. „Einer, der sich an die zehn Gebote hält?"

„Sie etwa nicht?" Die Augen hinter der Hornbrille verengten sich zu schmalen Schlitzen.

„Bitte bleiben Sie beim Thema" mischte sich Frenzel sachlich ein. „Wer ist ‚wir'?"

„Meine Brüder und ich. Karfreitag und die Ostertage bedeuten uns weitaus mehr als Weihnachten, das heute ohnehin zu einem völlig verkommenen Ereignis geworden ist."

„Da haben Sie recht", stimmte Emmerich zu. „Nichts als Kaufrausch, Konsum und falsche Glitzerwelten. Keine Zeit mehr für die wahren Werte."

„So ist es." Musfeld nickte erfreut. „Unsere Welt könnte um so vieles besser sein, wenn …"

„Sie erwähnten eingangs nur einen Bruder", fiel Frenzel ihm ins Wort. „Nicht mehrere."

Der Doktor nahm die Hornbrille ab, zog ein Tuch aus der Brusttasche seines weißen Kittels und begann, die Gläser zu polieren. Emmerich und Frenzel tauschten einen kurzen Blick, schlugen fast gleichzeitig jeder ein Bein über das andere und warteten. Das Polieren zog sich, ebenso wie die Stille im pastellfarbenen Büro, in die Länge. Schließlich steckte Musfeld das Tuch wieder ein, setzte die Brille auf die Nase und langte nach einer Klarsichthülle mit Schriftstücken.

„War's das?", fragte er spitz.

„Wir sprachen gerade über Ihre Brüder", erinnerte Emmerich in gemütlichem Ton.

„Ach, ja", seufzte Musfeld, Papier aus der Klarsichthülle nehmend. „Dabei handelt es sich um die Mitglieder meiner Gemeinde. Keine leiblichen Verwandten, sondern solche im Geiste."

„Die bezeugen können, wo Sie am Freitag früh waren?"

„Aber sicher."

„Wo finden wir diese Brüder?"

Musfeld ließ Papiere und Klarsichthülle mit gelangweiltem Gesicht auf den Schreibtisch sinken, riss einen Zettel von einem Block und notierte etwas darauf.

„Hier", sagte er und reichte den Zettel über den Tisch „Das ist die Nummer von Vater Matthias. Er war dabei und kann ihnen bei Bedarf noch weitere Namen nennen."

Frenzel stand auf und nahm den Zettel.

„Mehr haben Sie uns nicht zu sagen?"

„Nicht, dass ich wüsste. Und jetzt, wenn Sie gestatten, würde ich gerne arbeiten."

„Eine Frage hätte ich noch." Emmerich erhob sich ebenfalls. „Was für einen Doktor haben Sie eigentlich?"

„Ich bin Mediziner. Aber ich praktiziere nicht mehr."

* * *

Es war am frühen Nachmittag, als Elke Bofinger zu Hause im Grasigen Rain eintraf. Die verwunderten Fragen ihrer Mutter bügelte sie mit einem kurzen „Mir geht's nicht gut, ich leg mich hin" ab und ging ins obere Stockwerk, wo Kai ihr früheres Kinderzimmer und sie das einstige Schlafzimmer ihrer Eltern bewohnte. Tatsächlich war es auch heute noch ein Schlafzimmer, versehen mit einem Bett, einem Nachttisch sowie zwei vollgestopften Schränken und keinesfalls ein Aufenthaltsraum. Elke schlüpfte in Leggins und Sweatshirt, ließ sich erschöpft auf das Bett fallen, stand aber fünf Minuten später wieder auf. Oben gab es noch einen dritten Raum, der aus unerfindlichen Gründen „Wäschezimmer" genannt wurde, in Wahrheit aber eine Rumpelkammer war. Dort stand, zwischen verstaubten Büchern, alten Matratzen, einer Kommode, deren Schubladen sich nur noch unter Anwendung roher Gewalt öffnen ließen, und dem Gerippe einer Hollywood-Schaukel der Ohrensessel, in dem Elkes Großmutter ihre letzten Jahre zugebracht hatte. Sie hatte sich eine ausrangierte, aber noch funktionierende Stehlampe mit ramponiertem Schirm daneben aufgebaut und sich aus alten Atlanten ein Tischchen gebastelt, das einen Aschenbecher, ein Glas und eine Flasche zu tragen vermochte. Dieser Ort war Elkes Zuflucht, hier konnte sie rauchen, trinken und nachdenken, ohne dass jemand sie dabei störte oder kritisierte. Kein schöner Platz, fürwahr, sie hatte mehrmals versucht, den Raum zu entrümpeln, war aber stets am Widerstand ihrer Mutter gescheitert. Die Kommode beispielsweise hatte früher in Mamas Kinderzimmer gestanden, von so etwas trennte man sich nicht so einfach. Die Matratzen wurden lediglich im Moment nicht benötigt, in Zukunft vielleicht aber schon und allemal dann, wenn sich Besuch über Nacht anmelden würde, etwas, das seit Elke denken konnte, noch nie vorgekommen war. Die Bücher waren ererbter Familienbesitz, es mochten sich Hinweise auf irgendwelche Vorfahren darin finden lassen. Was das Gerippe der Hollywood-Schaukel anging, war Rosemarie überzeugt, dass es Kai eines Tages gute Dienste leisten würde. Elke hatte sich damit abgefunden, dass der Raum eine Rumpelkammer blieb, solange ihre Mutter am Leben war. Wie sie sich stets mit so vielem abgefunden und arrangiert hatte. In eine wärmende Fleece-Decke gehüllt, setzte sie sich in den Ohrensessel und zündete sich eine Zigarette an. Für Wein war es – leider – noch zu früh am Tag. Nachdenklich einem vollendeten Rauchkringel hinterherblickend, überlegte Elke, wie sie Kai die Neuigkeit vom Tod seines Vaters und dem hoffentlich zu erwartenden Erbe beibringen sollte und beschloss, damit noch ein Weilchen zu warten. Zumindest so lange, bis sie wusste, wie die derzeitigen Verwalter des Vermögens auf ihre Forderungen reagieren würden. Fünf Millionen Euro waren eine schier undenkbare Summe. Die Vorstellung, sie einem Jungen zu überantworten, der gerade achtzehn war, erschreckte sie ein wenig, hielt sie aber nicht davon ab, sich auszumalen, was man würde damit anfangen können. Auch über die Friederike-Nopper-Stiftung gedachte sie, mehr herauszufinden. Zudem benötigte sie eine Krankmeldung und musste Kais Haarprobe in Carolas Kanzlei bringen. Es tat ihr gut, solche Pläne zu machen, mit einem Mal fühlte Elke sich lebendiger, als sie es in den zurückliegenden fünfzehn Jahren je gewesen war. In ihre Decke gekuschelt, geriet sie ins Träumen und vergaß die Zeit, bis es an der Tür der Rumpelkammer energisch klopfte.

„Bist du *da* drin?"

„Was ist denn?", schreckte Elke unwillig hoch.

„Du hast gesagt, du legst dich hin", sagte ihre Mutter anklagend „Aber du bist nicht im Bett. Ich muss dir was zeigen. Sofort."

„Ach, Mama." Elke schälte sich aus ihrer Decke, stand auf und öffnete die Tür. „Hat das nicht Zeit? Ich will mich wirklich ein bisschen ausruhen."

„Jemand lungert am Haus herum." Rosemarie stand klein und schwer atmend vor ihr.

„Deshalb hast du dich die Treppe heraufgequält? Hier ist keine Gegend für herumlungernde Leute."

„Ich will doch nur, dass du ihn dir ansiehst."

„Meinetwegen", seufzte Elke und ging zu Kais Zimmer, dessen Fenster auf die Straße hinausging. Er hatte es aufgeräumt, bevor er weggefahren war, darauf hatte sie bestanden. Der Weg hindurch führte sie daher nicht über zusammengeknüllte Kleidungsstücke oder herumliegende Schuhe, kein Kabel erwies sich als Stolperfalle. Die missbilligenden Bemerkungen ihrer Mutter angesichts eines Posters, das eine digitale Kampfmaschine aus einem von Kais Computerspielen zeigte, ignorierte sie. Elke trat ans Fenster und sah hinunter auf den, wie immer, ruhig daliegenden Grasigen Rain.

„Siehst du?", wisperte Rosemarie an ihrer Seite. „Er läuft bestimmt schon zum fünften Mal auf und ab am Haus vorbei." Der Mann im dunklen Mantel, der gemächlich Richtung Gewerbegebiet schlenderte, war tatsächlich nicht zu übersehen, denn er war weit und breit der einzige Passant. Elke verfolgte ihn mit den Augen, bis er außer Sicht war und wandte sich wieder an ihre Mutter.

„Das ist sicher niemand Besonderes."

„Schschsch", machte Rosemarie. „Gleich kommt er zurück. Auf der anderen Straßenseite. Und er guckt immer so komisch herüber."

Tatsächlich verging keine Minute, bis der Mann zurückgeschlendert kam, und ebenso unbestreitbar galt seine Aufmerksamkeit dem Bofinger'schen Heim.

„Kennst du ihn?", nuschelte Rosemarie ängstlich.

„Du brauchst nicht zu flüstern. Er kann dich da draußen nicht hören."

„Was weißt du schon? Sie haben Richtmikrofone, heutzutage. Sie können uns alle abhören. Das nennt man Online-Überwachung. Wie bei der Gestapo, nur schlimmer ..."

„Bitte, Mama. Jetzt bleib auf dem Teppich." Elke beobachtete, wie der Mann stehen blieb, ein Handy aus der Manteltasche nahm und es ans Ohr hielt. „Diese Zeiten sind doch vorbei. Bestimmt wartet er nur auf jemanden, der nicht kommt."

„Aber er beobachtet uns."

„Warum sollte er das tun?"

„Weil das so gemacht wird. Ich weiß das. Aus dem Fernsehen."

„Ja, Mama."

Der Mann auf der gegenüberliegenden Straßenseite beendete sein Gespräch, warf noch einen kurzen Blick herüber und entfernte sich schnellen Schrittes.

„Siehst du, jetzt geht er", sagte Elke. „Ich denke, das war ein Makler, der von einem Kunden versetzt wurde. Vollkommen harmlos."

Rosemarie wirkte ein wenig enttäuscht.

„Man kann nie wissen", meckerte sie leise. „Vorsicht ist die Mutter der Porzellankiste."

14

„Ein schräger Vogel, der Herr Doktor", sagte Emmerich, während sie die Treppen des Wohn- und Geschäftshauses in der Silberburgstraße hinunterstiegen. „Und diese Frau erst. Was die wohl für einen BMI hat?"

„Seit wann interessiert dich denn so was?" Frenzel sah seinen Vorgesetzten verdutzt an.

„Eigentlich gar nicht", entgegnete Emmerich achselzuckend. „Nur Gabi kommt in letzter Zeit immer damit an."

„Das ist schlecht", orakelte Frenzel düster. „Sie wird dich auf Diät setzen. Sojasprossen, Rucola und Kürbissuppe."

„Hör bloß auf. Das klingt, als hättest du Erfahrung damit."

„Hab ich. Ein Grund mehr, warum ich es mit Frauen so schlecht aushalte."

„Leberkäswecken sind auch nicht jedermanns Sache."

„Aber meine", erklärte Frenzel schlicht, öffnete zuvorkommend die Haustür und ließ Emmerich den Vortritt. „A propos Vogel, hast du gesehen, was auf dem Tisch im Wartezimmer herumgelegen hat?"

„Was denn?"

Frenzel langte in seine Manteltasche.

„Das hier." Emmerich wurden ein paar bunte Faltblättchen in die Hand gedrückt.

„Der Weg zu Christus – ein Wochenendseminar", las er laut vor. „Die Wahrheit über Darwin. Wie unser Herr die Welt erschuf. Was soll ich damit?"

„Umdrehen", wies Frenzel ihn an.

„Eine Veranstaltung der Gemeinde der Brüder von Patmos", las Emmerich von der Rückseite eines der Blättchen ab und sog hörbar die Luft ein. „Sieh mal einer an."

„Jetzt weißt du, wofür unser Vogelzeichen steht." Frenzel tippte triumphierend auf das bunte Papier. „Das werden die Brüder sein, von denen der Doktor sprach."

Emmerich drehte auch die restlichen Blättchen um.

„Muss ein ziemlich großer Laden sein, wenn man bedenkt, wie viele Autos mit diesem Zeichen herumfahren."

„Mmmh. Hast du gesehen, wer aus dem Büro von Musfeld kam?"

„Der eine kam mir irgendwie bekannt vor."

118

„Kurt Bendix", nickte Frenzel. „Von der Gesellschaft für Sportmanagement. Niemand weiß genau, wie viele Fußballer und andere Stars bei dem unter Vertrag stehen, aber es müssen Dutzende sein."

„Einen besonders unglücklichen Eindruck haben die beiden Herren aber nicht gemacht. Was sie wohl von unserem Doktor wollten?"

„Ich sagte dir doch, dass die Kontakte dieser Freikirchen bis ganz nach oben reichen. Sie breiten sich in unserer Gesellschaft aus wie die Kraken."

„Jetzt übertreib mal nicht." Emmerich wartete, bis Frenzel den Wagen geöffnet hatte und ließ sich in den Beifahrersitz sinken. „In diesem Land gilt Religionsfreiheit. Mitglied einer Kirche zu sein, ist jedermanns gutes Recht."

„Mag sein." Frenzel rutschte auf den Fahrersitz und ließ den Motor an. „Aber wenn diese Leute ihre Kinder von den öffentlichen Schulen nehmen und ihnen beibringen, dass Wirbelstürme oder Aids eine Strafe Gottes für Sünder und Homosexuelle sind, hört bei mir die Freiheit auf. Wenn sie den Holocaust leugnen oder ..."

„Hör auf. Wer macht denn so was?"

„Christliche Fundis, die auch die Evolutionslehre für falsch halten."

„Das verstehe ich schon gar nicht. Die Genesis ist doch das schönste Gleichnis für die Evolution überhaupt. Ich hab mich immer gefragt, woher unsere Altvorderen das in biblischen Zeiten schon so genau wissen konnten."

„Das siehst du vielleicht so. Aber die nicht."

„Trotzdem ... wir haben Lehrpläne für den Unterricht und leben in einer aufgeklärten Zeit. Nicht im Mittelalter."

„Fragt sich, wie lange noch?"

„Was willst du damit sagen?"

„Sieh mal, die meisten dieser Religionsgemeinschaften sind keine Körperschaften des öffentlichen Rechts wie die Kirchen, sondern allenfalls eingetragene Vereine. Als solche werden sie von der Kirchensteuer nicht erfasst, ihre Mitglieder gelten offiziell als konfessionslos. Dabei sind viele von ihnen fundamentalistische Christen, aber niemand weiß, wie viele von der Sorte es inzwischen bei uns gibt. Manchmal macht mir das Sorgen."

„Solange du sonst keine hast ... lass uns einfach unseren Fall lösen. Wenn ich nur wüsste, woran mich diese Faltblättchen erinnern."

„Sag mir lieber, wohin ich jetzt fahren soll."

„Ins Präsidium. Mal sehen, ob es was Neues gibt."

„Und Johannes Musfeld?"

„Kann warten. Eins nach dem anderen."

Zurück im Büro harrte ihrer bereits Frau Sonderbar mit einem Gesicht, das tatsächlich auf Neuigkeiten schließen ließ.

„Von der Staatsanwaltschaft", erklärte sie knapp, legte ein Blatt auf Emmerichs Schreibtisch und blieb hartnäckig daneben stehen. „Per Fax."

„Was steht drin?" Emmerich entledigte sich seines Jacketts und setzte sich mit angemessener Vorsicht auf seinen Stuhl.

„Eine Rechtsanwaltskanzlei beantragt einen Vaterschaftstest. Mit der Leiche von Peter Nopper."

„Na, also." Emmerich nickte zufrieden. „Da wird wohl kaum die alte Frau Bofinger dahinterstecken. Es muss also noch andere Leute geben, die ihn in der Zeitung erkannt haben. So langsam kommt Bewegung in die Sache."

„Lieb's Herrgöttle von Biberach", sagte Frau Sonderbar ergriffen. „Stellen Sie sich das bloß vor. Wenn er tatsächlich ein Kind hätte."

„Rein biologisch wäre das nicht gerade eine Abnormität." Emmerich sah seine Sekretärin erstaunt an.

„Aber denken Sie nur an das viele Geld."

„Welches Geld?"

„Sie waren doch sehr ... begütert. Die Familie Nopper."

„Warum sagen Sie mir das erst jetzt?"

Nun war es Frau Sonderbar, die erstaunt drein sah.

„Hat es denn bisher eine Rolle gespielt?"

„Geld", dozierte Emmerich und langte nach dem Blatt Papier, „Geld spielt, sobald es vorhanden ist, immer eine Rolle. Oftmals sogar auch dann, wenn es nicht vorhanden ist." Er zog eine Lesehilfe aus der Brusttasche, setzte sie auf und überflog das Blatt.

„Kennst du den Film ‚Wie angelt man sich einen Millionär'?", fragte Frenzel beiläufig. „Mit Lauren Bacall und Marilyn Monroe?"

„Wer kennt den nicht?", brummte Emmerich, ohne aufzusehen, während Frau Sonderbar einen leichten Seufzer von sich gab.

„Das war noch Kino. Nicht nur wüstes Herumgeballere und quietschende Reifen wie heutzutage. Meinen Sie, hier war es genauso? Ein hübsches Mädchen und Peter Nopper?"

„Keine Ahnung. Eigentlich wollte ich nur anmerken, dass unser Hauptkommissar mit dieser Brille aussieht, wie die Monroe im Flugzeug. Nur die Figur stimmt nicht ganz."

„Lesehilfe, Mirko", verbesserte Emmerich trocken und schob das Gestell wieder ein. „Keine Brille. Noch geht es ohne."

„Lüg doch nicht. Ich weiß, dass du zu Hause eine hast. Warum setzt du immer dieses alberne Damen-Dings auf?"

„Wegen der Lichtverhältnisse. Wenn wir mehr Tageslicht hätten ..."

„Es sieht einfach abartig aus."

„Natürlich. Aber es erfüllt seinen Zweck. Und hat nur fünf Euro gekostet. Hier steht nicht, wer diesen Vaterschaftstest beantragt." Emmerich reichte Frenzel das Blatt.

„Das wird sich ja wohl herausfinden lassen", entgegnete der, nach einem kurzen Blick auf das Papier. „Wir haben schließlich den Namen der Anwaltskanzlei."

„Mit Anwälten hab ich's ungern zu tun. Die berufen sich als Erstes auf ihre Schweigepflicht."

„Damit werden sie in einem Mordfall kaum durchkommen."

In Frau Sonderbars Vorzimmer klingelte das Telefon, doch statt unverzüglich hinauszueilen, griff die Sekretärin mit einem kurzen „Darf ich?" nach Emmerichs Hörer und drückte einen Knopf.

„Die Pforte", wisperte sie nach kurzem Lauschen. „Ein Herr Musfeld möchte eine Aussage wegen des Fotos in der Zeitung machen."

„Lukas Musfeld", vergewisserte sich Emmerich überrascht und wartete, bis Frau Sonderbar seine Worte wiederholt hatte und erneut lauschte.

„Nein", sagte sie kopfschüttelnd. „Johannes Musfeld."

„Da schau her", nickte Emmerich mit feinem Lächeln. „Am besten, Sie gehen ihn abholen. Und unterwegs schicken sie gleich noch Frau Kerner vorbei." Er registrierte Frau Sonderbars etwas indignierten Blick und setzte ein „Bitte" hinzu.

„Wenn der Prophet nicht zum Berg kommt, muss der Berg halt zum Propheten kommen", sagte er, als die Sekretärin sich auf den Weg zur Pforte gemacht hatte. „Oder war es umgekehrt?"

„Frag doch lieber, wer hier der Berg ist und wer der Prophet", entgegnete Frenzel, holte einen dritten Stuhl aus dem Vorzimmer und rückte ihn sich zurecht. „Die Rollenverteilung scheint mir nicht ganz klar zu sein."

Wenig später betrat zuerst Gitti Kerner das Büro und darauf ein beinahe kahlköpfiger Mann in einem schwarzen Anzug, der einen guten Kopf kleiner als Emmerich war.

„Musfeld mein Name", sagte er in gedämpftem Ton, als handele es sich um eine Bestattung oder Trauerfeier, reichte Emmerich die Hand und nahm Frenzels und Kerners Anwesenheit mit einem knappen Nicken zur Kenntnis. „Ich habe das Bild in der Zeitung gesehen. Leider erst heute. Berufliche Verpflichtungen, Sie verstehen. Ich komme nicht jeden Tag dazu, die Zeitung zu lesen."

„Natürlich verstehen wir das." Emmerich deutete auf den verbliebenen Stuhl vor dem Schreibtisch und wartete, bis der Besucher Platz genommen hatte. „Was machen Sie denn so? Beruflich, meine ich?"

„Ich bin Geschäftsführer. Was das Bild anbelangt …"

„Ja, bitte?"

„Es hat Ähnlichkeit mit einem Verwandten von mir. Allerdings dachten wir … also ich …, er sei schon vor einigen Jahren verstorben."

„In Ostafrika? Richtig?"

„Richtig." Das Gesicht unter dem kahlen Schädel blieb ausdruckslos. „Sie wissen also bereits, um wen es sich handelt?"

„Sagen wir, es gibt deutliche Hinweise darauf, dass der Tote Ihr Cousin Peter Nopper ist. Noch besser für uns wäre es natürlich, wenn Sie die Leiche identifizieren könnten."

„Identifizieren? Ich?"

„Sie sind einer seiner nächsten Verwandten."

„Das kommt ein bisschen unerwartet." Johannes Musfeld sah über die Schulter zu Kerner und Frenzel und dann wieder Emmerich an. „Darf man fragen, woher …?"

„… wir das alles schon wissen? Darüber kann ich Ihnen leider beim derzeitigen Stand der Ermittlungen keine Auskünfte geben. Erzählen Sie mir etwas über Ihren Cousin."

„Peter? Er war ein verwöhntes Bürschchen. Einzelkind. Das ist immer schwierig. Wir hatten eigentlich wenig miteinander zu tun."

„War er so etwas wie das schwarze Schaf der Familie?"

Musfeld strich sich in derselben Art, die Emmerich bereits von seinem Bruder kannte mit der Hand über den Kopf und gab sich nachdenklich.

„In gewisser Weise."

„Wie gewiss?"

„Ich kann das schlecht erklären."

„Sie meinen, seine Kontakte zur RAF?"

„Darüber weiß ich nichts. Es gab Gerüchte damals, das wohl. Ich spreche aber mehr von seinem Erscheinungsbild. Unserer Familie in keiner Weise angemessen. Auch mit seinen politischen Ansichten und seinem Lebensstil war wenig anzufangen."

„Haben Sie etwas dagegen, wenn ich unser Gespräch ab jetzt aufzeichne?" Emmerich schob das hierfür erforderliche Gerät in die Mitte des Schreibtisches.

„Machen Sie nur", entgegnete Musfeld gleichgültig.

Emmerich drückte den entsprechenden Knopf und setzte die Befragung fort.

„Wann haben Sie das letzte Mal etwas von Ihrem Cousin gehört?"

„Nun, das dürfte …" – Musfeld sah zur Decke und schien nachzudenken – „so ungefähr zwölf Jahre her sein."

„Wie?"

„Wie? Wie?"

„Hat er geschrieben? Telefoniert? Eine Mail geschickt?"

„Eine Mail? Vor zwölf Jahren? Aus dem Ausland? An eine alte Frau wie meine Tante Friederike?"

„Gab's damals noch nicht, was? Also geschrieben?"

„Richtig. Eine Geburtstagskarte zum Siebzigsten."

„An seine Mutter?"

„Sie sind ja schon bemerkenswert gut informiert", konstatierte Musfeld säuerlich. „Wozu befragen Sie mich eigentlich noch?"

„Wie haben Sie damals von seinem … hm … Tod erfahren?"

„Meine Tante erhielt ein Schreiben. Von irgendeiner afrikanischen Behörde."

„Wissen Sie, was Ihr Cousin dort gewollt hat? In Afrika?"

„Ich habe nicht die leiseste Ahnung." Musfeld unterstrich seine Antwort, indem er demonstrativ die Schultern nach oben zog und ein hilfloses Grinsen aufsetzte. Emmerich sah ihn nachdenklich an.

„Es wäre interessant, zu erfahren, wie es zu diesem Schreiben der afrikanischen Behörde gekommen ist. Ihr Cousin war ja damals offensichtlich noch putzmunter."

„Tut mir leid", bedauerte Musfeld in einer Art, die jedem klarwerden ließ, dass es dies nicht im Mindesten tat. „Ich fürchte, da kann ich Ihnen nicht weiterhelfen."

Emmerich nahm sich einen Stift und notierte zum Schein einige Worte auf der Rückseite des staatsanwaltlichen Faxes. Gespräche wie dieses bedurften gelegentlicher Pausen dramaturgischer Natur, sei es, um das Thema zu wechseln, das bisher Gesagte wirken zu lassen oder um die Reaktion des Gesprächspartners zu überprüfen. Johannes Musfeld zeigte keinerlei Nervosität, eher das Gegenteil. Des Hauptkommissars nachdenklichen Blick erwiderte er mit einer Intensität, die Emmerich schon beinahe körperliches Unbehagen verschaffte.

„Wo waren Sie am Karfreitag zwischen sechs und sieben Uhr in der Frühe?", schoss er einen Pfeil ins Blaue ab und beobachtete sein Gegenüber scharf. Musfelds Gesicht zeigte keinerlei Regung, wohl aber seine Hände, die für den Bruchteil einer Sekunde zuckten.

„Warum fragen Sie mich das?"

„Weil *Sie* nicht gefragt haben, wie Ihr Cousin gestorben ist. Oder wo. Und auch nicht wann. Das alles stand nicht in der Zeitung. Erfahrungsgemäß interessieren sich die Leute für solche Sachen. Es sei denn, sie wissen schon Bescheid."

Musfeld rückte gemächlich den Knoten seiner dunkelblauen Krawatte zurecht.

„Guter Mann", sagte er gelassen. „Ich gehe nicht davon aus, dass es sich überhaupt um meinen Cousin handelt. Ich weiß daher weder über etwas Bescheid, wie Sie es auszudrücken belieben, noch interessiere ich mich für Details. Sollte sich wider Erwarten herausstellen, dass ich mich im Irrtum befinde, dürfen Sie mich natürlich gerne in Kenntnis setzen."

„Warum sind Sie dann hier?"

„Das habe ich doch bereits erklärt. Um, im Zweifelsfall, einen Irrtum aufzuklären. Wie es meine staatsbürgerliche Pflicht ist."

„Soll heißen, Sie sind gekommen, um mir mitzuteilen, dass es sich bei dem Mann aus der Zeitung nicht um Ihren Cousin handelt?"

„Sie sagen es."

Emmerich sah an Musfeld vorbei zu Frenzel, der scheinbar unbeteiligt auf seinem Stuhl an der Wand lümmelte und nickte leicht.

„Ist ja witzig", nahm Frenzel mit einem kurzen Lachen den Ball an. „Das hatten wir jetzt auch noch nie."

„Wie bitte?" Musfeld drehte langsam, in der Art einer Kobra, die ihre Wirkung auf die hypnotisierte Beute kennt, den Kopf.

„Dass jemand kommt, um uns mitzuteilen, wer ein Gesuchter *nicht* ist", sprach Frenzel unbeeindruckt weiter. „Wenn das nicht schräg ist …"

Der beinahe Kahlköpfige nahm diese Bemerkung zur Kenntnis, indem er sich wieder umwandte und Emmerich ansah.

„Hat der junge Mann hier etwas zu sagen?"

„Kommissar Frenzel", stellte Emmerich leutselig vor. „Mein engster Mitarbeiter. Bei Mordfällen ermitteln wir nie alleine."

„Wie darf ich das verstehen?"

„Wie ich es gesagt habe. Ihr Cousin wurde umgebracht. Beantworten Sie nun meine Frage?"

„Welche Frage?"

„Karfreitagmorgen. Wo waren Sie da?"

„Jetzt hören Sie mir mal gut zu." Musfeld beugte sich vor und senkte die Stimme. „Ich bin nicht gekommen, damit Sie mich verhören. Lediglich, um eine Aussage zu machen, die hilfreich sein könnte. Als Steuerzahler erwarte ich, dass Sie das honorieren. Sonst bleibe ich das nächste Mal nämlich weg."

„Es handelt sich nicht um ein Verhör." Frenzel war aufgestanden und bezog Position neben Emmerichs Schreibtisch. „Dafür haben wir spezielle Räume. Mein Kollege erwartet nur die Beantwortung einer einfachen Frage."

„Es geht Sie nichts an, aber ich habe gebetet. Karfreitag ist schließlich ein Feiertag."

„Alleine?"

„Nein. In Gemeinschaft. So, wie Jesus es uns befohlen hat."

„Waren Sie zufällig in Gesellschaft Ihres Bruders?", mischte sich Emmerich wieder ein. „Lukas Musfeld?"

„Nicht zufällig."

„Dann können Sie mir ja sicherlich auch sagen, wer …" Emmerich warf einen kurzen Blick auf den Zettel des Doktors „… Vater Matthias ist."

„Das geht Sie ebenfalls nichts an, aber wir haben keine Geheimnisse. Matthias Leibwind ist der Direktor der gleichnamigen Gastronomiegruppe. Die ist Ihnen ja sicherlich ein Begriff."

„Durchaus, durchaus", flunkerte Emmerich, der sich in der Gastronomiebranche überhaupt nicht auskannte, aber kein Problem darin sah, diese Wissenslücke unmittelbar nach dem Gespräch zu schließen. „Und sonst? Noch jemand, der bei Ihrem Gebet dabei war?"

„Ungefähr achthundert andere Personen. Der Gottesdienst am Karfreitag ist einer der am besten besuchten im Jahr."

„Das heißt, Sie waren in der Kirche?"

„In unserem Gemeindezentrum. Wir nennen es nicht ‚Kirche'."

„Und wie lange dauerte dieser … Gottesdienst?"

„Von sieben bis um zehn Uhr."

„Hrmpf", machte Frenzel und fing sich dafür einen vorwurfsvollen Blick seines Vorgesetzten ein. Musfeld dagegen ließ ein verächtliches Schnauben hören.

125

„Unsere Gottesdienste haben mit den langweiligen Laberveranstaltungen, die Sie vielleicht kennen, nicht das Geringste zu tun. Wir haben eine Band, einen Gospelchor, mehrere Prediger und Beiträge aus der Gemeinde. Wenn Sie wollen, dürfen Sie gerne sonntags einmal vorbeikommen. Normalerweise feiern wir von zehn bis zwölf."

„Mal sehen." Emmerich nahm Stift und Papier. „Im Moment würde es mir reichen, wenn Sie mir noch zwei weitere Personen nennen würden, die bestätigen können, dass Sie zur fraglichen Zeit in diesem Gemeindezentrum waren."

„Meine Schwägerin und meine Schwester. Die Gemeindesekretärin. Unsere ehrenamtlichen Sonntagsschullehrkräfte. Die Bandmitglieder, der Gospel …"

„Schreiben Sie's auf." Emmerich schob die entsprechenden Utensilien über den Tisch und wartete, bis Musfeld einige Namen und Telefonnummern notiert hatte. „Würden Sie uns dann jetzt bitte ins Robert-Bosch-Krankenhaus begleiten? Wegen der Identifizierung?"

„Ich kann niemanden identifizieren. Mein Cousin ist seit fast zehn Jahren tot."

„Nun denn, Herr Musfeld …" Emmerich formte aus Daumen und Zeigefinger einen Kreis und sah nachdenklich hindurch auf das Fax von der Staatsanwaltschaft. „Wenn Sie nicht wissen, wer der Mann ist, niemanden identifizieren können und für Karfreitagmorgen ein einwandfreies Alibi haben, dann können Sie ja eigentlich wieder gehen."

„Das werde ich auch." Musfeld stand auf. „Und ich werde Ihnen sagen, was ich glaube. Dieser Mann war Amerikaner."

„Wie kommen Sie darauf?"

„Weil er aussieht, wie einer dieser Alt-Hippies aus Kalifornien. Ich kenne diese Typen. Guten Tag, die Herren."

„Noch eine Frage. Wie viele Kinder hatte Ihr Cousin?"

Musfeld, der die Hand bereits an der Türklinke hatte, fuhr herum, wie von der Tarantel gestochen.

„Kinder?", blaffte er mit schlecht verhohlener Wut. „Gar keine."

„Sind Sie sicher?"

„So sicher, wie das Amen in der Kirche."

15

„Frau Bofinger, bitte."

Erleichtert verließ Elke nach fast zweistündiger Wartezeit das gleichnamige Zimmer, in dem Mütter mit quengelnden Kindern, Männer mit Raucherhusten und Frauen, die lautstark Details ihrer medizinischen Befunde austauschten, in drangvoller Enge beisammensaßen. Ihr Hausarzt, den sie selten aufsuchte, machte einen gehetzten Eindruck. Elke schilderte die Symptome des Norovirus, die sie sich vor dem Besuch nochmals eingeprägt hatte. Wenig später hielt sie ohne längere Untersuchung den begehrten gelben Zettel in der Hand und konnte die Praxis wieder verlassen. Es war ein wenig wärmer geworden, nicht unbedingt frühlingshaft, aber doch nicht mehr so winterlich wie an den Tagen zuvor. Ein Spaziergang wäre jetzt angenehm gewesen, doch wer ging schon gerne spazieren in einer Gegend, wie sie den Cannstatter Bahnhof umgab, zu einer Zeit, in der sich der einsetzende Berufsverkehr bereits bemerkbar machte? Elke wich einer Gruppe alkoholisierter Jugendlicher aus und tastete in ihrer Manteltasche nach den zwei kleinen Plastiktütchen, die Kais Zahnbürste und einige Haare aus seinem Kamm enthielten. Sie würde diese Dinge noch heute zu Carolas Kanzlei bringen, nicht erst morgen, wie sie es ursprünglich vorgehabt hatte. Wenn das Wetter es zuließ, konnte sie dann den morgigen Freitag für ihren Spaziergang nutzen – vielleicht durch die Fellbacher Weinberge oder über den Kleinfeld-Friedhof, wo ihr Vater begraben lag. Obwohl Elke gelegentlich Menschen beneidete, die reicher, schöner oder auch weltgewandter waren als sie selbst, so vermisste sie nichts von alledem wirklich. Was ihr eigentlich fehlte, war die Freiheit, das Gefühl, Herrin ihrer Zeit zu sein. Der berufliche Alltag bestimmte ihr Leben, bestimmte, wann sie aufstehen und wann sie zu Bett gehen musste, bestimmte, an welchen Tagen der Woche und zu welcher Zeit sie zu arbeiten hatte oder spazieren gehen konnte. Niemand richtete sich heutzutage mehr nach dem Wetter oder nach der Natur, wie es die Menschen jahrtausendelang getan hatten. Die schönsten Sommertage verbrachte man als durchschnittlicher Arbeitnehmer ebenso im klimatisierten Büro, wie die eisigsten Winternachmittage. Und da wunderten sich irgendwelche Politiker oder Umweltaktivisten, wenn den Leuten der Bezug zum Klima verloren ging. Elke lenkte ihre Schritte zum Bahnhof, nahm die nächste S-Bahn in die Stuttgarter Innenstadt und ging in die Kronprinzstraße. Sie betrat das Gebäude, in dessen oberster Etage die Kanzlei Lämmerwein und Griesinger residierte, drückte den Knopf für den Aufzug und wartete. Durch das Treppenhaus klapperten eilige Schritte und kündigten das Nahen mehrerer Personen an. Die Kabine kam heruntergerauscht und öffnete sich mit einem leisen „Pling". Elke trat hinein, drehte sich um und sah etwas, das ihr beinahe den Atem verschlug. Um die Ecke bog der Mann, den sie noch vor wenigen Stunden für einen Makler gehalten hatte. An seinem Arm hing die junge Angestellte mit dem Arschgeweih aus Carolas Kanzlei. Beide schauten mindestens ebenso erschrocken drein, wie sie selbst aussehen musste, doch währte der gegenseitige Blick nur für den Bruchteil einer Sekunde, da die Aufzugtür sich unerbittlich schloss.

★ ★ ★

„Erstaunlich", sagte Emmerich und sah nachdenklich die Tür zum Vorzimmer an, die Johannes Musfeld soeben hinter sich geschlossen hatte.

„Man fragt sich, was man davon halten soll", ergänzte Frenzel und schnupperte. „Findet ihr nicht, dass es hier irgendwie nach Wurst riecht?"

„Nur meine Tasche", entgegnete Emmerich mit einer leichten Kopfbewegung Richtung Fenster. „Da ist frischer Parmaschinken aus der Markthalle drin."

„Mmh", machte Frenzel, sich mit der Zungenspitze über die Lippen fahrend. „Lecker."

„Du hattest doch gerade erst einen Leberkäswecken …"

„Lange her. Ich hab schon wieder Hunger."

„Wenn ich es recht bedenke, dann hatte ich heute auch nur ein Vollkornbrot zu Mittag."

„Na, also." Frenzel ging zur Tür. „In meinem Büro liegt noch eine Tüte Brezeln. Bin gleich wieder da."

Emmerich bemächtigte sich seiner, besser gesagt, Gabis Jutetasche, angelte Schinken und Parmesankäse unter dem Spinat hervor und begegnete einem vorwurfsvollen Blick von Gitti Kerner.

„Eigentlich", erklärte er mit einem Anflug von Schuldbewusstsein, „eigentlich sollte ich diese Sachen heute Abend meiner Frau mitbringen."

„So was Ähnliches hab ich mir gerade gedacht", äußerte Gitti spitz. „Warum machen Sie's dann nicht?"

„Weil mir der Magen knurrt. Das Zeug riecht zu gut. Wenn ich hungrig bin, kann ich nicht denken."

Frenzel kam mit Brezeln, einem Messer und einem eingewickelten Stück Butter zurück.

„Reicht für alle", verkündete er fröhlich. „Zumindest die Brezeln."

„Dass Männer immer nur ans Essen denken müssen." Gitti sah abweisend drein. „Die arme Frau Emmerich."

„Ach, was", winkte Gabis Gatte, kleine Stückchen vom Käse schneidend, ab. „Meine Frau bringt auch ohne das eine ordentliche Mahlzeit auf den Tisch."

„Hast du's gut", meinte Frenzel im selben Moment, als Gitti Kerner „Schön blöd" sagte.

„Das verbitte ich mir", erklärte Emmerich entschieden. „Meine Frau ist eine ausgesprochen intelligente Person. Und nun versuchen Sie mal, Frau Kerner. Schmeckt wirklich fein."

Hauptkommissarin Kerner nahm zögernd das angebotene Stück Parmesan entgegen, biss hinein und nickte.

„Wunderbar."

„Dann greifen Sie zu, solange noch was da ist. Weibliche Bescheidenheit ist jetzt fehl am Platz."

Wenig später waren Schinken und Brezeln verschwunden, vom Käse nur noch die Hälfte übrig. Emmerich wickelte den Rest sorgfältig ein und ließ ihn zurück unter den Spinat gleiten.

„Gute Idee, Mirko", sagte er beifällig. „Jetzt geht's mir besser. Ich kann dir sagen, was man davon halten soll."

„Ach, ja?"

„Unser Doktor Musfeld hatte nach unserem Besuch nichts Wichtigeres zu tun, als seinem Bruder Johannes alles brühwarm zu berichten. Woraufhin der bei uns aufgekreuzt ist, um die Lage zu peilen."

„Indem er uns mitteilt, dass der Tote nicht sein Cousin ist? Die scheinen doch alle ganz fest davon überzeugt zu sein, dass Peter Nopper schon vor zehn Jahren verstorben ist."

„Nein", erklärte Gitti bestimmt. „Er kam aus einem ganz anderen Grund. Um uns darauf hinzuweisen, dass der Tote Amerikaner ist."

„Woher will Musfeld das denn wissen?", fragte Frenzel geringschätzig. „Nur weil einer lange Haare hat, muss er nicht zwangsläufig ein Alt-Hippie …"

„Warte mal", warf Emmerich ein. „Frau Kerner hat da etwas sehr Interessantes gesagt. Johannes Musfeld ist schon der Zweite, der uns diese

129

Amerikaner-Geschichte weismachen will. Sogar Kalifornien hat er erwähnt. Das passt doch in unsere Theorie, dass jemand versucht, Noppers wahre Identität zu verschleiern."

„Ich wusste gar nicht, dass wir schon eine Theorie haben. Du meinst also, es gibt einen Zusammenhang? Zwischen Musfeld und dem Direktor vom Hotel Sieber?"

„Ich hab dir gesagt, es ist wie bei Original und Fälschung. Was wir sehen sollen, ist das falsche Bild. Ohne die alte Frau Bofinger hätten wir keine Ahnung, dass sich hinter diesem falschen Bild ein richtiges verbirgt."

„Wir haben noch die Aussage von Frau Gerstenmaier."

„Die wir ohne Frau Bofinger nicht bekommen hätten. Ich bin sicher, dass sich Frau Gerstenmaier niemals von sich aus an uns gewandt hätte. Wegen Störung der Gattenruhe und so weiter."

„Kein Zynismus, bitte", sagte Gitti. „Wir wissen nicht, wie es uns mal geht, wenn wir erst so alt sind wie das Ehepaar Gerstenmaier."

„Ist doch jetzt egal." Emmerich wischte Kerners Bemerkung mit einer Handbewegung zur Seite. „Wo sind die Prospekte aus der Praxis von Doktor Musfeld?"

„Hier." Frenzel griff in die Tasche, holte die Faltblättchen heraus und reichte Sie seinem Vorgesetzten. „Wozu?"

„Deshalb." Emmerich nahm eine Plastikhülle von seinem Schreibtisch. „Ich wusste doch, dass die Dinger mich an irgendwas erinnern. Seht ihr …" – er reichte Hülle und Faltblättchen herum – „… das sind die satanischen Traktate aus Mr. Fords Koffer. Dasselbe Format."

„Ich weiß nicht …" Gitti runzelte zweifelnd die Stirn. „Das ist DIN lang. Nicht gerade besonders unüblich."

„Die gleiche Schrift."

„Arial", erklärte Frenzel nach einem kurzen Blick. „Benutzt heute jeder."

„Aber das Papier ist ganz ähnlich. Und der Rand. Beides hat so einen gedruckten Rand außen herum."

„Und wenn schon. Hilft uns das weiter?"

Emmerich, in gewisser Weise erregt ob der Entdeckung eines Zusammenhangs, den außer ihm keiner zu erkennen schien, schob die Faltblättchen in eine zweite Hülle.

„Das muss sofort in die KTU. Vielleicht können die feststellen, ob die Dinger in der gleichen Druckerei hergestellt wurden."

„Kann man probieren." Frenzel nahm die Hüllen an sich. „Ich bring's nachher rüber. Was hätten wir davon, wenn deine Vermutung zutrifft?"

„Einen Beweis. Dass der Hoffmann und die Musfelds irgendwie … also gemeinsam … auf irgendeine Art … ach, verdammt, ich weiß auch nicht …"

„Eben", sagte Frenzel trocken. „Man muss woanders ansetzen."

„Woanders? Wo denn?"

„Hoffmann sagte, dass die meisten Gäste zur Fortbildung kämen, erinnerst du dich?"

„Natürlich."

„So natürlich ist das nicht. Jedenfalls hatten sie dort im Hinterhof ein Schulungszentrum. Die Brüder mit dem Vogel."

„Sag bloß, du hast Zweifel an meinem Erinnerungsvermögen."

„Nur manchmal. Ich finde, wir sollten uns dieses Schulungszentrum näher ansehen. Vielleicht war Nopper ja auch zur Fortbildung da."

„Darf ich mal fragen, worum es eigentlich geht?", wollte Gitti Kerner wissen. „Wer sind denn die Vogel-Brüder?"

„Familie Musfeld und ihre Gemeinde." Emmerich und Frenzel berichteten wortreich, gleichzeitig und durcheinander vom Besuch bei Lukas Musfeld, seiner schwangeren Frau, seltsamen Autoaufklebern und Salzteigschildern, einem geheimnisvollen Gemüsestand, den Bedenken gewöhnlicher Bürger gegenüber Banden im Hinterhof und ihren Meinungsverschiedenheiten hinsichtlich der Wortwahl in Sachen …

„… Sekten", sagte Emmerich. Frenzel verdrehte die Augen und verbesserte:

„Freikirchen."

„Du hast doch gehört, dass sie ihr … Dingsda … Gemeindezentrum nicht Kirche nennen."

„Da geht's doch nur um das Gebäude."

„Ich hab es eher allgemein verstanden."

„Leute", unterbrach Gitti rigoros die beginnende Fortsetzung der Meinungsverschiedenheit. „Ich will nicht behaupten, dass ich jetzt alles begriffen habe, schon gar nicht was Salzteigschilder oder Gemüsehändler mit unserem Fall zu tun haben könnten, aber sollten wir uns nicht um das Fax von der Staatsanwaltschaft kümmern?"

Frenzel, der gerade zu einer weiteren Bemerkung ansetzte, hielt inne. „Stimmt", sagte er sachlich. „Das hätten wir ja auch noch."

„Haben, mein Guter", insistierte Emmerich, keineswegs zu einem kampflosen Rückzug aus dem Wortgefecht bereit. „Wir haben ein Fax. Nicht hätten."

„Gibst du neuerdings Grammatikunterricht? Erst neulich in der Pathologie und jetzt ..."

„Ich mach dann mal mit meiner RAF-Recherche weiter." Gitti wandte sich zur Tür. „Bitte um Nachricht, wenn die Herren Ihre Streitigkeiten beendet haben."

„Moment mal." Emmerich stand auf. „Ist da schon irgendwas dabei herausgekommen?"

„Nein", entgegnete Gitti kühl. „Man könnte gerade meinen, dass ..."

„Was?"

„Nichts. Ich komme nicht weiter. Wahrscheinlich geht es eben nicht ohne das LKA. Und das wollten Sie ja nicht."

„Wir haben doch auch ohne RAF genug zu tun." Emmerich umrundete seinen Schreibtisch und ging zur Pinnwand. „Ich fasse mal kurz die vorliegenden Fakten zusammen." Er tippte auf das Foto des toten Nopper. „Der da, von dem alle uns bislang bekannten Beteiligten denken, er sei längst von dieser Welt gegangen, taucht aus irgendwelchen Gründen und höchst lebendig wieder in Stuttgart auf. Das passt irgendwem gar nicht in den Kram, also wird kurzerhand der alte Zustand wieder hergestellt. Diesmal endgültig. Was sind die naheliegendsten Motive für einen Mord?"

„Familiäre Streitigkeiten, Geld, persönliche Reputation", leierte Frenzel mechanisch herunter.

„Na, bitte. Wo also suchen wir zuerst?"

„Bei Musfelds. Aber die haben Alibis."

„Müssen geprüft werden."

„Das heißt, ich darf telefonieren?"

„Bingo." Emmerich reichte Frenzel den Zettel mit Johannes Musfelds Notizen und sah Gitti Kerner an.

„Sie kümmern sich um das Fax. Reden Sie mit den Anwälten. Außerdem setzen Sie sich mit dem Nachlassgericht in Verbindung."

„Wozu das denn?" Frenzel sah Emmerich über den Zettel hinweg erstaunt an.

„Geld, mein Lieber. Frau Sonderbar sagte, die Familie sei begütert gewesen. Irgendwo muss das Vermögen ja geblieben sein."

* * *

Die Räume der Kanzlei Lämmerwein und Griesinger machten einen verwaisten Eindruck, als Elke Bofinger durch die Glastür trat. Sie warf einen Blick auf ihre Armbanduhr, stellte fest, dass es bereits nach fünf am Nachmittag war und schaute in die zwei Büros, deren Türen offen standen. In beiden brannte Licht, die Monitore auf den Tischen jedoch waren dunkel, die Jalousien heruntergelassen. Hinter einem der Schreibtische richtete sich eine Frau im blauen Kittel auf und musterte sie vorwurfsvoll. Hastig trat Elke den Rückzug an und verharrte unschlüssig vor der geschlossenen Tür zu Carolas Büro, als sie dahinter ein Schluchzen vernahm. Eine Männerstimme, unverkennbar die von Max Griesinger, sagte grob:

„Mein Gott, jetzt stell dich doch nicht so an. Das ist ja nicht zum Aushalten."

„Aber meine Nerven …" Die Schluchzende musste Carola sein. „Meine Nerven machen das nicht mehr mit."

„Ich wusste gar nicht, dass du welche besitzt", entgegnete Griesinger ätzend.

Elke vergewisserte sich, dass der Flur vor dem Büro immer noch leer war und presste entschlossen ein Ohr gegen die Tür.

„Du liebst ihn noch immer", stellte Griesinger mit bitterem Unterton soeben fest.

„Das ist nicht wahr", jaulte Carola. „Ich hasse ihn. Ich … ich dachte, er sei meinetwegen zurückgekommen. Und jetzt das."

„Eine kleine Änderung unserer Pläne. Nichts, worüber du dich in dieser Weise echauffieren musst. Wenn du ihn tatsächlich hasst."

„Es sind deine Pläne, nicht unsere. Er hat es die ganze Zeit gewusst. Das mit dem Kind. Und mir nie etwas davon gesagt. Ausgerechnet mit ihr."

„Wenn ich es richtig verstanden habe", äußerte Griesinger mit beherrschter Stimme, „hast du Nopper doch wegen seiner Frauengeschichten verlassen. Worüber also wunderst du dich? Es könnte sogar noch weitere Kinder geben. Irgendwo in Goa."

„Aber erst hinterher. Nachdem ich ihn verlassen hatte. Weit weg. Die stören mich nicht."

„Nun, komm schon, es ist doch genug für alle da."

„Darum geht es nicht, ich dachte …."

„Doch, meine Liebe. Genau darum und nur darum geht es. Euer Verhältnis gehört ein für alle Mal der Vergangenheit an. Das Kind von dieser … wie hieß sie noch gleich …"

„Bofinger."

„ … könnte sich sogar als ausgesprochener Glücksfall entpuppen."

Elke, deren Ohr vom Pressen bereits schmerzte, so angestrengt verfolgte sie das akustische Geschehen hinter der Tür, zuckte zusammen, wechselte flink aufs andere Ohr und hörte Carola gerade noch fragen:

„Was soll das heißen?"

„Die Ansprüche eines leiblichen Kindes wird jedes Gericht höher bewerten, als die einer Stiftung oder die einer getrennt lebenden Ehefrau. Ich ziehe den Prozess durch, wir kassieren die Gebühren und du bist aus der Schusslinie. Bofingers werden sich später nur ungern auf einen zweiten Prozess einlassen, ich schließe einen Vergleich und wir können endlich heiraten. Summa summarum wird uns ein sehr schönes Sümmchen übrig bleiben."

„Ich brauche kein schönes Sümmchen. Meine Nerven …"

„Lass bitte deine Nerven aus dem Spiel."

Elke nahm das Ohr von der Tür und trat ein paar Schritte zurück. Was sie gehört hatte, ließ nur einen Schluss zu und der versetzte ihr einen Schock. Auch wenn sie nur eine Woche mit Peter verbracht hatte und sich stets darüber im Klaren gewesen war, dass er Carola ihr vorgezogen hatte. Zumindest sie hätte ihr sagen müssen, dass sie mit Peter verheiratet war. Ein Gebot der Fairness, oder etwa nicht? Andererseits, warum eigentlich? Fairness hatte noch nie zu Carolas hervorstechenden Eigenschaften gehört, warum also gerade jetzt? Elke machte vorsichtig ein paar Schritte rückwärts, geradeso, als müsse sie sich zum Ausgang der Kanzlei schleichen, eine Maßnahme, die angesichts des vollflorigen, grauen Teppichbodens vollkommen unnötig war, und stieß prompt mit der Frau im blauen Kittel zusammen.

„Entschuldigung", sagte Elke verdattert und erwiderte den argwöhnischen Blick der Frau mit einem schiefen Lächeln. „Ich wollte zu …"

„Büro geschlossen", beschied sie die Frau in barschem Ton. „Chef nix mehr stören."

„Nein. Natürlich nicht. Ich … ich komme ein andermal wieder."

„Schließen Türe. Auch unten. Nix vergesse."

„Selbstverständlich. Auf … auf Wiedersehen."

„Nehmen Aufzug. Treppe schon gewischt."

✦ ✦ ✦

„Bei Lämmerwein und Griesinger ist der Anrufbeantworter dran." Gitti Kerner kam zur Tür herein, gefolgt von Frau Sonderbar, die darauf hinwies, dass dies wenig erstaunlich sei um diese Zeit und sie dann, wenn es recht wäre, ebenfalls Feierabend machen werde.

„Schon gut", sagte Emmerich. „Machen Sie nur." Und zu Gitti: „Tut sich was bei Mirko?"

„Kann man so nicht sagen", entgegnete Gitti, die Lippen zu einem süffisanten Lächeln verziehend. „Er ist nämlich weg."

„Wie? Wieso weg? Wohin denn?"

„Hat er nicht gesagt. Nur zusammengepackt und erklärt, dass er die Anrufe morgen erledigen würde."

„Ich bin also der Einzige, der hier noch arbeitet", folgerte Emmerich in klagendem Ton. „Ausgerechnet ich, der älteste von allen ...

„Ähem." Gitti Kerner räusperte sich und sog hörbar die Luft ein, während Frau Sonderbar, schon beinahe draußen, sich vorwurfsvoll umwandte. Emmerich fing beider Blick auf und zog den Kopf ein.

„Entschuldigung, ich weiß, Frau Kerner ist auch noch da und Sie sind älter als ich."

„Drei Jahre", erklärte Frau Sonderbar dezidiert, „wenn ich mich nicht irre."

„Hihihi."

„Wie bitte?"

„Sie haben das ‚Hihihi' vergessen. Sam Hawkins sagte das immer nach ‚wenn ich mich nicht irre'."

„Wer ist Sam Hawkins?"

„Sie enttäuschen mich, Frau Sonderbar, wahrlich, Sie enttäuschen mich. Wenigstens Sie, in Ihrem Alter sollten doch Karl May und seinen Winnetou noch gelesen haben."

„Vielleicht erzähle ich Ihnen eines Tages, wie ich es als junges Mädchen geschafft habe, auf die Realschule gehen zu dürfen", entgegnete Frau Sonderbar biestig. „Mein Vater hielt Lektüre dieser Art leider für überflüssig. Zumindest für ein Mädchen."

„Ach ja? Hatten Sie nicht einmal erwähnt, dass er Schuhmacher war?"

„Schuhmachermeister. Guten Abend."

„Ich weiß eigentlich gar nichts über sie", lamentierte Emmerich, nachdem sich die Tür hinter Frau Sonderbar geschlossen hatte. „Sie erzählt einem ja auch nichts. Und da soll man ..."

„Vielleicht haben Sie nie gefragt?", unterstellte Gitti in forschem Ton. „Ich jedenfalls weiß, dass sie es nicht leicht hatte. Zu ihrer Zeit war eine ordentliche Berufsausbildung für Mädchen noch gar nicht üblich. Haben Sie darüber schon einmal nachgedacht?"

„Nein", gab Emmerich unumwunden zu.

„Dann brauchen Sie sich nicht zu wundern."

„Worüber?"

„Dass Sie nichts über sie wissen."

„Ich wundere mich doch nicht. Ich stelle lediglich fest."

„Aber es klang, als wüssten Sie gerne mehr. Sie interessieren sich doch auch sonst für Menschen."

„Nur, wenn sie mit meinen Fällen zu tun haben." Emmerich vermied es, in Gittis Richtung zu sehen. „Sonst eigentlich weniger."

„Ach so."

Ihr Ton stimmte ihn misstrauisch, er glich dem Gabis, wenn sie zu einer Gardinenpredigt ansetzte, doch von einer Kollegin, die mit ihrem Vorgesetzten sprach, war Derartiges natürlich nicht zu erwarten. Obwohl man selbst das nicht mehr genau wissen konnte, heutzutage. Er beendete die ihm unliebsam werdende Diskussion, indem er Gitti einen schönen Feierabend wünschte und in sein Cordsamtjackett schlüpfte.

„Vergessen Sie die Tasche nicht", entgegnete Gitti leichthin. „Bis morgen dann."

„Welche Tasche?"

„Die, mit dem Spinat."

„Oh ... ah ... vielen Dank, das hätte ich doch jetzt glatt ...", stotterte Emmerich, griff nach dem Jutebeutel und platzierte ihn unübersehbar vor sich auf dem Schreibtisch.

„Kein Ursache", grinste Gitti, wie es ihm schien, geradezu tückisch. „Sie können mir ja dann erzählen, was Ihre Frau mit dem Schinken anfangen wollte."

„Sie ....", setzte Emmerich an, aber Gitti war bereits zur Tür hinaus, bevor er in der Lage war, einen der Situation angemessenen Satz zu formulieren. *Weiber*, dachte er ungehalten, die Henkel des härenen Stoffes miteinander verknotend. *Dabei kennt sie Gabi nicht einmal.*

Während der Straßenbahnfahrt zum Hauptbahnhof sinnierte er über die Frage, warum Frauen wohl stets dazu neigten, sich bereits bei kleinsten Fehltritten ihrer männlichen Mitmenschen gegen diese zu verbünden, ein Verhalten, das ihm zwar von Zuhause durchaus vertraut war, das aber offensichtlich auch unter einander Unbekannten zu funktionieren schien. Zu einer schlüssigen Antwort gelangte er nicht, erwartete dies nach seinen lebenslangen Erfahrungen mit den Eigenheiten des weiblichen Geschlechts auch gar nicht, sondern verließ am Hauptbahnhof die Bahn, um das restliche Stück seines Heimwegs zu Fuß zurückzulegen. Beim Passieren der Klettpassage blieb er erschrocken stehen, ein Plakat in einem verglasten Schaukasten forderte zum Erschießen von Kindern auf. Emmerich musste zweimal hinsehen, bis ihm klar wurde, dass mit „Kiddy Shooting" lediglich für das Anfertigen von Porträtaufnahmen des Nachwuchses geworben wurde. Sein Englisch konnte man sicher nicht als fließend bezeichnen, aber er fragte sich dennoch, was wohl ein x-beliebiger Tourist, der, neu in der Stadt ankommend, vom Bahnhof aus zur Königstraße unterwegs, von einem solchen Plakat und einem derart martialischen Empfang halten würde. Die Jutetasche in der Hand erreichte er schließlich sein Heim, wo ihn Gabi mit der Frage, ob er alles bekommen habe, empfing. Emmerich versah seine Gattin mit einem Begrüßungskuss auf die Wange, überreichte die Tasche und versuchte es mit dem Hundeblick.

„Im Prinzip schon, Spatz. Es hat sich nur ein gewisser Schwund eingestellt."

„Schwund?" Gabi fingerte am Henkelknoten herum.

„Was den Schinken anbelangt. Mirko ist doch immer so unterernährt und ich hatte nur ein Vollkornbrot ... aber der Spinat ist noch da und die Hälfte vom Käse."

„Männer", schnaubte Gabi vernichtend. „Wenn's ums Essen geht, kann man euch nichts anvertrauen."

„Frau Kerner äußerte eine ganz ähnliche Meinung."

„Deine neue Kollegin? Scheint eine nette Frau zu sein. Du musst uns gelegentlich bekannt machen."

„Mal sehen."

„Na, dann." Gabi hatte den Knoten geöffnet und begutachtete den Inhalt der Tasche. „Gibt's halt keine Pizza Parma, sondern Leberkäs mit Spiegeleiern und Spinat."

Frenzels Wecken vor Augen, schwor Emmerich einen stummen Eid, niemals mehr in seinem Leben auch nur ein winziges Stückchen Schinken einem unvorhergesehenen Zweck zuzuführen.

16

Am Morgen danach weckte ihn zu einer Zeit, die man gemeinhin als unchristlich zu bezeichnen pflegte, das Klingeln des Handys. Gabi an seiner Seite knurrte etwas Unverständliches und zog die Decke über den Kopf, das Display seines Radioweckers zeigte zehn Minuten nach fünf. Emmerich tat es seiner Gattin nach und hoffte, das Klingeln möge aufhören, doch er hoffte vergebens. Gabi gab Geräusche von sich, die auf anschwellende Empörung schließen ließen. Schlaftrunken benötigte er einige Minuten, bis er das Handy gefunden hatte, hielt es ans Ohr und verließ das eheliche Schlafzimmer. Eine Stimme, die zu schluchzen schien, sagte:

„Hier ... spricht ... Bo ... ho ... finger."

„Hrmpf", grunzte Emmerich, im Wohnzimmer nach seinen Hausschuhen suchend.

„Ro ... ho ... semarie Bofinger", weinte es an seiner Ohrmuschel. „Sind Sie das, Herr Kommissar?"

„Ja, doch." Mit den Schuhen an den Füßen schlurfte Emmerich in die Küche und gähnte. „Was ist denn so wichtig, dass Sie mich um diese Zeit anrufen?"

„Meine Tochter ist weg."

„Ihre Tochter? Kenne ich die?"

„Nei ... hein."

„Bitte beruhigen Sie sich doch." Mit der freien Hand angelte er die Kanne aus der Kaffeemaschine, stellte sie ins Spülbecken und drehte den Wasserhahn auf.

„Sie müssen mir helfen", schluchzte Frau Bofinger, „Sie sind doch von der Polizei. Ich kenne sonst niemanden bei der Polizei."

„Aber ich bin nicht zuständig. Wenn Sie kurz warten würden, gebe ich Ihnen eine Telefonnummer ..."

„Nicht zuständig?" Das Schluchzen mutierte zum Kreischen, Emmerich sorgte erschreckt für einen Sicherheitsabstand zwischen Handy und Ohr und brüllte seinerseits:

„Nein. Sie müssen eine Vermisstenanzeige aufgeben."

„Meine Tochter wurde entführt."

„Moment bitte."

Emmerich legte das Telefon zur Seite, füllte Wasser und Kaffeepulver in die Maschine und drückte den Startknopf.

„Jetzt machen Sie mal halblang", sagte er besänftigend, als er den Apparat wieder in der Hand hielt. „Wie lange ist sie denn schon weg, Ihre Tochter?"

„Die ganze Nacht."

„Und wie alt ist sie?"

„Fünfundvierzig."

„Also, wissen Sie, in dem Alter, da kann das ja schon mal vorkommen, nicht wahr? Dass jemand über Nacht wegbleibt."

„Aber nicht meine Elke. Die guckt doch keiner mehr an. Die hat das noch nie gemacht. Das war der Mann vom Geheimdienst. Der vor unserem Haus herumgelungert hat. Ich hab's gleich gewusst, aber auf mich hört ja niemand …"

„Frau Bofinger."

Die Kaffeemaschine gab ein wohliges Blubbern und ein ebensolches Aroma von sich. Emmerich fingerte einhändig eine Tasse aus dem Schrank und suchte im Kühlschrank nach Milch.

„Warum sollte sich denn ein Geheimdienst für Ihre Tochter interessieren? Bestimmt ist das alles nur ein Missverständnis."

„Was?" Die Stimme der alten Dame klang erbost. „So einfach können Sie sich das nicht machen. Wo er doch der Vater von unserem Kai ist. Und bei der RAF war. Da soll sich der Geheimdienst nicht für uns interessieren?"

„Welcher Vater?", versuchte Emmerich verwirrt, etwas Klarheit in Rosemarie Bofingers Äußerungen zu bringen. „Von welchem Kai?"

„Mein Enkel. Der Nopper. Der, wo jetzt tot ist."

„Peter Nopper ist der Vater von Ihrem Enkel? Warum haben Sie mir das denn nicht gleich gesagt?"

„Weil es niemanden was angeht", zeterte es am anderen Ende der Leitung, was Emmerich dazu veranlasste, den Hörer abermals ein Stück weit vom Ohr zu entfernen. „Weil das eine Schande ist. Das braucht keiner zu wissen."

„Bitte hören Sie mir zu."

„Jetzt haben sie es herausbekommen. Und meine Tochter entführt."

„Unsinn, Frau Bofinger."

„Bald wissen es alle. Der Geheimdienst, die Regierung …"

„Jetzt hören Sie mir doch mal zu." Auch Emmerich erhob, das Handy in der einen, den geöffneten Milchkarton in der anderen Hand, erneut die Stimme. „Sie geben jetzt bei meinen Kollegen telefonisch eine ganz normale Vermisstenanzeige auf. In zwei Stunden bin ich bei Ihnen und wir reden über alles."

„Ich telefoniere mit niemand mehr. Ich rede nicht mit fremden Menschen über ... so was."

„Zum Donnerwetter ..."

„Was is'n hier los?", erklang es träge durch die offene Küchentür. Emmerich fuhr herum, einen Schwall Milch gleichmäßig über Gabis saubere Arbeitsplatte, die Unterschränke und die Fliesen verteilend und sah Jules verschlafenes Gesicht im Türrahmen.

„Super, Papa", sagte seine Tochter mit müder Anerkennung. „Toller Aufschlag um diese Zeit."

„Herrgott noch mal, ich arbeite. Sieht man das nicht?"

„Nein", erklärte Jule, den Blick auf seinen alten, verwaschenen Schlafanzug gerichtet. „Mama wird begeistert sein."

„Steh nicht dumm herum, ich brauche einen Lappen."

„Kümmere du dich lieber um dein Gespräch", empfahl Jule. „Wenn es so wichtig für deine Arbeit ist. Und geh aus der Küche, ich mach das schon."

Emmerich trat einen geordneten Rückzug ins Wohnzimmer an.

„Frau Bofinger? Sind Sie noch da?"

„Selbstverständlich."

„In zwei Stunden. Bei Ihnen. Bis später."

Er unterbrach das Gespräch, versuchte vergeblich, Kerner oder Frenzel zu erreichen und pfefferte das Handy wütend in den nächstbesten Sessel. Jule erschien mit zwei dampfenden Tassen und reichte ihm eine.

„Immer erwische ich die Idiotenjobs", klärte er sein einziges Kind anklagend auf. „Und weshalb? Weil die Leute immer nur meine Visitenkarte bekommen."

„Dafür kann ich nichts", sagte Jule und gähnte. „Warum schaltest du das Handy über Nacht nicht einfach aus?"

Die Tatsache, dass er sich diese Frage ebenfalls schon gestellt hatte, trug nicht dazu bei, Emmerichs Laune nennenswert zu verbessern. Schweigend nippten sie einige Minuten an ihrem heißen Kaffee, bis von draußen ein angeekeltes „Iiiiihgitt" erschallte.

„Das ist Mama", stellte Emmerich überflüssigerweise fest. „Ich dachte, du hättest die Milch aufgewischt."

„Nö." Jule zog die Beine auf's Sofa und sah zur Decke. „Nur den Kaffee eingeschenkt."

Das gemeinsame Frühstück der Familie litt ein wenig unter der gereizten Stimmung der Beteiligten. Als hätte der Tag nicht bereits turbulent genug angefangen, gerieten sich auch noch Jules Ratte Seppl und der Kater wegen eines Stückchens Leberwurst in die Haare, ein Streit, der beinahe mit Seppls vorzeitigem Hinscheiden endete. Jule bewahrte ihren Vierbeiner vor diesem Schicksal, indem sie Mohrle unsanft auf das Sofa warf, wo der seine Krallen fauchend in ein Häkelkissen schlug, was wiederum Gabi in Rage brachte. Emmerich, der mit den geflügelten Worten „Morgenstund hat Gold im Mund" noch nie etwas anzufangen gewusst hatte, äußerte missmutig, dass ein Frühstück im Irrenhaus auch nicht schlimmer sein könne, als das, welches er gerade versuche, einzunehmen, und geriet einmal mehr in die Defensive.

„Du könntest ja auch mal was tun", sagte Gabi kampflustig, den protestierenden Kater unter dem Arm. „Anstatt hier bloß herumzuhocken."

„Ich habe Kaffee gemacht."

„Kaffee, Kaffee. Seit wann trinken wir zum Frühstück Kaffee?"

„Eben", fügte Jule, auf deren Schulter Seppl feindselige Blicke verschoss, vorwurfsvoll hinzu. „*Wir* sind schließlich nicht viel zu früh aufgestanden. Und normalerweise gibt es Tee."

„Wie soll ich mit einer Hand Tee kochen", explodierte Emmerich, empört über so viel Undankbarkeit. „Warum seid ihr nicht froh, dass es überhaupt etwas gibt? Jetzt bring endlich dieses blöde Viehzeug weg."

„Seppl ist kein blödes Viehzeug." Jule verließ mit beleidigter Miene das Zimmer, Gabi setzte den Kater auf seinen Kratzbaum.

„Ich hab's eilig", verkündete Emmerich, sich den Mund abwischend und weitere Auseinandersetzungen vermeidend. „Ich brauche das Auto. Wo parken wir?"

„*Ich* parke am Stöckach", entgegnete Gabi spitz. „Und um zehn bist du zurück."

„Warum?"

„Weil ich das Auto auch brauche. Ich will mit Loretta nach Leinfelden."

„Wozu das denn?"

„Sagtest du nicht, du hättest es eilig? Ich erzähl's dir später."

„Wenn ich die Karre einmal brauche, musst du nach Leinfelden."

„Es ist meine Karre, falls du es vergessen haben solltest."

„Nein", ranzte Emmerich mürrisch und fingerte die Autoschlüssel aus Gabis Jacke. „Wie könnte ich das? Also, bis später."

„Um zehn."

„Ja."

„Tanken könntest du auch noch."

Emmerich überhörte Gabis letzte Bemerkung geflissentlich, indem er schlichtweg nicht mehr darauf reagierte, sondern schnellen Schrittes das Treppenhaus hinuntereilte und durch die kalte Morgenluft zu dem kleinen Parkplatz am Stöckach marschierte. Es war ein Elend mit den Parkplätzen in dieser Gegend, wie überhaupt in der ganzen Stuttgarter Innenstadt. Wobei man sicherlich darüber diskutieren konnte, ob dies nun daran lag, dass es zu wenige Parkplätze oder einfach nur zu viele Autos gab. Er selbst hatte es längst aufgegeben, einen Wagen besitzen zu wollen, Gabi jedoch konnte nicht darauf verzichten. Zum Einkaufen, wie sie sagte, um ihre Mutter zu besuchen oder um beispielsweise mit Loretta nach Leinfelden zu fahren. Und in manchen Fällen, so wie jetzt gerade eben, erwies es sich ja auch als ganz praktisch, einen zu haben, obwohl er den öffentlichen Nahverkehr im Allgemeinen vorzuziehen pflegte. Schlotternd erreichte er nach einigen Minuten die alte A-Klasse, setzte sich hinter's Steuer und ließ den Motor an. Was, zum Teufel, hatte Gabi in Leinfelden verloren? Seines Wissens nach wohnte niemand dort, den er kannte. Emmerich verließ den Parkplatz, versuchte, Leinfelden aus seinen Gedanken zu verdrängen und sich auf das bevorstehende Gespräch mit Rosemarie Bofinger zu konzentrieren. Immerhin wusste er jetzt, was die alte Dame ihnen beim ersten Besuch verschwiegen hatte. Der Tote bekam langsam Konturen, er war niemand mehr, der einfach nur so im luftleeren Raum zu hängen schien. Dennoch fiel es ihm immer noch schwer, sich ein wirkliches Bild von Peter Nopper zu machen. „Ein Casanova", hatte Frau Sonderbar gesagt, „ein Gammler" Frau Bofinger, „ein verwöhntes Bürschchen" Johannes Musfeld. Alles ließ höchstens darauf schließen, dass Nopper sich zu Lebzeiten bei seinen Mitmenschen nicht unbedingt beliebt gemacht hatte, war jedoch kein triftiger Grund, ihn aus dem Weg zu schaffen. Hinzu kamen Gerüchte über Verbindungen zur RAF, ein afrikanischer Totenschein, eine vermögende Familie und nun wohl auch noch ein Kind. Stoff für Spekulationen gab es also genug, konkrete Hinweise dagegen hatte er, sah man von Zweigles Einstichstelle ab, nicht einen. Emmerich passierte Cannstatt und bog ein Stück hinter dem Ortsausgang rechts ab. Im Grasigen Rain stellte sich die Parkplatzsituation etwas entspannter dar, er platzierte das Auto direkt vor Rosemarie Bofingers Haus und hinterließ auf Frau Sonderbars Anrufbeantworter eine Nachricht, dass er erst später im Büro sein würde.

* * *

Der Raum, in dem Elke Bofinger an diesem Morgen zu sich kam, war keiner, den sie kannte. Zum einen war er stockfinster, was an und für sich schon beunruhigend genug war, zum anderen roch er fremd. Elke selbst fühlte sich benommen. Wenn sie es genau bedachte, war sie keineswegs sicher, ob sie wachte oder träumte. Es gab solche Träume, selten zwar, aber im Moment des Stattfindens vollkommen real, in denen man innerhalb des Traumes erwachte oder zumindest zu erwachen glaubte. Normalerweise drehte sie sich in einem solchen Fall herum und schlief erst einmal weiter, doch aus irgendeinem Grund wollte ihr dies heute nicht gelingen. Elke benötigte einige Augenblicke, um diesen Grund zu erkennen, der darin bestand, dass ein Umdrehen gar nicht möglich war. Der Versuch ließ ihr Gesicht an eine raue, aber dennoch plüschige Oberfläche stoßen, von der auch der fremde Geruch ausging. Elke roch alten Staub, Moder und einen schwachen Weihrauchduft. Während sie noch versuchte, sich für einen Bewusstseinszustand zu entscheiden, wurde ihr klar, dass sie sich nicht nur in einem fremden Raum, sondern auch keineswegs in ihrem eigenen Bett befand. *Ein Sofa,* dachte sie verwirrt und tastete in der Dunkelheit nach der plüschigen Oberfläche. *Ich liege auf einem Sofa.* Einige vorsichtige Bewegungen ließen vermuten, dass es sich dabei um ein recht altes, durchgesessenes Möbel handelte, dessen Ausstattung aus zwei kleinen, harten Kissen und einer Wolldecke bestand. Ihr Rücken schmerzte entsprechend, der Staub reizte sie zum Niesen und im Mund hatte Elke einen Geschmack, wie er übler kaum sein konnte. Mühselig kämpfte sie sich vom Schlaf- in den Wachzustand, zwickte sich dazu mehrmals in die Ohrläppchen und fühlte Panik in sich aufsteigen. Nervös tastete sie sich selbst ab, niemand hatte sie entkleidet, lediglich Jacke und Schuhe fehlten. Das Sofa quietschte leise, als sie sich aufrichtete und versuchte, in der Dunkelheit etwas zu erkennen, was ihr nicht gelang. Also schloss sie die Augen, spitzte stattdessen die Ohren und vernahm Wind. Wind, der um das Haus herumfuhr und leise an geschlossenen Fensterläden rüttelte. Wobei sie nur annehmen konnte, sich in einem Haus zu befinden. Auch das Geräusch vorbeifahrender Autos glaubte sie zu hören, zwei, vielleicht auch drei Autos, danach wieder Stille. Elke schlug die Decke zurück, nahm die Füße vom Sofa und brachte sich in eine sitzende Position. Hätte ihr zuvor jemand gesagt, dass sich reine Dunkelheit drehen könnte, sie hätte es nicht geglaubt. Die Hände an ihren schwindelnden, schmerzenden Kopf gedrückt, versuchte sie, sich zu orientieren. *Wo bin ich hier? Und wieso? Mein Gott, hab ich einen Durst.* Ein leichter Druck in der Leistengegend leitete ihre Hand nahezu mechanisch in die rechte Tasche ihrer Jeans, wo sie ihren Schlüsselbund ertastete. Daran hing die kleine Taschenlampe, die sie bei Dunkelheit zum Aufschließen der Haustür benutzte. Im kalten, bläulich-weißen LED-Licht erwies sich der Raum tatsächlich als fremd. Elke befand sich in einem zwar hohen, aber relativ kleinen Zimmer mit spärlichem Mobiliar. Vor dem Sofa stand ein niedriger Tisch, dahinter zwei kleine Sessel. Gegenüber glaubte sie zwei Fenster oder Türen mit dunklen Läden davor zu erkennen, eine weitere Türe etwas links. Zwischen den Fenstern ein Schränkchen und an der Wand rechts Regale mit Büchern. Elke versuchte aufzustehen, stieß mit dem Fuß gegen etwas, das schepperte und ließ sich erschrocken wieder fallen. Der fremde Raum verschwamm vor ihren Augen, einige Sekunden irrlichterte der Schein ihres Lämpchens an Decken und Wänden entlang, bevor er an dem Ding zu ihren Füßen hängenblieb. *Ein Nachttopf,* konstatierte Elke durcheinander, *jemand hat mir einen Nachttopf hingestellt.* Neben der delikaten Gerätschaft entdeckte sie eine große Plastikflasche mit Mineralwasser, griff gierig danach und trank. Der üble Geschmack im Mund verflüchtigte sich nach einigen Schlucken, stattdessen überkam sie erneut bleierne Müdigkeit. *Nur noch ein bisschen schlafen,* dachte Elke benommen und kuschelte sich wieder in die Wolldecke, *dann werde ich schon verstehen, was das alles zu bedeuten hat.*

17

Zur selben Zeit saß Emmerich einer sichtlich aufgelösten Rosemarie Bofinger in der ihm nun schon bekannten grünen Polstergarnitur gegenüber und machte gute Miene zum bösen Spiel. Im Umgang mit verzweifelten Frauen fühlte er sich stets hilflos, er wünschte sich, Gitti Kerner an seiner Seite zu haben oder zumindest eine Person, die kompetenter war, als er sich fühlte, doch damit war ja nun nicht zu rechnen. Unbehaglich beobachtete er die alte Dame und hoffte, der Situation gewachsen zu sein.

„Sie hat gesagt, sie will zum Arzt", jammerte Rosemarie Bofinger gerade. „Dabei ist sie gar nicht krank, das müsste ich doch wissen. Der Mann muss sie verfolgt haben. Oder aus dem Haus gelockt. Unter einem Vorwand. Man geht doch nicht zum Arzt, wenn einem gar nichts fehlt."

„Von vorne bitte", bat Emmerich sachlich und klaubte sein Notizbuch heraus. „Ihre Tochter heißt Elke, ist das richtig?"

„Elke Ruth. Nach ihrer Patentante."

„Bei der es sich vermutlich um Frau Gerstenmaier handelt?"

„Ja. Aber das tut nichts zur Sache."

„Da bin ich anderer Ansicht." Emmerich versuchte, streng auszusehen, was ihm aber nur in unzureichender Weise gelang. „Ihre Tochter hat wohl einige Verbindungen zu Peter Nopper, von denen Sie mir nichts erzählt haben."

„Ruth hat nichts damit zu tun. Mit der ganzen Familie nicht. Schon lange nicht mehr."

„Darf man fragen, weshalb?"

„Ach Gottchen." Rosemarie Bofinger wischte sich fahrig mit einem weinroten Herrentaschentuch über das Gesicht und wirkte für einen Moment vom eigentlichen Gegenstand ihrer Besorgnis abgelenkt. „Das ist … wie es halt in Familien ist. Verwandtschaft kann man sich nicht aussuchen. Ruth hat sich weder auf ihre adelige Abkunft etwas eingebildet wie ihre Schwester Friederike, noch ist sie so religiös wie ihre Schwester Gerlinde. Deshalb hat sich Peter ja auch an sie …"

„Bitte? Sprechen Sie ruhig weiter."

„Nichts." Rosemarie Bofinger kniff die Lippen zusammen und starrte auf einen Punkt an der Wand hinter Emmerich.

„Frau Bofinger", sagte der langsam. „Wenn Sie wollen, dass die Polizei Ihnen hilft, müssen Sie der Polizei die Wahrheit sagen. Nicht nur die Hälfte davon. Sonst kann ich auch wieder gehen."

Im Gesicht der alten Dame zuckte es, Emmerich machte Anstalten, sich zu erheben.

„Bleiben Sie sitzen", sagte Rosemarie Bofinger kleinlaut. „Es ist … ich habe versprochen, niemandem etwas davon zu erzählen."

„Wovon?"

„Er hat sie angerufen. Meine Freundin Ruth. Ein paar Tage vor Ostern. Weil er sich doch auch mit der Familie zerstritten hat. Wir wollten es erst gar nicht glauben."

„Was?"

„Na, dass er lebt. Wir dachten doch, er sei längst tot. Ich sagte noch … Ruth, sagte ich … pass auf, dass du nicht auf so einen Betrüger mit dem Enkeltrick hereinfällst. Aber Ruth meinte, er hätte gar nicht nach Geld gefragt, sondern … nach Elke."

„Wissen Sie noch, an welchem Tag genau das war?"

„Am Dienstag … oder, nein … am Mittwoch. Am Mittwoch vor Ostern. Er wollte wissen, ob Elkes Adresse noch stimmt."

„Wozu?"

„Ich weiß nicht. Wegen des Jungen, nehme ich an."

„Ihr Enkel? Elkes Sohn?"

„Ja." Rosemarie Bofinger nickte bekümmert. „Unser Kai."

„Kann ich mit ihm sprechen?"

„Der ist im Urlaub. Skifahren, aber nicht so wie früher. Die machen das heute mit nur einem Brett an den Füßen, die jungen Leute. Kai ist ganz wild darauf. Was soll ich ihm bloß erzählen, wenn er erfährt, dass seine Mutter weg ist?"

„Kennt … kannte er denn seinen Vater?"

„Nein." Eine Träne stahl sich aus dem Auge der alten Dame und rann langsam ihre Wange hinab. „Der hat sich doch aus dem Staub gemacht. Hat mein Kind sitzen lassen. Aber ich dachte immer … vielleicht war es besser so. Aus Kai wird auch ohne den was Ordentliches." Rosemarie Bofinger sah trotzig nach vorn.

„Aber sicher", meinte Emmerich, in, wie er hoffte, tröstendem Ton. „Dafür werden Sie schon sorgen. Hat er sonst noch etwas gesagt? Zu Ihrer Freundin Ruth?"

„Ich weiß nicht. Mein Gedächtnis …"

„Wenn Sie es anstrengen, muss ich Ihrer Freundin vielleicht gar nichts von diesem Gespräch erzählen."

„Ach?" Rosemarie Bofinger sah ihn scharf an. „Müssen Sie nicht?"

„Nicht unbedingt." Emmerich versuchte ein Lächeln.

„Wenn das so ist … er wollte wohl finanzielle Angelegenheiten ordnen. Ruth meinte allerdings, dass es dafür zu spät sei. Dann wollte er noch bei ihr wohnen. Nicht im Hotel. Sie hat es abgelehnt. Wegen Albrecht. Der ist …"

„Schon gut", winkte Emmerich ab. „Reden wir über Ihre Tochter. Wann haben Sie sie zuletzt gesehen?"

„Gestern Nachmittag. Bevor sie zum Arzt wollte."

„Und seither ist sie weg?"

„Ja."

„Wie heißt der Arzt?"

Rosemarie Bofinger schüttelte hilflos den Kopf und schnäuzte sich kräftig.

„Hat er sich denn bei ihr gemeldet? Peter Nopper bei Ihrer Tochter?"

„Ich weiß nicht. Mir erzählt sie ja nichts."

„Und vor dem Haus war ein Mann?"

„Vom Geheimdienst. Das sagte ich doch schon."

„Na ja, Frau Bofinger …" Emmerich betrachtete die alte Dame mit mildem Zweifel, doch die ließ sich nicht beirren.

„Ganz sicher. So, wie der auf und ab gegangen ist und das Haus beobachtet hat. Sogar telefoniert hat er. Das kann nur der Geheimdienst gewesen sein."

„Eindeutig", stimmte Emmerich nachgiebig zu. Schließlich betrachtete er sich als alt genug, um zu wissen, wann man Frauen eine einmal gefasste Meinung widerspruchslos lassen musste. „Womöglich hat er auch ausgesehen wie ein richtiger Spion."

„Freilich." Sein Gegenüber geriet in Fahrt. „Mit einem Mantel und einer Schildmütze. Deshalb konnte ich ja auch sein Gesicht nicht sehen."

Emmerich seufzte und notierte angelegentlich „Schildmütze". Nicht, dass einen derartige Attribute irgendwie weiterbrachten, aber etwas musste schließlich notiert werden. Er bat um ein aktuelles Foto der Tochter und hielt wenig später das Passbild einer unauffällig aussehenden Frau mit glattem, braunem Haar in der Hand.

„Schön, Frau Bofinger", bedankte er sich höflich und stand auf. „Dann werde ich mich mal an die Arbeit machen."

„Sie wollen doch nicht etwa schon gehen?" Die alte Dame wirkte empört.

„Es tut mir leid." Emmerich warf einen verstohlenen Blick auf seine Armbanduhr. Sie zeigte kurz vor halb zehn. „Ich kann nicht den ganzen Tag bei Ihnen bleiben. Warum rufen Sie nicht Ihre Schwägerin an, damit Sie Ihnen ein wenig Gesellschaft leistet?"

„Ich … kann es versuchen."

„Tun Sie das. Ich melde mich wieder bei Ihnen. Oder ich schicke jemanden vorbei, wenn es recht ist."

„Mir ist alles recht, wenn sie nur meine Elke finden."

„Machen Sie sich nicht zu viele Sorgen", sagte Emmerich zuversichtlich. Seiner Erfahrung nach verschwanden Menschen höchst selten einfach so von der Bildfläche. In den allermeisten Fällen vergaßen sie lediglich, ihre Angehörigen von ihren Vorhaben zu unterrichten. Oder die Angehörigen vergaßen, dass man sie unterrichtet hatte. Die wahrscheinlichste Lösung war, dass Elke Bofingers Verschwinden eine vollkommen unverfängliche Ursache zugrunde lag, das Treffen mit einer Freundin zum Beispiel oder – auch wenn ihre Mutter dies energisch bestritt – ein Mann. Was die Sache ein wenig brisanter machte, war lediglich ihre Verbindung zu einem, der ermordet worden war. Wobei „lediglich" vielleicht nicht ganz das richtige Wort in diesem Zusammenhang war, ersetzte man es durch „immerhin", bekam die Angelegenheit sofort eine andere Bedeutung. Emmerich zog erneut seine Armbanduhr zurate, stellte fest, dass sein Gewissen zum Aufbruch mahnte, und schwankte zwischen Gründlichkeit in Sachen Arbeit und Folgsamkeit in Sachen Gabi. Wie so oft, hatte Gabi die schlechteren Karten.

„Ich könnte mir ja noch kurz das Zimmer ansehen", sagte er zögernd. „Von Ihrer Tochter."

„Aber gerne." Rosemarie Bofinger eilte diensteifrig und für ihr Alter erstaunlich behände ins Obergeschoss, wo sie die Tür eines Schlafzimmers öffnete. „Bitte sehr."

Auf den ersten Blick deutete zumindest nichts darauf hin, dass die Bewohnerin des Zimmers sich spontan zu einer Reise oder dergleichen entschlossen haben mochte. Emmerich sah sich flüchtig um und wusste, dass er sich in einer Grauzone befand. Ohne richterliche Anordnung und ohne einen konkreten Anfangsverdacht stand es ihm nicht zu, die Habseligkeiten eines fremden Menschen zu durchsuchen.

„Fehlt etwas?", fragte er vorsichtig.

„Ich weiß nicht", entgegnete Rosemarie Bofinger unsicher.

„Ist etwas anders wie gewöhnlich?"

„Eigentlich nicht. Nur … vielleicht … da ist ein Umschlag auf dem Nachttisch. Wollen sie hineinsehen?"

„Sie haben mich doch erst kürzlich über das Brief,- Post- und Fernmeldegeheimnis aufgeklärt." Emmerich lächelte schief. „Als Beamter werde ich mich ja wohl daran halten, oder was meinen Sie?"

„Aber ich nicht", erklärte Rosemarie Bofinger resolut, griff sich den Umschlag und zog ein Blatt heraus. „Ich bin kein Beamter."

„Das Geheimnis gilt für alle Bürger", rügte Emmerich sachte. „Was steht denn da?"

„Lesen Sie selbst."

Er nahm den Zettel, sein Auge blieb an der Zeichnung einer stilisierten Schlange hängen, die eine Kopie der Tätowierung am Oberarm des Toten war.

„Von Nopper, was?", stellte er stirnrunzelnd und weiterlesend fest. „Am Mittwoch vor Ostern geschrieben, auf Briefpapier vom Hotel Sieber. Ich muss das beschlagnahmen. Hat Ihre Tochter mit Nopper Kontakt aufgenommen?"

„Woher soll ich das wissen? Mir erzählt sie …"

„ … ja nichts", fiel Emmerich der alten Dame ins Wort. „Das sagten Sie schon." Er nahm ein Tütchen aus der Tasche und schob das Blatt vorsichtig hinein. Ein erster, konkreter Anhaltspunkt, der Beweis, dass der Mann im Hotel Sieber nicht Michael Ford aus Kalifornien gewesen war, sondern Peter Nopper, den man am Karfreitag in der Frühe im chinesischen Garten gefunden hatte. Emmerich verspürte ein leichtes Hochgefühl. Dafür lohnte es sich sogar, eine missgelaunte Gabi in Kauf zu nehmen.

„Wer könnte denn ein Interesse am Verschwinden Ihrer Tochter haben?"

„Niemand", sagte Rosemarie Bofinger mit Nachdruck, schüttelte das Kopfkissen auf und strich es glatt. „So, wie Elke selbst ein Niemand ist. Sie kennt keinen und keiner kennt sie. Traurig ist das, nicht wahr? Aber so war sie schon immer."

Dem war nichts hinzuzufügen. Emmerich verließ das Schlafzimmer und schickte sich an, wieder hinunterzugehen, als ihm noch etwas einfiel.

„Kennen Sie eine Rechtsanwaltskanzlei Lämmerwein und Griesinger?"

„Mit Anwälten haben wir nichts zu tun." Elkes Mutter schüttelte den Kopf. „Aber Lämmerwein … den Namen hab ich schon einmal gehört, warten Sie."

Rosemarie Bofinger ging zurück ins Erdgeschoss, steuerte eine Kommode im Flur an und öffnete eine Schublade.

„Moment … hier … nein, das ist von unserer Hochzeitsreise. Nach Jugoslawien, das gibt es heute auch nicht mehr. Aber hier … Konfirmation … vielleicht dieses …"

Emmerich warf einen weiteren Blick auf seine Armbanduhr und stellte fest, dass es nun auf ein paar Minuten auch nicht mehr ankam. Zu spät war zu spät. Aus der Schublade wanderte ein schweres Fotoalbum nach dem anderen ans Tageslicht.

„Das sind Kais Kinderbilder", erklärte Rosemarie Bofinger dazu. „Die Einschulung, das erste Fahrrad … es muss vorher gewesen sein."

„Schon gut, Frau Bofinger, ich sollte jetzt wirklich weiter."

„Warum denn, ich hab's gleich. Da." Eines der Alben wurde aufgeschlagen. „Ach, nein, das ist Berchtesgaden. Kennen Sie Berchtesgaden?"

„Ja", murmelte Emmerich, der zwar kein Interesse an der Erörterung bayerischer oder anderer Ferienparadiese hatte, sich aber außerstande sah, eine Frau in Rosemarie Bofingers Alter rundweg anzulügen, undeutlich und machte einen Schritt zur Haustür.

„Herrlich, nicht wahr?" Für einen kurzen Moment schien Elkes Mutter ihre Sorgen zu vergessen und in Erinnerungen zu verweilen. „Die Berge. Der Königsee. Hier, das ist Elke auf dem Kehlsteinhaus, das müsste neunzehnhundert …"

„Sie hören dann von mir, Guten Tag, Frau …"

„So warten Sie doch. Hier ist es. Ganz hinten. Carola Lämmerwein und Peter Nopper 1989. Das war der sechzigste Geburtstag meines Bruders. Ich erinnere mich deshalb so gut daran, weil es mir merkwürdig vorkam. Nopper kam, hat meine Elke gesehen und ist sofort wieder verschwunden. Dann hat Elke das heulende Elend gekriegt und ist nach Hause, wenig später war er mit dieser Frau wieder zurück und Ruth meinte, die beiden wären verlobt. Mich hat das damals gar nicht interessiert, ich wollte wissen, was mit Elke los war. Von der Schwangerschaft wusste ich zu diesem Zeitpunkt noch nichts."

„Verlobt sagten Sie?" Emmerich trat wieder näher und betrachtete das ein wenig verblasste, postkartengroße Foto, das ihm gezeigt wurde. Zu sehen gab es eine junge, blonde Frau in einem Oberteil mit monströsen Schulterpolstern und das ihm nun schon hinlänglich bekannte, vollbärtige Gesicht über einem miserabel geschnittenen Anzug. Das Paar streckte in spaßiger Pose jeweils eine Faust in die Kamera, als wolle es zuschlagen.

„Kann ich das auch haben?", fragte Emmerich.

„Wenn Sie es herausbringen, ohne das Album zu zerstören", nickte Rosemarie Bofinger zustimmend. „Ich habe keine Verwendung mehr dafür."

Emmerich löste das Bild, dessen Klebung ohnehin nicht mehr die beste war, vorsichtig aus dem Album heraus, schob es in ein weiteres Tütchen und war mit der Ausbeute seines Besuches mehr als zufrieden.

„In welchem Verhältnis steht Ihre Tochter zu Frau Lämmerwein?"

„Elke?" Rosemarie Bofingers Blick verriet Staunen. „In gar keinem. Warum fragen Sie?"

„Nur so." Emmerich streckte die Hand aus. „Ich muss jetzt wirklich. Lassen Sie den Kopf nicht hängen, es wird bestimmt alles gut."

★ ★ ★

Als Elke Bofinger zum zweiten Mal erwachte, fühlte sie sich besser. Was allerdings nichts daran änderte, dass sie sich immer noch in dem ihr fremden Raum befand, durch dessen abgedunkelte Fenster nun ein wenig Tageslicht sickerte. Die Konturen der Einrichtung mehr erahnend als erkennend, richtete sie sich auf, griff nach der Wasserflasche und nahm ein paar große Schlucke. *Wie, um alles in der Welt, bin ich hierher gekommen?* Elke erinnerte sich daran, am späten Nachmittag oder frühen Abend, wie auch immer man es nennen wollte, Carolas Kanzlei verlassen zu haben und zur S-Bahnhaltestelle Stadtmitte gegangen zu sein. Auf der Höhe des Kassenhäuschens einer Tiefgarage hatte sie die Straße überquert und … weiter reichte ihr Gedächtnis nicht. Als Nächstes kam ihr das Bild eines Nachttopfes in den Sinn und sie spürte, dass sie dringend eine Toilette benötigte. Etwas unsicher auf den Beinen stand Elke auf, ging dorthin, wo sie im diffusen Licht eine Tür vermutete und drückte eine altmodische, metallene Klinke. Das, was sie für eine Tür hielt, blieb allerdings verschlossen. Elke wandte sich um und suchte mit den Augen den Raum nach weiteren, möglichen Ausgängen ab, bis ihr Blick erneut auf den Nachttopf fiel. *Ich habe nicht geträumt*, stellte sie ungläubig fest. *Ich bin tatsächlich hier. Aber wo? Ich bin eingesperrt.* Misstrau-

151

isch sah sie den Nachttopf an und entschloss sich nach einigem Zögern ihn ungelenk, jedoch der Not gehorchend, zu benutzen. Auf einem der Sessel entdeckte sie danach ihre Jacke, griff in die Taschen und suchte nach dem Handy. Das aber war, ebenso wie ihre Brieftasche und die Beutelchen mit Kais Haaren und seiner Zahnbürste, verschwunden. *Mist.* Elke lenkte ihre Aufmerksamkeit auf die Fenster und bemerkte, dass sie hoch und bedauerlicherweise auch noch durch ebensolche Läden verschlossen waren. Das Möbelstück zwischen den Fenstern entpuppte sich als eine Art Sekretär aus einem früheren Jahrhundert mit einer Schreibfläche und zahllosen, kleinen Schubladen. Ein alter Drehstuhl stand davor, eine Tischlampe darauf. Sie fand den Schalter und hatte nun wenigstens ein richtiges Licht. *Mama,* schoss es ihr durch den Kopf. *Wie lange bin ich schon hier? Sie wird sich entsetzliche Sorgen machen. Ich muss hier weg. Sofort.* Wie sie dies allerdings bewerkstelligen sollte, blieb ebenso ein Rätsel wie der Grund ihres Hierseins. Erfolglos rüttelte sie nochmals an der Tür, versuchte die Knäufe der antik wirkenden Fenster zu bewegen und zog schließlich frustriert die Schubladen des altertümlichen Möbels auf. Sie stieß dabei auf nichts von Bedeutung. Aufgerollte Garne und ein Stickrahmen, der aussah, als hätte man ihn zuletzt vor ungefähr einhundert Jahren benutzt. Eine angefangene Häkelarbeit von ähnlichem Alter. Ein Gesangbuch mit verblassendem Goldschnitt. Bleistifte in allen Größen und Farben, Schächtelchen mit schwarz angelaufenem Silberschmuck. Alles, was Elke daraus schließen konnte, war, dass der Sekretär wohl vor langer Zeit einer weiblichen Besitzerin gehört haben mochte. Auf der Schreibfläche selbst stand ein hölzernes, mit Perlen verziertes Kästchen. Sie wollte es gerade öffnen, als ein Geräusch sie innehalten ließ. Etwas, das klang, als hätte man einen schlechten Lautsprecher eingeschaltet, ein leises, hohes Pfeifen und verhaltenes Husten. Noch während Elke versuchte, die Quelle des Geräusches ausfindig zu machen, sagte eine verzerrte Stimme:

„Guten Morgen, Frau Bofinger. Ich bedaure sehr, dass Sie unter solch unangenehmen Umständen hier zu Gast sein müssen. Bitte befolgen Sie nun ganz genau meine Anweisungen und Ihr Aufenthalt wird in kürzester Zeit wieder beendet sein."

„Wer sind Sie?"

„Das, liebe Frau Bofinger", sagte die Stimme ölig, „ist vollkommen unwichtig. Wichtig ist nur, dass Sie tun, was ich Ihnen sage. In Ihrem Interesse, im Interesse Ihrer verehrten Frau Mutter und auch im Interesse Ihres Sohnes."

„Was hat meine Familie damit zu tun?"

„Ich darf Sie bitten, keine Fragen zu stellen. Sicherlich liegt Ihnen daran, dass die genannten Personen unversehrt und am Leben bleiben. Im Gegensatz zu Peter Nopper, der sich nicht an meine Anweisungen gehalten hat."

„Was wollen Sie damit sagen?" Elke, der das Herz nun bis zum Hals schlug, suchte mit den Augen hektisch die Wände ab. Tatsächlich entdeckte sie über der verschlossenen Tür ein viereckiges Kästchen, von dem ein Kabel zwischen Tür und Rahmen nach draußen führte.

„Sie werden sich", fuhr die Stimme fort, ohne auf ihre Frage einzugehen, „nun zu einem Sekretär gegenüber des Sofas, auf dem Sie die Nacht verbracht haben, begeben. Ich hoffe, das Licht bei Ihnen im Raum reicht dafür aus. Dort finden Sie eine Lampe, die Sie bitte einschalten wollen. Danach sagen Sie laut und deutlich ‚Fertig'."

Wenn er nicht weiß, dass das Licht schon brennt, kann er mich nicht sehen, arbeiteten Elkes Gedanken fieberhaft und trotz ihrer beklemmenden Situation mit erfreulicher Logik. Sie ließ einige Sekunden verstreichen und rief, das Zittern in ihrer Stimme unter Kontrolle haltend:

„Fertig."

„Sehr gut. Nun nehmen Sie den Stuhl, der sich vor dem Sekretär befindet, stellen ihn in die Mitte des Raumes und setzen sich darauf. Und zwar mit dem Rücken zu der Tür, die Sie inzwischen sicherlich bemerkt haben werden."

Elke befolgte auch diese Anweisung mit fast mechanischen Bewegungen, doch anstatt den Vollzug zu melden, wagte sie es, erneut ins Leere hinein zu fragen:

„Was haben Sie mit mir vor?"

„Sie werden es sogleich erfahren. Bitte lassen Sie mich wissen, ob Sie Ihre Position eingenommen haben."

„Ich sitze", sagte Elke deutlich.

„Als Nächstes wird eine Mitarbeiterin von mir das Zimmer betreten. Sie wird Ihnen eine kleine Mahlzeit bringen und sich um Ihr … hm …hygienisches Umfeld kümmern. *Sie* bleiben bitte ganz ruhig sitzen und drehen sich in keinem Fall um. Ich stehe mit einer geladenen Waffe hinter Ihnen. Sollten Sie auf dumme Ideen kommen und den Fehler begehen, mich ansehen zu wollen, bliebe Ihnen keine Zeit mehr, diesen Fehler zu bereuen. Haben Sie mich verstanden?"

„Ja", murmelte Elke verängstigt.

„Lauter."

„Ja."

„Meine Mitarbeiterin wird Ihnen außerdem einige Schriftstücke hinterlassen. Sie haben eine Stunde Zeit, sich diese anzusehen und eine Unterschrift zu leisten. Danach können Sie gehen. Besser gesagt, man wird Sie an einen Ort bringen, von dem aus Sie gehen können."

„Und … wenn ich nicht unterschreibe?"

„Wird sich Ihr Aufenthalt in die Länge ziehen. Sie haben, wenn ich das so ausdrücken darf, Ihr Schicksal sozusagen selbst in der Hand."

„Werden Sie mich töten?"

„Sie stellen zu viele Fragen. Sind Sie nun bereit?"

„Nein." Aus irgendeinem, ihr völlig unbegreiflichen Grund hatte Elke plötzlich das Gefühl, dass es nichts Wichtigeres gab, als die Lücke in ihrer Erinnerung zu schließen. So wie man einen verlegten Gegenstand unbedingt wiederfinden wollte, obwohl man ihn im gegenwärtigen Augenblick gar nicht benötigte. „Wie haben Sie mich hierher gebracht?"

„Auch das ist nicht relevant, doch um Ihnen zu zeigen, dass ich kein Unmensch bin, werde ich diese Frage beantworten. Sie wurden chloroformiert. Auf Ihrem Weg zur S-Bahn. Anschließend wurden sie mit einem Wagen an diesen Ort verbracht und hatten eine, wie ich hoffe, angenehme Nachtruhe. Wenn es Ihrer Orientierung dient, kann ich Ihnen noch mitteilen, dass es jetzt halb zehn Uhr vormittags ist. Und nun, wenn ich bitten darf … nicht bewegen."

Elke hörte, wie hinter ihrem Rücken ein Schlüssel umgedreht und die Klinke gedrückt wurde. Aus den Augenwinkeln nahm sie Hände wahr, die den Nachttopf entfernten und wenig später wieder zurückstellten. Vom Couchtisch vernahm sie das Klirren von Porzellan und Besteck. Anschließend bewegten sich die Schritte der Frau, die all dies ausführte, zur anderen Seite des Raumes, Elke hörte Papier rascheln. Langsam und vorsichtig drehte sie den Kopf ein klein wenig zur Seite, eine sofortige Maßregelung erwartend, doch diese blieb aus. Etwas mutiger wandte sie den Kopf noch weiter und erhaschte einen kurzen Blick auf den Rücken einer schlanken Gestalt. Die Gestalt trug enge Jeans und ein knapp sitzendes T-Shirt. Kopf und Haare waren von einem Tuch verhüllt.

„Ganz ruhig", sagte hinter ihr die männliche, nunmehr unverzerrte Stimme barsch. „Nicht bewegen."

Elke drehte den Kopf folgsam wieder nach vorn. Sie hatte genug gesehen. Über dem Hosenbund der Frau, die sich nun anschickte, das Zimmer wieder zu verlassen, lugte etwas heraus, das sie kannte. Man nannte es Arschgeweih.

18

Als Emmerich nach rasanter Fahrt wieder vor der heimischen Haustür eintraf, war es Viertel nach zehn und ein freier Parkplatz nirgendwo in Sicht. Durch langjährige Gewohnheit mit den wenigen Lücken, die das kurzfristige Abstellen eines Fahrzeuges in der Gegend erlaubten, bestens vertraut, drehte er hastig eine weitere Runde um den Block und manövrierte die A-Klasse vor die Hofeinfahrt einer Eisenwarenhandlung in der Nachbarschaft. Mit schlechtem Gewissen nahm er das Handy heraus, registrierte einen unbeantworteten Anruf von Mirko Frenzel und wählte seine eigene Nummer.

„Aha", sagte Gabi anstelle einer Begrüßung. „Was man heutzutage so unter Pünktlichkeit versteht …"

„Tut mir leid, Spatz, du weißt doch, wie das ist."

„Wie was ist?"

„Der Verkehr. Die Leute. Ich war schließlich bei einer alten Dame, die sind halt nicht die Schnellsten. Aber wenn ihr jetzt herunterkommt, könnt ihr das Auto gleich übernehmen. Ich stehe in der Einfahrt von …"

„Loretta ist noch gar nicht da."

Das, fand Emmerich, war nun einmal wieder typisch Frau. Oder zumindest typisch Loretta. Auch wenn er sie eigentlich nicht gut genug kannte, um zu wissen, was typisch für sie war. Aber ähnlich sah es ihr. Man hetzte sich ab, um pünktlich zu sein, übertrat Geschwindigkeitsbegrenzungen und parkte an eigentlich verbotenen Orten, nur um zu erfahren, dass die Gnädige noch gar nicht eingetroffen war. Im Moment allerdings fehlte ihm die Zeit, um ein derartiges Verhalten ausführlich zu diskutieren, also sagte er nur:

„Das Auto kann hier nicht stehen bleiben. Und ich muss ins Büro."

„Sind wir im Grandhotel?", fragte Gabi sarkastisch. „Bin ich der Portier, der den Wagen in die Garage fährt?"

„Bitte, Spatz." Aus den Augenwinkeln bemerkte Emmerich einen alten Herrn im grau-blauen Hausmeisterkittel, der aus der Hofeinfahrt trat und die A-Klasse misstrauisch in Augenschein nahm. „Ich bekomme hier gleich Ärger."

„Also, schön, Loretta wird ja hoffentlich demnächst aufkreuzen", lenkte die Frau seines Lebens nachgiebig ein. „Dafür hab ich was gut. In fünf Minuten bin ich unten."

Auf der Beifahrerseite wurde energisch ans Fenster geklopft.

„Sie", sagte der alte Mann. „Hier könnet Sie nicht parken, gell."

Emmerich zog den Schlüssel ab und stieg aus.

„Meine Frau kommt gleich und fährt den Wagen weg."

„Wann gleich?"

„In ein paar Minuten."

„Wie viele Minuten?"

„Fünf."

„Das sagen alle. Und stehen in einer halben Stunde immer noch da. Sind Sie Kunde?"

„Im Augenblick nicht. Meine Frau kommt wirklich …"

„Nix da. Wer nicht kauft, braucht auch nicht parken."

„Hören Sie, ich hab's eilig …" Emmerich warf einen Blick auf seine Armbanduhr und machte einen Schritt nach vorn. Der Hausmeisterkittel stellte sich ihm ungerührt in den Weg.

„Ich nicht. Ach, Grüß Gott, Frau Emmerich."

Gabi war – etwas außer Atem – um die Ecke gebogen, zur Überraschung ihres Angetrauten in ein schickes Kostüm gekleidet.

„Na, endlich", seufzte Emmerich und erntete ein gekeuchtes „Ausgerechnet du musst das sagen".

„Ist das Ihr Auto, Frau Emmerich?", fragte der alte Herr mit geradezu leutseligem Lächeln. „Das hab ich nicht gewusst, dann ist ja alles in Ordnung. Einen schönen Tag noch, wünsche ich."

„Ach", sagte Emmerich, nicht ohne einen Anflug von Bitternis.

„So ist das also. Du darfst hier parken, aber ich nicht? Oder wie soll man das verstehen?"

„Es kann da schließlich nicht jeder kommen", entgegnete Gabi und hielt die Hand auf. „Es ist eine Einfahrt."

Emmerich reichte seiner Gattin den Autoschlüssel.

„Bin ich jeder?"

„Er kennt dich eben nicht."

„Aber das Auto ist das gleiche."

„Hasi." Gabi verdrehte die Augen und winkte einer schwarz gekleideten Person auf der anderen Straßenseite zu. „Hör jetzt bitte auf, zu nörgeln. Loretta ist da. Wolltest du nicht ins Büro?"

„Ich nörgle nicht", erklärte Emmerich bestimmt und drückte Gabi einen flüchtigen Kuss auf die Nasenspitze. „Bis heute Abend dann. Was, hast du gesagt, macht ihr in Leinfelden?"

„Ich habe gar nichts gesagt", grinste Gabi. „Sieh zu, dass du fort-kommst."

Bevor Loretta, die nun ebenfalls winkte, die Straße überqueren konn-te, machte Emmerich sich auf zur Haltestelle Neckartor, wo ihm beim Warten auf die Bahn genug Zeit verblieb, sich allerlei wilde Vorstellun-gen zum Thema Leinfelden zu machen. Auch Gabis Freundin hatte sich, zumindest soweit er dies beurteilen konnte, mächtig herausgeputzt. Was gab es für zwei Frauen an einem absolut gewöhnlichen Freitagvormittag in Leinfelden zu tun, das ein derartiges Outfit verlangte? Er fand keine Antwort auf diese Frage und wusste, dass er nun voraussichtlich den ganzen Tag beunruhigt sein würde, obwohl dies natürlich zur Gänze unnötig war und es bestimmt eine höchst einfache Erklärung für alles gab. Warum aber tat Gabi dann so geheimnisvoll? Hinzu kam, dass es eine schreiende Ungerechtigkeit war, dem eigenen Mann eine harmlose Verspätung zum Vorwurf zu machen, während einer Freundin, die zu-mindest einem Teil der Eheleute Emmerich alles andere als nahestand, großzügig verziehen wurde. Am Hauptbahnhof musste er umsteigen, sinnierte auf dem Bahnsteig düster über weitere Ungerechtigkeiten die-ser Welt, wovon ihm innerhalb weniger Sekunden mindestens ein Dut-zend einfiel, und wurde schließlich vom Klingeln seines Handys unter-brochen.

„Wo bleibst du denn?", begehrte Mirko in einem Ton zu wissen, dem anzuhören war, dass er sich beherrschte.

„Was soll das heißen?", fragte Emmerich, ebenfalls leicht gereizt. „Hat Frau Sonderbar nicht ausgerichtet, dass ich später komme?"

„Keine Spur. Wo hast du dich herumgetrieben?"

„Ich treibe mich nicht herum", berichtete Emmerich. „Ich ermittle, wenn es recht ist. Ist sie krank?"

„Wer?"

„Frau Sonderbar."

„Keine Ahnung. Ich habe sie heute noch gar nicht gesehen. Wir wür-den uns gerne auf die Socken machen, Gitti und ich."

„Warum?"

„Gitti hat herausgefunden, dass die Hotel Sieber GmbH ein Betrieb ist, der zur Leibwind-Gastronomie-Gruppe gehört. Merkst du was?"

„Hotel Sieber … Leibwind … warte mal." Emmerich verknüpfte in Gedanken zwei Dinge, die bislang nichts miteinander zu tun gehabt hat-ten, pfiff leise durch die Zähne und vergaß die Ungerechtigkeiten dieser Welt. „Jetzt wird's spannend. Wie hat sie das herausgefunden?"

„Frag mich nicht. Handelsregister, oder so. Gitti war schließlich mal bei der Wirtschaftskripo. Wir würden der Sache gerne nachgehen."

„Worauf wartet ihr dann noch?"

„Auf das Eintreffen der Einsatzleitung im Büro."

„Könnt ihr euch sparen. Die Einsatzleitung ist einverstanden. Wir telefonieren später wieder."

„Alles klar", sagte Mirko und legte auf. Emmerich steckte das verstummte Telefon ein und dachte nach. Ohne Frenzel und Kerner im Büro herumzusitzen, erschien ihm beim gegenwärtigen Stand der Ermittlungen sinnlos. Es entsprach zwar nicht unbedingt den Dienstvorschriften, Personenbefragungen alleine vorzunehmen, aber auch Dienstvorschriften waren gelegentlich, wie andere Regeln, dazu da, nicht eingehalten zu werden. Insbesondere dann nicht, wenn es keine Verstärkung gab. Was ihn zurück zu der Frage brachte, warum wohl Frau Sonderbar seinen Anruf nicht ausgerichtet hatte. Emmerich stieg die Treppen zur Klett-Passage hinauf, zog das Handy wieder heraus und wählte die Nummer seines Büros.

„Dezernat Eins, Büro Emmerich, Sonderbar am Apparat", schnarrte die ihm wohlvertraute Stimme seiner Sekretärin.

„Ich bin's", meldete sich Emmerich. „Ist der Anrufbeantworter kaputt?"

„Nicht, dass ich wüsste."

„Ich hatte heute Morgen eine Nachricht hinterlassen ..."

„Oh", sagte Frau Sonderbar. Emmerich vernahm ein leises Hüsteln, das charakteristische Piepsen, das dem Abspielen einer Nachricht voranging und seine eigene Stimme.

„T ... tut mir leid", stotterte seine Sekretärin. „Mir ist gar nicht aufgefallen, dass die Anzeige blinkte. Ich muss wohl ... mit meinen Gedanken woanders gewesen sein. Bitte entschuldigen Sie."

Wahrscheinlich bei Zweigle, dachte Emmerich angewidert und setzte laut hinzu:

„Natürlich, das kann ja mal vorkommen. Bei mir wird es Nachmittag."

„Selbstverständlich, Herr Hauptkommissar. Soll ich Herrn Frenzel oder Frau Kerner ..."

„Die sind auch unterwegs. Hüten Sie das Telefon und sich selbst vor fremden Männern."

„Wie bitte?"

„Nichts. Bis später."

Emmerich beendete das Gespräch, stieg die Treppen zur Königstraße empor und schlenderte ohne Eile die Stuttgarter Einkaufsmeile entlang in Richtung Kronprinzstraße. Vor der Buchhandlung am Schlossplatz kaufte er sich bei einem Brezelkörble eine Laugenstange mit Schinken und überdachte im Weitergehen sein Gespräch mit Rosemarie Bofinger. Dabei fand er seinen ersten Eindruck bestätigt, sie wusste tatsächlich mehr über Nopper, als sie anfänglich hatte zugeben wollen. Andererseits – so viel mehr schien es nun auch wieder nicht zu sein. Zwei handfeste Hinweise hatte er erhalten, in Gedanken rekonstruierte er Noppers letzte Tage, soweit sie sich ihm bislang erschlossen. Am Montag vor Ostern war er mit einem falschen Pass im Hotel Sieber abgestiegen. Am Mittwoch hatte er seine Tante angerufen, sich nach Elke Bofingers Adresse erkundigt und anschließend den Brief geschrieben, den er nun in der Tasche trug. Am Donnerstagabend dann ein reichliches Mahl in Verbindung mit alkoholischen Getränken eingenommen und am Karfreitagmorgen im chinesischen Garten seinen irdischen Weg beendet. Überaus lückenhaft das Ganze, aber doch mehr, als man in den wenigen Tagen, die sie nach ihm forschten, eigentlich erwarten konnte. Von der Rechtsanwältin, deren Kanzlei er nun aufzusuchen gedachte und die augenscheinlich einst Noppers Verlobte gewesen war, erhoffte er sich weitere Informationen. Und dann war da noch etwas, das seiner Erinnerung entstieg, etwas, das Eleonore Schloms vor dem chinesischen Garten gesagt hatte. *Nelken sehen*, so hatte sie Noppers letzte Worte zitiert. Emmerich nahm an, dass das „N" im Zitat der Schloms'schen Fantasie zu verdanken war und der Sterbende in Wahrheit seinem Wunsch nach einem Wiedersehen mit Elke Bofinger Ausdruck verleihen wollte. Womit auch der erste Teil dieses Rätsels gelöst war, nicht aber der zweite, der da lautete *Atmosphäre … Sieger geblieben*. Die Reste der Laugenstange vertilgend, bog Emmerich nach rechts in die Büchsenstraße ab, wo sein Blick an der Auslage eines Wäschegeschäftes hängenblieb. Wie Gabi wohl aussehen mochte, in weißer Reizwäsche und einer fliederfarbenen, wollenen Baskenmütze auf dem Kopf? Und was war das überhaupt für eine Zusammenstellung? Hinzu kam, dass weder Gabi noch eine andere Frau seines näheren Bekanntenkreises die Traummaße der schokobraunen Schaufensterfigur vorweisen konnte. Emmerich kam zu dem Schluss, dass er aller Voraussicht nach einem Lachanfall erliegen würde, sollte seine Gattin auf die Idee verfallen, in einem derartigen Aufzug im Schlafzimmer aufzukreuzen. Schräg gegenüber fiel ihm angesichts eines relativ neuen Geschäftshauses der Brand des alten Firnhaberbaus ein, der zerstört worden war, weil ein Wirt aus versicherungstechnischen Gründen mit Brandbeschleunigern hantiert hatte. Im selben Gebäude hatte sich einst eine Tanzschule befunden, deren Hardrock-Raum sich in seiner Jugend größter Beliebtheit erfreut hatte. *Ach ja,* dachte Emmerich sentimental, Pink Floyds „Wish you were here" vor sich hinsummend, an das er sich spontan erinnert fühlte, *wie die Zeit vergeht.* Und dennoch tauchten selbst nach annähernd zwanzig Jahren die Schatten der Vergangenheit wieder auf, während man selbst älter und älter wurde, die Musik eine andere und die Welt darum herum sowieso. Warum war Nopper, schattengleich, wieder nach Stuttgart gekommen, nachdem er all die Jahre verschwunden gewesen war? So verschwunden, dass man ihn sogar für tot gehalten hatte? Emmerich schien es, als ob die Antwort auf diese Frage gleichzeitig die Lösung seines Falles beinhalten würde, betrat das Geschäftshaus, das die Kanzlei Lämmerwein und Griesinger beherbergte und fuhr mit dem Lift nach oben. Hinter einer Glastür sah er zwei Frauen, die auch in aller Deutlichkeit zu hören waren.

„Grottenschlecht", sagte die ältere der beiden, ein Schriftstück in der Hand, gerade schneidend. „Ich will bloß wissen, wie Sie zu dem Zeugnis gekommen sind, aufgrund dessen wir Sie eingestellt haben. Ihre Rechtschreibung ist die reine Katastrophe, sofern man bei diesem Zeug überhaupt von Rechtschreibung sprechen kann."

„Hab ich eben so gelernt", entgegnete die Jüngere patzig. „Die Rechtschreibreform …"

„Kommen Sie mir nicht damit", gab die Ältere ätzend zurück. „Aufwand mit ‚dt', Saal mit ‚H' oder Nachweis mit scharfem S … Sie haben gar nichts gelernt. Nicht einmal Ihr Rechtschreibprogramm können Sie bedienen. Und nur weil ich Ihnen morgens zwei Stunden freigebe, heißt das nicht, dass Sie hier anrücken können, wann es Ihnen gerade passt."

Emmerich öffnete die Glastür und räusperte sich dezent. Beide Frauen fuhren herum und starrten ihn an.

„Verzeihung", sagte Emmerich höflich. „Ich suche Frau Rechtsanwältin Carola Lämmerwein."

„Das bin ich." Der starre Blick der älteren Frau wandelte sich in einen fragenden, während das Gesicht der Jüngeren bockig blieb. „Worum geht es?"

„Kripo Stuttgart. Ich habe ein paar Fragen zu einem von Ihrer Kanzlei beantragten Vaterschaftstest."

Seine Worte hatten zur Folge, dass die junge Frau kaum merklich zusammenzuckte und den Blick senkte. Die Anwältin drückte ihr mit einem letzten, wütenden Blick das Schriftstück in die Hand und wies auf eine Tür.

„Wir können in mein Büro gehen. Und Sie schreiben dies hier noch einmal. Dieses Mal richtig, wenn ich bitten darf."

„Ihre Auszubildende?", fragte Emmerich angelegentlich, nachdem er Carola Lämmerwein in ihr Büro gefolgt war.

„Ach, was", schnaubte die Rechtsanwältin verächtlich. „Eine Schreibkraft will die Dame sein. Kann ein X nicht von einem U unterscheiden. Von ordentlich anziehen ganz zu schweigen. Aber deshalb sind Sie ja sicher nicht hier, Herr …"

„Hauptkommissar Emmerich."

„Nehmen Sie Platz. Was möchten Sie wissen?"

Emmerich setzte sich.

„Ihre Kanzlei hat bei der Staatsanwaltschaft einen Vaterschaftstest beantragt. Bei einem Mann, über dessen Identität wir uns noch keineswegs sicher sind. Sie scheinen uns da um Einiges voraus zu sein. Warum haben Sie sich nicht zuerst bei uns gemeldet?"

„Ganz einfach", entgegnete Carola Lämmerwein und setzte sich ihm gegenüber. „Sollte das Ergebnis des Testes negativ sein, kenne ich den Mann ebenfalls nicht."

„Und im positiven Fall?"

„Handelt es sich um einen Herrn Nopper. Peter Nopper."

„Über den Sie mir was erzählen können?"

„Warum sollte ich Ihnen etwas über Peter Nopper erzählen?" Die Anwältin sah Emmerich erstaunt an.

„Weil wir in einer Mordsache ermitteln."

„Wie bitte? Was haben Sie da gesagt?"

„Der Mann, dessen Foto Sie ja vermutlich in der Zeitung erkannt haben, wurde umgebracht."

„Das ist nicht Ihr Ernst."

Carola Lämmerweins Hände begannen zu zittern, mit einer fahrigen Bewegung strich sie sich durchs Haar.

„Mein voller Ernst", sagte Emmerich, die Reaktion seines Gegenübers aufmerksam beobachtend, ohne sich seine Überraschung anmerken zu lassen. Er ließ einige Sekunden verstreichen und setzte hinzu:

„Wir benötigen daher auch Angaben zu Ihrer Mandantin."

„Aber das verstehe ich nicht." Carola Lämmerwein schien sich wieder in der Gewalt zu haben. „Wer … wie …?"

„*Wer* untersuchen wir gerade", entgegnete Emmerich zurückhaltend. „Über das *Wie* kann ich Ihnen im Moment keine Auskunft geben."

„Und ... wann?"

„Am Karfreitagmorgen in der Frühe. Wo waren Sie da?"

„Ich? Warum ich?"

„Beantworten Sie einfach meine Frage."

Die Anwältin bedachte Emmerich mit einem kritischen Blick.

„Ich wüsste nicht, wozu das wichtig sein soll, aber meinetwegen. Über die Ostertage war ich mit meiner Familie in Bad Urach. Mein Vater ist dort in einer Reha-Maßnahme, ich habe ihn mit Mutter, Schwester und Schwager besucht. Wir sind am Gründonnerstagnachmittag losgefahren und sonntagabends zurückgekommen."

„Sie sollen mit Nopper verlobt gewesen sein."

„Tatsächlich?" Carola Lämmerwein zog die Brauen hoch. „Wo haben Sie das her?"

Emmerich zuckte die Schultern und lächelte nichtssagend.

„Also gut", sagte sein Gegenüber unbehaglich und nun sichtlich auf der Hut. „Das wird wohl so gewesen sein, ist aber lange her. Peter hat Deutschland dann ja auch verlassen."

„Wissen wir schon. Wir wüssten allerdings auch gerne, warum."

„Ich ..."

„Hatte es etwas mit der RAF zu tun? Mit dem Attentat auf den damaligen Vorstandsprecher der Deutschen Bank?"

Carola Lämmerwein holte tief Atem, seufzte, stand auf und ging zum Fenster.

„Wissen Sie etwas darüber?", hakte Emmerich nach.

„Nein", lautete nach kurzem Zögern die Antwort. „Aber ich kann vielleicht etwas dazu erklären. Wenn ich ein wenig ausholen darf ..."

„Jederzeit."

„Peter war ein ... wie soll ich sagen ... ein schwieriger Mensch. Einer, der sich nach außen in Szene setzen musste, immer im Mittelpunkt stehen wollte. Innen war er ein Kind. Verschlossen, misstrauisch, eifersüchtig und unreif. Obwohl er beinahe zehn Jahre älter war als ich. Er kam aus einem reichen Elternhaus, hatte Zugang zu den obersten Gesellschaftsschichten und war trotzdem ein armes Schwein. Sein Vater war nie da, entweder im Geschäft oder beim Jagen oder Segeln. Die Mutter war das genaue Gegenteil, deren Leben drehte sich nur um ihren vergötterten, verzärtelten, einzigen Sohn. Daraus kann nichts werden, oder?"

„Ich bin kein Psychologe. Sie wollten mir etwas über Noppers Verbindungen zur RAF erzählen."

„Wenn Sie mich so direkt fragen ... ich glaube nicht, dass er welche hatte."

„Was macht Sie so sicher?"

„Ich habe ihn gut gekannt." Carola Lämmerwein wandte sich vom Fenster ab, ihrem Schreibtisch zu und öffnete eine Schublade. „Sehen Sie, in Stuttgart gab es in den Siebzigerjahren eine sehr linksintellektuelle Szene, die auch irgendwie tonangebend war. Spaßguerilla haben sie sich selbst genannt. Ich war natürlich noch zu jung, um dazuzugehören, aber ich hatte den Eindruck, dass Kontakte zur RAF in gewissen Kreisen damals eine Zeit lang als schick galten. Man kann sich das heute nicht mehr so recht vorstellen, aber erinnern Sie sich noch an Klaus Croissant, den Anwalt der Baader-Meinhof-Bande?"

„Nicht persönlich", entgegnete Emmerich knapp.

„Der ging damals überall aus und ein, auch bei meinen Eltern. Mein Eindruck war, dass Peter unbedingt zu dieser Clique gehören wollte. Die beim Bildhauer Hajek auf der Hasenbergsteige Partys gefeiert hat oder in Wendelin Niedlichs Buchhandlung persönlich bekannt war. Allerdings hat er das nie geschafft. Diese Leute ... haben nicht jeden gelten lassen, ich dachte mir oft, dass sie zumindest nicht frei von Arroganz waren."

„Ist doch heute auch nicht anders", gab Emmerich zu bedenken. „Festgefügte Szenen, die sich für was Besseres halten, hat es schon immer gegeben."

„Da haben Sie recht." Die Anwältin nahm etwas aus der Schublade und schob sie wieder zu. „Wie auch immer, Peter hat sich dann irgendwann darauf verlegt, einen eigenen Fankreis um sich zu scharen. Er kam bei Frauen gut an, hat gerne geprotzt, wen er alles kennt und so weiter. Gelegentlich hat er auch geheimnisvolle Bemerkungen über die RAF eingestreut, aber mehr war da nicht."

„Und warum hat er Deutschland nun wirklich verlassen?"

„Drogen", erklärte die Anwältin schlicht. „Peter war trotz seiner reichen Eltern notorisch pleite. Also hat er gedealt. Nichts Großes, nur Haschisch, Marihuana und ab und zu ein paar Trips. Damals gab es noch nicht so starkes Zeug wie heute und auch nicht so viel Chemie." Sie hielt inne und bedachte Emmerich mit einem Blick, der ihn seinerseits vermuten ließ, dass auch Carola Lämmerwein dem Genuss der erwähnten Substanzen nicht gänzlich abhold gewesen war. „Illegal war es natürlich trotzdem", fuhr sie fort und wandte ihren Blick wieder ab. „Außerdem waren die Strafen härter. Die Bu … Verzeihung … Ihre Kollegen hatten Peter bereits im Visier. Hinzu kam, dass er ohnehin von einem anderen Leben träumte."

„Was darf man sich darunter vorstellen?"

Die Anwältin ließ ein leises Lachen hören.

„Freiheit", sagte sie beinahe zärtlich. „Peter wünschte sich ein Leben in Freiheit. Ohne gesellschaftliche Zwänge. Ohne festgelegten Tagesablauf. Ohne Wettbewerb um Geld, Konsumgüter und immer mehr haben. Er wollte einfach nur sein. Eine reichlich unrealistische Vorstellung natürlich. Und sicherlich auch ein wenig naiv."

„Leider", entfuhr es Emmerich unbeabsichtigt. Er rief sich die lange, graue Mähne des Toten in Erinnerung und hatte plötzlich das Gefühl, zum ersten Mal so etwas wie ein Gespür für den Charakter des Mannes zu bekommen. Ein solches Leben war zur damaligen Zeit der Wunsch vieler gewesen und nicht wenige hatten versucht, ihn in die Tat umzusetzen. Auch Emmerich selbst hatte ähnliche Vorstellungen gehegt, sie aber aus Vernunftgründen nie zu realisieren versucht. Was ihn nicht davon abhielt, sich in dieser Hinsicht noch Hoffnungen auf seinen Ruhestand zu machen, obwohl ihm die Erfahrung sagte, dass diese Hoffnungen aller Voraussicht nach vergeblich waren. Dies allerdings blieb abzuwarten, er kehrte in die Gegenwart zurück und fragte:

„Ist es ihm gelungen? Hat Herr Nopper ein solches Leben gefunden? Wissen Sie, wohin er gegangen ist?"

„Indien", entgegnete Carola Lämmerwein, ihren Anflug von Melancholie beiseiteschiebend, sachlich. „Nach Goa, um genau zu sein. Es gibt da so eine Hippie-Kolonie …

„Davon habe ich gehört."

„Ich weiß allerdings nicht, wie lange er dort geblieben ist. Unser Kontakt war abgebrochen. Heute wäre das vielleicht anders, aber damals gab es noch kein Internet und keine E-Mails. Nur die gute alte Schneckenpost, die auf Dauer mühselig war."

„Unsere Ermittlungen haben ergeben, dass sich Nopper Ende der Neunzigerjahre in Ostafrika aufgehalten haben könnte. Zumindest wurde er von dort als verstorben gemeldet."

„Jaaa, das", sagte Carola Lämmerwein gedehnt. „Dieser Umstand ist mir natürlich bekannt, unsere Kanzlei hat schließlich das Testament seiner Mutter aufgesetzt …"

„Aber?"

„Mir kam das immer höchst seltsam vor."

„Inwiefern?"

„Wie soll ich sagen? Sehen Sie, ich war selbst zweimal dort, in Ostafrika. Max, mein Sozius und … äh … Lebensgefährte hatte Freunde, die an der tansanischen Grenze in Kenia eine Touristen-Lodge betrieben haben. Landschaftlich sicher sehr reizvoll, aber sonst nichts als Einsamkeit, Wildnis, Armut, Korruption und Langeweile. Was hätte Peter in einer solchen Gegend suchen sollen?"

„Keine Ahnung." Emmerich zuckte fragend die Schultern.

„Eben. Peter liebte das Strandleben. Die Partys. Einen Haufen Leute um sich herum und laute Musik."

„Das heißt, sie zweifelten an seinem Tod?"

„Schwer zu sagen. Die Papiere aus Tansania waren korrekt, niemand hier hatte noch Kontakt mit ihm. Also blieb mir nichts anderes übrig, als an seinen Tod zu glauben, aber ein letzter Rest Zweifel war immer da. Und jetzt scheine ich damit ja recht behalten zu haben."

Emmerich veränderte seine Position, in dem er ein Bein über das andere schlug.

„Was meinten Sie vorhin mit ‚war'?"

„Bitte?"

„Sie sagten, ihr Kontakt zu Nopper *war* abgebrochen. Das klingt, als hätte sich daran etwas geändert."

Carola Lämmerwein strich sich erneut durchs wohlfrisierte Haar und bedachte Emmerich mit einem merkwürdigen Blick.

„Bleibt dieses Gespräch unter uns? Können Sie mir Vertraulichkeit zusichern?"

„Wenn der Inhalt für den Tathergang keine Rolle spielt …"

„Wie sollte er das? Ich habe … nichts mit diesem Mord zu tun."

„Das zu beurteilen, müssen Sie mir überlassen." Emmerich war ihr kurzes Zögern nicht entgangen.

„Er hat mir geschrieben", sagte die Anwältin, fasste in die Tasche ihres Kostüms und legte den Gegenstand, den sie zuvor aus der Schublade genommen hatte auf den Tisch. „Dieser Brief kam vor ungefähr sechs Wochen. Nach all den Jahren. Stellen Sie sich meine Überraschung vor."

„Ich kann's versuchen. Was steht in dem Brief?"

„Peter kündigte sein Kommen an, bat mich aber, das vorerst für mich zu behalten. Wir hatten einen Termin für nächste Woche vereinbart. Dazu wird es nun leider nicht mehr kommen."

„Weshalb wollte er Sie sehen?"

Carola Lämmerwein strich nachdenklich mit dem Zeigefinger über den Umschlag.

„Ich weiß es nicht. Es ist vielleicht etwas schwer zu erklären. Peter und ich haben vor sechzehn Jahren in Goa geheiratet. Die Eheschließung wurde allerdings beim hiesigen Standesamt nie registriert."

„Warum nicht?"

„Weil … weil ich hoffte, dass er zurückkommt. Dass wir gemeinsam hingehen und dann hier noch einmal … richtig … mit der Familie und so weiter …"

Emmerich registrierte, wie die Anwältin sich eine Träne aus dem Augenwinkel wischte und fragte behutsam:

„Er ist aber nicht zurückgekommen, oder?"

„So ist es." Carola Lämmerwein schniefte ein wenig, drückte das Kreuz durch und setzte sich sehr aufrecht hin. „Ich dachte, ich sei darüber hinweg, aber … das stimmt nicht."

„Und da haben Sie hier einfach so weitergelebt, als hätte es nie eine Heirat gegeben?"

„Nicht ganz."

„Nicht ganz? Was meinen Sie damit?"

„Ich bin keine andere Ehe eingegangen und habe auch nicht die Absicht, es zu tun. Das meine ich damit."

Emmerich ließ ein paar Sekunden verstreichen, in denen er versuchte, das Gehörte in einen wie auch immer gearteten Zusammenhang zu bringen. Welchen Sinn es haben sollte, mit jemandem verheiratet zu sein, der dauerhaft auf der anderen Seite des Erdballs lebte, erschloss sich ihm dennoch nicht.

„Warum haben Sie sich nicht scheiden lassen?", fragte er daher das Erste, was ihm in den Sinn kam.

Carola Lämmerwein lächelte milde, in der Art einer Mutter, die sich der Begriffsstutzigkeit ihres Kindes bewusst ist.

„Wie denn?", sagte sie in geduldigem Ton. „Die Ehe existiert hierzulande nicht. Einen Papierkrieg mit Indien brauchen Sie gar nicht erst anzufangen. Und ich bin … war mit der Situation ganz zufrieden. Bis dieser Brief eingetroffen ist."

„Aber Sie erwähnten einen Lebensgefährten?"

„Max", nickte die Anwältin. „Das ist richtig."

„Und den wollen Sie nicht …"

„Nein. Weitere Fragen hierzu möchte … werde ich nicht beantworten."

„Wie Sie meinen. Dann unterhalten wir uns jetzt über Ihre Mandantin. Handelt es sich dabei zufällig um eine Elke Bofinger?"

„Ich weiß nicht, ob ich Ihnen das …"

„Ersparen Sie mir juristische Spitzfindigkeiten. Frau Bofinger ist verschwunden."

„Quatsch", entfuhr es Carola Lämmerwein, die sofort ein betretenes Gesicht machte. Emmerich grinste gemütlich und dachte sich *Ätsch*.

„Also schön", bequemte sich sein Gegenüber. „Elke Bofinger ist meine Mandantin. Sie war gestern erst hier und keineswegs verschwunden. Im Gegenteil, ich erwarte sie heute noch mit Material für einen DNA-Abgleich zwischen ihrem Sohn und Peter Nopper."

„Womöglich warten Sie umsonst."

„Der Tag ist noch nicht zu Ende."

„Elke Bofingers Mutter hat ihre Tochter als vermisst gemeldet. Sie ist heute Nacht nicht nach Hause gekommen."

„Das verstehe ich nicht. Was hat das mit mir zu tun?"

„Ich weiß nicht. Könnte ich eine Abschrift des Testaments haben? Sie würden uns den Gang zum Nachlassgericht ersparen."

„Meinetwegen." Carola Lämmerwein wirkte abwesend, ging aber dennoch zum Telefon und beauftragte jemanden mit der Anfertigung der verlangten Kopie. „Umgebracht hat man ihn also", sagte sie langsam. „Das ist … schrecklich, nicht wahr?"

„Schön ist es nicht", entgegnete Emmerich lakonisch und gewann den Eindruck, dass die Bedeutung dieser Worte seiner Gesprächpartnerin erst jetzt langsam klar wurde. „Haben Sie vielleicht eine Vorstellung, wer ein Interesse am Tod von …?"

„Nein." Ihre Antwort kam eine Spur zu schnell und ein Quäntchen zu heftig.

„Oder ob außer Ihnen noch jemand von Noppers bevorstehender Rückkehr wusste?"

„Nein." Carola Lämmerwein schüttelte energisch den Kopf. „Ich habe es Max erzählt, aber sonst sicherlich niemand. Wen hätte das auch interessieren sollen?"

„Den Täter", mutmaßte Emmerich ins Blaue hinein, als die Tür zum Büro geöffnet wurde und die junge Angestellte, die zuvor im Flur gestanden hatte, mit einem Umschlag in der Hand eintrat.

„Habe ich Sie klopfen hören?" Carola Lämmerwein zog die Brauen hoch, ließ sich den Umschlag geben und reichte ihn Emmerich. Die junge Frau blieb die Antwort schuldig und ging wieder nach draußen, nicht ohne ihre Chefin mit einem giftigen Blick zu bedenken. Diese runzelte missbilligend die Stirn.

„Es ist ein Kreuz mit dem Personal heutzutage. Die Schulbildung ist dürftig, das Benehmen ausgesprochen mangelhaft, die Ansprüche enorm und anstrengen will sich ohnehin niemand mehr. Aber das kennen Sie ja sicher auch …"

„Glücklicherweise nicht", verneinte Emmerich. „Nur gelesen habe ich schon davon."

„Das Mädchen sollte eigentlich eine ordentliche Ausbildung zur Rechtsanwaltsgehilfin machen. Stattdessen hat sie einen Freund, der viel zu alt für sie ist und nichts als Flausen im Kopf. Ich frage Sie, wo soll das hinführen?"

„Vielleicht zu einer anderen Schreibkraft", schlug Emmerich, der keine Neigung verspürte, umfassend über die Personalprobleme im Justizwesen aufgeklärt zu werden, vor und stand auf. „Ist dies das Testament?"

„Ihre Kopie. Wenn Sie Fragen dazu haben, können Sie mich gerne anrufen. Meine Nummer haben Sie ja."

„Danke. Und Sie geben mir Bescheid, falls Elke Bofinger bei Ihnen auftaucht?"

„Selbstverständlich." Carola Lämmerwein reichte ihm die Hand zum Abschied. „Ich bin mir sicher, das wird sich aufklären. Elke ist keine Person, die einfach so verschwindet."

19

Carola, Carola, Carola, wiederholte eine lästige Stimme in Elkes Kopf und hielt sie vom Denken ab. *Ich hätte nie zu ihr gehen dürfen.* Denn augenscheinlich war es die junge Angestellte ihrer alten Rivalin, die sie mit einem Imbiss versehen und eine Mappe mit Papieren auf dem altertümlichen Sekretär hinterlassen hatte. Nachdem die Tür hinter ihr wieder geschlossen worden war, warf Elke zuerst einen flüchtigen Blick auf diese Papiere, spürte dann aber trotz ihrer Erregung, dass sie großen Hunger hatte und wandte sich dem Imbiss zu. Man konnte den Teller mit zwei belegten Brötchen und einer dicken Essiggurke nicht gerade als liebevoll angerichtete Mahlzeit bezeichnen, jedoch lag daneben ihre Brieftasche, was Elke mit Erleichterung zur Kenntnis nahm. Hinzu kam ein Glas Orangensaft und eine Tasse Kaffee, in die jemand bereits Milch gegeben hatte. Elke schob die Brieftasche in ihre Jacke und biss in eines der Brötchen. Wenig später waren Imbiss, Kaffee und Saft vertilgt, Elke fühlte sich schon fast wieder normal, schlüpfte in ihre Schuhe, die ordentlich vor dem Sofa abgestellt worden waren, setzte sich an den Sekretär und begann, die Papiere zu lesen. Es waren nur wenige Seiten, auf der letzten sollte sie mit ihrer Unterschrift bestätigen, dass sie, im Namen von Kai und gegen Zahlung einer Summe von einhundertfünfzigtausend Euro auf ein Konto ihrer Wahl, auf jeglichen Anspruch an das Erbe des Peter Nopper, verstorben am 11. Februar 1998 in Tansania, verzichtete.

Den Teufel werde ich tun. Elke las die Papiere ein zweites und ein drittes Mal durch. *Was denkt sie sich bloß dabei? Es muss doch möglich sein, hier irgendwie rauszukommen.* Die Tür mit dem Lautsprecher darüber, so viel war klar, kam als Fluchtweg nicht infrage. Zum einen, weil sie verschlossen war, zum anderen, weil dahinter aller Voraussicht nach ihr Peiniger mit der geladenen Waffe wartete. Blieben also die Fenster. Hohe Fenster, die wie Türen wirkten, als führten sie nach draußen auf einen Balkon oder eine Terrasse. Elke drehte erneut an den Knöpfen, doch sie bewegten sich immer noch nicht. Auch der Versuch, durch die Lamellen der geschlossenen Läden einen Blick auf die Außenwelt zu erhaschen, scheiterte. *Verflixt noch mal, bleib ruhig,* befahl sich Elke und wunderte sich über sich selbst. Ausgerechnet ihr, die normalerweise schon bei der kleinsten Schwierigkeit in höchste Aufregung geriet, gelang es anscheinend, angesichts einer Freiheitsberaubung, eines bewaffneten Entführers und nicht zuletzt eines Nachttopfes für den Toilettengang die Nerven zu bewahren. Elke kam nicht umhin, ein wenig Stolz zu empfinden und sah sich gerade suchend im Zimmer nach einer eventuell noch unentdeckten Fluchtmöglichkeit um, als der Lautsprecher seinen Betrieb wieder aufnahm.

„Ihre Stunde ist bald um", sagte die Stimme, nun wieder verzerrt. „Ich hoffe, Sie haben sich ein wenig gestärkt und unseren kleinen Vertrag unterschrieben."

„Richten Sie Carola aus, dass sie mich kreuzweise kann", entgegnete Elke mutig.

„Wie bitte?"

„Auf so einen Kuhhandel lasse ich mich nicht ein."

„Ach, ja", seufzte die Stimme, machte eine kleine Pause und hüstelte. „Eine solche Reaktion haben wir befürchtet. Aber, sehen Sie, wir haben Zeit. Viel Zeit. Denken Sie einfach noch einmal darüber nach. In drei Stunden melde ich mich wieder."

★ ★ ★

Emmerich stand in der Kronprinzstraße und sah auf seine Armbanduhr, als es zu regnen anfing. Verdrossen schob er Carola Lämmerweins Umschlag unter sein Jackett, schlug den Kragen hoch, zückte das Handy und wählte Frenzels Nummer.

„Wo seid ihr gerade?"

„Auf dem Rückweg ins Präsidium."

„Wo genau?"

„B 14 vor der Staatsgalerie."

„Da könntet ihr mich doch mitnehmen, ich bin auch in der Stadt."

„Das ist genau in der entgegengesetzten Richtung", insistierte Mirko ungehalten. „Wir müssten umdrehen."

„Kann man machen", sagte Emmerich leutselig. „Man dreht dafür das Lenkrad um etwa einhundertachtzig Grad und …"

„Warum nimmst du nicht die Bahn, wie du's gewohnt bist?"

„Weil ich keinen Schirm dabei habe. Von der Bahn zum Präsidium würde ich womöglich nass. Ich warte an der Bushaltestelle am Schlossplatz auf euch."

„Liebe Güte", seufzte Mirko. „Wir sind schon unterwegs."

Emmerich steckte das Handy wieder ein, eilte mit eingezogenem Kopf zum Schlossplatz und setzte sich unter das Dach des gläsernen

Wartehäuschens. Noch immer hatte er keinen wirklichen Anhaltspunkt. Dafür tauchten, Person um Person, Menschen aus Noppers Umfeld auf und jeder davon konnte zumindest ein Motiv haben. Der Regen wurde stärker, doch er musste sich nicht lange gedulden, bis Frenzel und Kerner am Wartehäuschen vorfuhren. Emmerich nahm den Rücksitz, wartete, bis der Wagen sich wieder in Bewegung gesetzt hatte und fragte:

„Wie war's?"

„Zuerst die Vorgeschichte", sagte Frenzel, sich am Charlottenplatz rechts einordnend.

„Welche Vorgeschichte?"

„Ich hab im Internet recherchiert", erklärte Gitti. „Gestern Abend noch, von zu Hause aus. Über alles Mögliche. Die Gemeinschaft der Patmosbrüder. Familie Musfeld. Lämmerwein und Griesinger. Die Leibwind-Gastronomiegruppe. Da ist dann plötzlich das Hotel Sieber aufgetaucht. Es gehört zur Leibwind-Gruppe, deren Eigentümer, Matthias Leibwind, wiederum so etwas wie ein Pfarrer bei den Patmosbrüdern zu sein scheint."

„Vater Matthias", bestätigte Emmerich aus dem Fond. „Wieso scheint?"

„Weil ich nicht weiß, ob die Bezeichnung ‚Pfarrer' korrekt ist. Gemeindevorsteher ist vielleicht das bessere Wort. Oder Prediger. Ein Pfarrer ist nach meinem Verständnis auch ein Seelsorger, etwas Derartiges wird aber auf der Homepage der Patmosbrüder nicht erwähnt."

„Was dann?"

„Vorträge und Predigten von … äh …Vater Matthias. Da ist viel über Gott, den wahren Glauben und die Nächstenliebe zu lesen, aber auch einiges, was zumindest fragwürdig ist. Die Patmosbrüder haben ein kreationistisches Weltbild, sie nehmen die Bibel ziemlich wörtlich. Ihren Namen haben sie von der Insel Patmos, wo Johannes die Apokalypse offenbart wurde. Die Muttergemeinde befindet sich in den Vereinigten Staaten, genau gesagt, in Kalifornien. Und nun raten Sie mal, wer dort der Chef ist?"

„Woher soll ich das wissen?"

„Michael Ford", verkündete Gitti triumphierend. „Samt einem Foto, das dem Inhaber unseres gestohlenen Passes aus dem Gesicht geschnitten ist."

„Allerhand", staunte Emmerich und räumte insgeheim ein, dass das Internet sich bei manchen Gelegenheiten doch als recht nützlich erweisen konnte.

„Vater Matthias jedenfalls vertritt in seinen Vorträgen die Ansicht"
fuhr Gitti fort, „dass die weiße Rasse von Gott dafür ausersehen wurde,
die Welt zu erlösen. Allerdings nicht vor dem Jahr 2524."

„Da bleibt ihm ja noch etwas Zeit. Warum ausgerechnet da?"

Gitti Kerner stieß ein kurzes Lachen aus.

„Keine Ahnung, so weit habe ich mich noch nicht in die Materie ver-
tieft. Das Hotel Sieber kam mir vielversprechender vor."

„Und recht hatte sie", ergänzte Frenzel. „Du wirst baff sein, wenn du
hörst, was wir herausgefunden haben."

„Dann rückt endlich heraus mit der Sprache. Wohin fährst du übrigens, Mirko? Das Präsidium liegt in der anderen Richtung."

„Kleiner Umweg", sagte Frenzel leichthin. „Da wir ohnehin zurück-
mussten, um dich zu holen, können wir auch gleich noch beim Metzger
im Westen vorbeischauen. Haben wir uns gedacht."

„Du wirst das Zeug nicht hier im Wagen essen", protestierte Emmerich energisch. „Nicht, so lange ich drinsitze."

„Hättest du die Bahn genommen …" Frenzel bog ab und überquerte
die Paulinenbrücke. „Aber im Ernst, wir können alle dort essen, sie haben einen Mittagstisch."

„Von mir aus", brummte Emmerich und fügte lauter hinzu:

„Was ist nun mit dem Hotel Sieber?"

„Es ist größer, als man auf den ersten Blick denkt", sagte Gitti. „Neben
dem eigentlichen Hotel an der Straße gehören noch zwei weitere Gebäude im gleichen Block dazu. Dort befinden sich Appartements und ein
Schulungszentrum der Patmosbrüder. Beides wird von der Sieber GmbH
bewirtschaftet."

„Die Bande im Hinterhaus", setzte Frenzel hinzu. „Erinnerst du dich?
Wir haben die Frau, die das bei unserem ersten Besuch gesagt hat, im
Hof getroffen. Die Patmosbrüder sind dabei, weitere Liegenschaften in
der Gegend zu erwerben. Den Mietern wird nahegelegt, zum wahren
Glauben überzutreten oder sie werden hinausgeekelt."

„Das mag unangenehm sein", meinte Emmerich und sah nach rechts,
wo im strömenden Regen die beeindruckende Silhouette der Johannes-
kirche am Feuersee vorüberglitt. „Aber deshalb bin ich noch lange nicht
baff."

„Der Hammer kommt ja auch erst." Frenzel bog rechts ab, suchte erfolglos nach einem Parkplatz und manövrierte den Wagen schließlich
vorschriftswidrig auf eine Sperrfläche Ecke Hasenberg- und Gutenbergstraße. „Auf geht's, Essen fassen."

Emmerich, bis dahin noch fest entschlossen, höchstens eine Kleinigkeit zu sich zu nehmen, folgte den Kollegen in die Metzgerei und studierte das Speisenangebot.

„Mmmh", machte Gitti, „Spinatlasagne", während Frenzel bereits an der Theke stand. Emmerich zögerte. Natürlich hatte Gabi nicht ganz unrecht, wenn sie sein Gewicht beanstandete. Andererseits – ein Mann musste essen. Und bei Linsen mit Spätzle und Saitenwürstchen sagte man nicht Nein. Schon gar nicht, wenn man sie so günstig bekam, wie in dieser Metzgerei. Emmerich schaltete Gabis in seinen Ohren klingende Mahnungen aus, orderte eine Portion und stellte sich zu Gitti und Mirko an ein Stehtischchen.

„Wir haben mit dem Portier gesprochen", erklärte Frenzel, den obligatorischen Leberkäswecken in der Hand. „Der Herr Direktor war wieder einmal abwesend. Was die Leibwind-Gruppe angeht, wusste er nichts. Dafür umso mehr zu den Patmosbrüdern."

„Der junge Mann ist nämlich auf der Suche nach einem neuen Job", übernahm Gitti das Wort. „Weil er es nicht mehr aushält, wie er uns anvertraute."

„Was nicht mehr aushält?" Emmerich zerteilte ein Würstchen in ordentliche Drittel und diese wiederum in Sechstel.

„Mmpf", grunzte Frenzel mit vollem Mund, weshalb Gitti ihre Gabel mit Lasagne über dem Teller in der Schwebe hielt und fortfuhr:

„Alle Angestellten des Hotels Sieber sind Mitglied bei den Patmosbrüdern. Die meisten sind da hineingeraten über etwas, das sich „Brücke zur Arbeit" nennt. Junge Arbeitslose werden dort beraten, man bietet ihnen eine Ausbildung oder einen Job, aber eben nur, wenn sie in die Gemeinde eintreten. Was wohl viele tun, die sonst wenig Perspektiven im Leben haben. Die Jobs, nicht nur die im Hotel Sieber, seien gut bezahlt, meint der Portier. Allerdings wird ein großer Teil des Lohnes als Spende an die Patmosbrüder gleich wieder abgezogen. Und zwar getarnt als steuerfreie Reisekosten, Sonntags- oder Nachtzuschläge. Nicht schlecht, was? Dazu kommt …"

„Jetzt essen Sie mal Ihre Lasagne", unterbrach Emmerich den Wortschwall der Kollegin, selbst ein Sechstel Würstchen in den Mund schiebend. „Bevor sie kalt wird. Was kommt dazu, Mirko?"

„Der arme Junge mag nicht jeden Sonntag in den Gottesdienst. Auch nicht zweimal die Woche zu häuslichen Bibelkreisen oder religiösen Unterweisungen. Gehirnwäsche nannte er das. Er ist nur noch dort, weil er Schulden hat und nichts anderes findet."

„Alles nicht wirklich neu", befand Emmerich, mischte Linsen mit Spätzle zu einem wenig appetitlich anmutenden Brei und schob sich genussvoll eine Gabel in den Mund. „Gab es auch schon früher, zum Beispiel bei Bhagwan und Konsorten."

„Der Unterschied ist", sagte Mirko, sich die fettigen Finger an einer Papierserviette abwischend, „dass das früher irgendwelche Gurus waren, die an der Spitze solcher Bewegungen standen. Heute dagegen weiß man nicht, mit wem man es in Wirklichkeit zu tun hat. Mir scheint, das sind eher straff durchorganisierte Gruppen. Und das Wichtigste kommt sowieso erst jetzt."

„Also sprich. Was ist das Wichtigste?"

„Nach Aussage des Portiers hat Nopper das Hotel Sieber am Donnerstagabend vor Ostern verlassen. Mit einem kleinen Rucksack und dem Zimmerschlüssel. Den hat er vergessen, abzugeben. Schwört der Portier."

„Ja, und? Das würde immerhin den fehlenden Kulturbeutel erklären. Sagte er, wo er hingeht?"

„Nein. Nur, dass er voraussichtlich über Nacht wegbleibe. Das ist aber nicht das Wichtigste."

„Nicht? Was dann?"

„Der Schlüssel ist wieder da. Niemand weiß, wie er zurück ins Hotel gekommen ist, der Portier hatte über die Ostertage frei und danach hing der Schlüssel wieder im Fach an der Rezeption. Jemand muss ihn zurückgebracht haben."

„Hm", überlegte Emmerich und sechstelte das zweite Würstchen mit derselben Hingabe wie das erste. „Wer könnte das gewesen sein?"

„Die Tür zum Hotel steht meist offen", sagte Gitti. „Theoretisch könnte also jeder kurz hinein, den Schlüssel einhängen und wieder verschwinden."

„Ich persönlich allerdings tippe auf Direktor Hoffmann", warf Mirko ein. „Er wollte uns schließlich weismachen, dass Nopper nicht Nopper, sondern Michael Ford aus Kalifornien ist. Und er hatte nichts Eiligeres zu tun, als das Zimmer zu räumen und reinigen zu lassen."

„Das mag ja sein", meinte Emmerich kopfschüttelnd, „aber mir fehlt da ganz entschieden ein Motiv. Welchen Grund sollte Hoffmann haben, Nopper zu ermorden?"

„Darüber könnten wir uns mit dem Herrn Direktor persönlich unterhalten. Wir lassen ihn vorladen. Warum isst du dein Würstchen so komisch?"

„Mein Würstchen?" Emmerich sah erstaunt auf die letzten vier Sechstel hinab. „Was ist daran komisch? Das mache ich schon immer so. Wie isst du denn dein Würstchen, falls du eines isst?"

„Am Stück natürlich", entgegnete Frenzel. „Von vorne nach hinten."

„So, so", grinste Emmerich. „Ich bin's halt anders gewohnt."

„Bitte, meine Herren", insistierte Gitti. „Wir sollten beim Thema bleiben. Der Herr Direktor ist angeblich bis übermorgen verreist. Wie sollen wir ihn da vorladen?"

„Dann eben am Montag. Sie kümmern sich darum. Und außerdem um dies hier." Emmerich zog das Foto aus Rosemarie Bofingers Album heraus und legte es auf das Stehtischchen. „Davon will ich eine Vergrößerung. Von dieser Faust."

„Was soll das sein?" Frenzel beugte sich vor und brachte beinahe das Tischchen zum Kippen.

„Carola Lämmerwein und Peter Nopper anno 1989. Als Verlobte grüßen, und so weiter …"

„Krass, die Schulterpolster. Wie kommst du dazu?"

Emmerich berichtete von seinen morgendlichen Besuchen im Grasigen Rain und der Anwaltskanzlei, ließ den Brief an Elke Bofinger herumgehen und schob die letzte Gabel Linsen in den Mund.

„Und was ist Besonderes an Noppers Faust?", fragte Mirko mit kritischem Blick.

„Da könntest du selbst darauf kommen. Sieh mal genau hin."

„Hm", machte Frenzel und ballte selbst die Linke zur Faust. „Fünf Finger und ein Ring. Das hätte ich beinahe auch zu bieten."

„Aber eben nur beinahe. Es ist der Ring, Blödmann."

„Du meinst, es ist der, der bei der Leiche fehlt? Das Foto ist uralt."

„Schmuckstücke werden oft ein Leben lang getragen. Sieh dir meinen Ehering an."

„Dieser Ring sieht nicht aus wie ein Ehering." Gitti hatte sich die Aufnahme geben lassen und hielt sie so nahe wie möglich vor die Augen. „Dafür ist er zu dick. Und die Lämmerwein trägt keinen. Also ist es auch nicht der Verlobungsring."

„Richtig", stimmte Emmerich zu. „Dafür habe ich das Gefühl, so einen ähnlichen Ring in letzter Zeit irgendwo gesehen zu haben. Deshalb brauche ich die Vergrößerung."

„Wird erledigt", versprach Gitti. „Die KTU hat auch die Bilder von der Kleidung des Toten fertig. Sollen die an die Presse?"

„Nicht, bevor ich sie gesehen habe."

„Dann sollten wir zurück ins Büro", schlug Frenzel vor. „Ich hab noch ein paar Anrufe zu erledigen."

* * *

Drei Stunden. Elke Bofinger sah mechanisch auf ihr linkes Handgelenk und musste feststellen, dass jemand, abgesehen vom Handy, auch ihre Armbanduhr entfernt hatte. Wie schnell vergingen drei Stunden in einem Raum ohne Tageslicht? *Quälend langsam, vermutlich.* Und nach diesen drei Stunden weitere drei, fünf oder fünfzehn Stunden. ‚Wir haben Zeit', hatte die Stimme gesagt. Ein wenig niedergeschlagen ging Elke zum Bücherregal gegenüber der Tür und suchte nach Ablenkung. Was sie fand, war wenig ermutigend. Mehrere Bibeln unterschiedlichen Alters, abgenutzte Kinderbücher vom „Trotzkopf" aus den Dreißigerjahren bis zu „Hanni und Nanni" aus den Siebzigern, gesammelte Werke von Mörike, Hölderlin und Uhland. Alles verstaubt und sichtlich seit Jahren nicht mehr benutzt. Lediglich in der untersten Reihe standen ein paar Taschenbücher, die aussahen, als wären sie neueren Datums. Elke zog zwei heraus, setzte sich damit auf den Drehstuhl und schlug im Licht der Tischlampe eines auf: „Die Propheten und das Ende der Zeit – Apokalypse, Nostradamus, Maleachi und andere."

Lieber nicht, dachte Elke und legte das Buch wieder weg. *Das Leben ist auch so schon trostlos genug.* Draußen hatte es zu regnen begonnen, ein paar Minuten lauschte sie gedankenverloren dem monotonen Rauschen des Wassers, das an der Hauswand neben einem der Fenster durch ein geräuschvolles Plätschern verstärkt wurde. Auch das zweite Buch, „Befreie dich und lebe", war rein inhaltlich nicht dazu angetan, ihr Interesse zu wecken. Im Gegensatz zu seinem Titel. *Leben tust du ja noch,* sprach sie sich selbst Mut zu. *Also denk nach, wie du dich befreien kannst.* Im Zimmer war es kalt. Elke stellte die Bücher zurück, schlüpfte in ihre Jacke und spürte, wie sich das Gefühl der Hilflosigkeit, das sie seit dem Aufwachen empfand, langsam in Wut verwandelte. Wut auf sich selbst, warum hatte sie nicht besser auf sich aufgepasst? Warum war sie ausgerechnet zu Carola gegangen? Und Wut auf die Person, der sie ihre missliche Lage verdankte. Während sie tatenlos dasaß, dem Plätschern lauschte und fröstelte, steigerte sich diese Wut und wurde zu Hass, bis Elke schließlich in einem Anfall sinnlosen Zorns den Nachttopf gegen die Tür schleuderte und „blöde Kuh" schrie, ohne zu wissen, ob sie sich selbst oder Carola damit meinte. Den Bruchteil einer Sekunde später bereute sie ihren Wurf bereits, sicherlich würde er sich als schwerer Fehler erweisen und in irgendeiner Weise geahndet werden. Elke hüllte sich in die Wolldecke, kauerte sich auf's Sofa und wartete, doch nichts geschah. Sie benötigte eine ihr endlos erscheinende Zeit, um wieder einen klaren Gedanken fassen zu können:

Vielleicht hat mich niemand gehört? Vielleicht sind sie weg? Hastig stand sie wieder auf, presste ihr Ohr gegen die Tür und hörte … nichts. Kein Geräusch, das auf die Anwesenheit weiterer Personen im Haus hätte schließen lassen. Elke fasste einen kühnen Entschluss, sie nahm die schwerste der alten Bibeln aus dem Regal, wickelte sie in die Wolldecke und schlug damit das Fenster, welches dem Plätschern am nächsten lag, ein. Feuchte Luft drang ins Zimmer, sie atmete mehrfach tief durch, steckte den Arm durch die Öffnung im Glas und fand die Verriegelung des Fensterladens. Ein simpler Metallhaken, verbunden mit einer Öse im Mauerwerk. Elke öffnete vorsichtig den Laden und spähte hinaus. Das Fenster entpuppte sich tatsächlich als Tür, die auf eine verwitterte Terrasse aus grauem Stein hinausführte. Dahinter sah sie Baumkronen, unbelaubt und kahl, mit regennassen Ästen. *Ich bin nicht im Erdgeschoss,* folgerte Elke, nun endlich wieder denken können. Sie schob die Papiere ein, entfernte mit sorgfältigen, kurzen Stößen das restliche Glas aus dem Fenster, stieg durch den Rahmen hinaus und betrat die Terrasse. Wie sie angenommen hatte, rührte das Plätschern von einem Fallrohr, das die Dachrinne mit dem Boden verband, her. Elke war keine sportliche Person, schon gar keine, die irgendwelche Erfahrungen im Klettern vorweisen konnte, doch das Rohr machte einen soliden Eindruck und sie hatte nichts zu verlieren. Beherzt kletterte sie über das steinerne Geländer und ließ sich mehr schlecht als recht hinunterrutschen. Von einigen Schürfwunden abgesehen, landete sie unversehrt am Boden, ihre Kleidung jedoch war arg in Mitleidenschaft gezogen. Elke zupfte modrige Blätter von ihrer Jacke und stellte verdrossen fest, dass auch ihr Sweatshirt durch einen feuchten Fleck von der Größe eines Pizzatellers verunziert wurde. Allerdings war jetzt nicht die Zeit, sich mit derartigen Äußerlichkeiten abzugeben, stattdessen wandte sie ihre Aufmerksamkeit der Umgebung zu. Das Rohr endete in einer rechtwinkligen Nische, die durch fensterlose Mauern gebildet wurde. Ungepflegter, moosüberwachsener Rasen bildete den Untergrund, wenige Meter weiter wucherten Bäume und Büsche hangaufwärts. Auf den ersten Blick sah es nicht so aus, als gäbe es dort ein Durchkommen. Elke wandte sich daher nach links und spähte vorsichtig um die Ecke, wo ein Weg aus überwucherten Steintritten um das Haus herumführte. Während sie noch überlegte, ob sie es wagen konnte, diesen Weg zu nehmen, hörte sie Männerstimmen von der Vorderseite des Hauses. Elke zog sich in ihre Nische zurück und warf einen zweifelnden Blick auf das Buschwerk am Hang. Offensichtlich meinte es das Schicksal wieder einmal nicht gut mit ihr, es gab nur diese Möglichkeit des Entkommens. Sie würde sich hindurchkämpfen, koste es, was es wolle. Immerhin war hinter den Büschen nicht mit fremden Männern oder geladenen Waffen zu rechnen.

20

„Da wartet einer auf Sie", empfing ihn Frau Sonderbar bei der Rückkehr ins Büro distanziert und machte insgesamt den Eindruck, sehr beschäftigt zu sein. Emmerich, keineswegs sicher, ob das Distanzierte tatsächlich dem Arbeitsaufkommen seiner Sekretärin zu verdanken war, oder vielleicht eher dem Ausweichen auf Fragen bezüglich des Anrufbeantworters, nickte höflich.

„In welcher Angelegenheit?"

„Nopper. Ich habe mir erlaubt, ihn in Ihr Büro zu bitten."

„Ein Zeuge?"

„Vielleicht. Der Streifendienst hat ihn hergebracht. Er will nur mit dem leitenden Beamten persönlich sprechen. Sagt er."

„Wie lange wartet er schon?"

„Zwanzig Minuten. Kein besonders ... hm ... gepflegter Herr, wenn ich das so sagen darf."

„Sie dürfen alles sagen, das wissen Sie doch. Hat der Herr einen Namen?"

„Das nehme ich an." Frau Sonderbar blickte vom Bildschirm nach oben und rümpfte die Nase. „Da er aber mit mir nicht sprechen wollte und ich ... mit Verlaub ... dafür nicht undankbar bin, kann ich das nicht bestätigen. Und bitte wundern Sie sich nicht, wenn es in Ihrem Büro ein wenig kühl ist, ich hielt es für sinnvoll, das Fenster zu öffnen."

„Scheint ja ein seltsamer Herr zu sein", meinte Emmerich, öffnete die Tür zu seinem Reich und stellte fest, dass seine Sekretärin nicht untertrieben hatte. Vor dem Flipchart stand ein Mann unbestimmten Alters mit filzigem, grauem Haar, von dem ein deutlich wahrzunehmender Geruch nach billigem Alkohol, verabsäumter Körperhygiene und lange nicht gewaschener oder gewechselter Kleidung ausging. Im Augenblick von Emmerichs Eintreten war er einerseits damit beschäftigt, sich mit der linken Hand in der Nase zu bohren, mit der Rechten dagegen zeichnete er lustige, kleine Blumen, die eine entfernte Ähnlichkeit mit denen aus einer alten Spülmittelwerbung hatten, auf das Flipchart.

„Was machen Sie da?", fragte Emmerich ärgerlich. „Lassen Sie das gefälligst bleiben."

„Ha, no", entgegnete der Mann mit Fistelstimme und unüberhörbar schwäbischem Zungenschlag, während er den Stift in der Tasche eines schmuddeligen Fischgrätmantels verschwinden ließ. „Sind Sie hier der Chef?"

„Jawohl. Und Sie legen meinen Stift zurück auf den Schreibtisch."

„Fischer, Otto." Die Fingernägel der Hand, die ohne das Schreibgerät aus der Tasche gezogen und Emmerich entgegengestreckt wurde, strotzten vor Schmutz. Er ignorierte die Hand und verdrückte sich hinter seinen Schreibtisch, wo er aber stehen blieb.

„Sie wollen eine Aussage machen, Herr … äh … Fischer?"

„Gibt's hier keinen Kaffee? Oder ein Weckle?"

„Mit Wurst oder Käse?", fragte Emmerich ironisch. „Wie hätten Sie's denn gerne?"

„Ich nehm beides, Chef", strahlte der offenbar obdachlose Mann mit beinahe zahnlosem Lächeln.

„Erst sagen Sie mir, worum es geht. Dann sehen wir weiter."

„Ich hab was gesehen. Am Karfreitagmorgen. In dem chinesischen Park."

„Was haben sie gesehen?"

„Ja, wenn ich jetzt ein Weckle hätt …"

„Schon gut." Emmerich kam wieder hinter seinem Tisch hervor und öffnete die Tür zum Vorzimmer. „Zwei Tassen Kaffee und wenn Sie irgendwo ein belegtes Brötchen auftreiben könnten …"

Frau Sonderbars Blick konnte vernichtender kaum sein.

„Ein belegtes Brötchen?"

„Mit Wurst und Käse", bestätigte Emmerich, den Blick ignorierend. „Bitte. Manchmal ist die Arbeit bei der Polizei kein Zuckerschlecken."

„Was Sie nicht sagen", entgegnete Frau Sonderbar mit Leichenbittermiene. „Ich werde sehen, was ich tun kann."

„Danke." Emmerich kehrte in sein Büro zurück und wies auf einen Stuhl. „Setzen Sie sich. Ich brauche zuerst einmal Ihre Personalien."

„Fischer, Otto", wiederholte der Mann. „Geboren am 31.10.1943. OfW."

„Wie lange schon?"

„Was?"

„Wie lange sind Sie schon ohne festen Wohnsitz?"

„Seit meine Frau mich rausgeschmissen hat. Ein Saumensch war das, meine Frau. Was ich der alles geschenkt habe, was ich für die alles getan habe …"

180

„Lassen wir das", unterbrach Emmerich die Fistelstimme. „Kommen wir zu Ihrer Beobachtung. Warum waren Sie überhaupt dort? Im chinesischen Garten, um diese Zeit?"

„Platte gemacht", entgegnete der Mann rau. „Ist verboten, ich weiß, aber Sie verpetzen mich nicht, Chef, was? Ich weiß, wie ich reinkomm, auch wenn das chinesische Dings schon zu ist."

„Warum gehen Sie nicht in eine der städtischen Notunterkünfte? Da draußen ist es doch viel zu kalt."

„Sie kennen die Menschen nicht, Chef. Dort wird einem alles geklaut. Bleib ich lieber in meinem Biwak und bin morgens wieder weg. Bloß nicht am Karfreitag. Da hab ich am Abend vorher ganz zufällig bisschen was getrunken ... Sie wissen schon ... also hab ich verschlafen." Fischer, Otto unterbrach sich mit einem trockenen Husten. „Bin nur aufgewacht, weil ich Stimmen gehört hab."

Emmerich bedachte die Uhrzeit, zu der Eleonore Schloms den zu diesem Zeitpunkt noch lebenden Nopper gefunden hatte, verglich sie mit seinem eigenen Schlafbedürfnis, wenn er am Abend vorher „was getrunken" hatte und kam nicht umhin, sich zu wundern.

„Wann pflegen Sie denn normalerweise aufzustehen? Wenn Sie ... nichts getrunken haben?" Ein Umstand, von dem er annahm, dass er bei seinem Gegenüber eher selten vorkam.

„Um fünf", krähte Fischer, Otto zu seiner Überraschung vergnügt. „Die Kälte treibt einen raus. Ich war schon immer ein Frühaufsteher."

„Und dann? Was machen Sie den ganzen Tag über so?"

„Ich verstau mein Zeug. Dann lauf ich bisschen rum. Runter, in die Stadt oder so. Schnorren, meine Kumpels treffen, in der Wärmestube sitzen. Was unsereiner halt so macht."

„Verstehe", brummte Emmerich im vollen Bewusstsein dessen, dass er dies keineswegs tat und fragte aus purer Neugier weiter:

„Wo verstauen Sie denn ... Ihr Zeug?"

„Das ist mein Geheimnis, Chef", erklärte Fischer, Otto, verschmitzt. „Oh, gnädige Frau, haben Sie tausend Dank."

„Gern geschehen", zischte Frau Sonderbar wahrheitswidrig durch die zusammengekniffenen Lippen, platzierte Kaffee sowie einen Teller auf Emmerichs Schreibtisch und wehrte die Versuche seines Klienten, ihre Hand zu küssen, energisch ab. „Ich bin dann wieder draußen."

„Mahlzeit." Emmerich nahm sich eine der Tassen und wies auf den Teller. „Da haben Sie Glück. Sogar ein Laugenweckle."

„Frühstück", strahlte der Mann ohne festen Wohnsitz und machte sich malmend über den Teller her. Emmerich, dessen Nase sich mittlerweile an das strenge Odeur seines Gegenübers gewöhnt zu haben schien, nippte gemächlich an seinem Kaffee, bedachte die Schwierigkeiten, die der Verzehr eines Laugenweckens ohne solides Gebiss bereiten mochte und wartete, als das Telefon summte.

„Wie sieht es aus bei Ihnen?", verlangte der Chef zu wissen. „Gibt's schon einen Bericht?"

„Ist gerade schlecht", gab Emmerich, der die Ansicht vertrat, dass derart banale Anfragen auch von der Sekretärin beantwortet werden konnten, kurz angebunden zurück. „Bin mitten in einer Zeugenbefragung. Am besten, Sie sprechen mit Frau Sonderbar."

„Na, hören Sie mal, Emmerich, Sie werden mir ja wohl noch persönlich …"

„Später."

„Später bin ich im Wochenende."

„Das hatte ich angenommen."

„Ich muss doch bitten …"

„Wirklich Chef. Ich habe gerade gar keine Zeit."

„Dann aber am Montag. Gleich als Erstes."

„Selbstverständlich. Schönes Wochenende." Emmerich unterbrach die Verbindung und wandte sich an den Obdachlosen. „Nun zu Ihnen. Was haben Sie gesehen?"

Fischer, Otto rülpste vernehmlich.

„Wenn ich vielleicht noch 'n Bier haben könnte?"

„Können Sie nicht. Dies ist das Polizeipräsidium. Hier gibt es keinen Alkohol."

„Och", grinste es ihm zahnlos entgegen. „Da hab ich aber auch schon anderes gehört. Was ist mit Schnaps?"

„Nichts. Legen Sie los. Oder verschwinden Sie."

„Ach, so ist das", sagte der Mann im Fischgrätmantel beleidigt und kratzte sich ausgiebig am Kinn. „Also gut, ich sagte ja schon, ich hab Stimmen gehört an diesem Morgen. Es waren nicht die Jungs vom Gartenamt, die kenne ich. Die waren schon wieder weg."

„Wer war es dann?"

„Männer. Drei Männer. Ein kleiner Dünner, ein großer Dicker und einer in der Mitte. Der war ganz schlapp."

„Was haben die Männer gemacht?"

„Den in der Mitte nach oben getragen. Da ist so eine Plattform."

„Wir kennen die Plattform. Weiter."

„Nichts weiter. Die sind dann wieder gegangen und weggefahren. Mit einem Auto. Hab ich gehört."

„Das ist alles?", fragte Emmerich, wenig erbaut.

Das sei immerhin ebbes, entgegnete Fischer, Otto empört. „Haben Ihre Kollegen gesagt. Und dass Sie sich bestimmt erkenntlich zeigen, wenn Sie hören, was ich noch hab."

„Was haben Sie denn noch?"

„An dem Tag war's windig. Die Männer hatten Mäntel an und was auf dem Kopf. Dem Dicken hat's die Mütze weggeblasen. Ich hab sie hier."

„Wo hier?"

„Na, da. In meiner Tasche. Hab sie sogar in eine Tüte gesteckt, wegen der Spuren. Weil mir das Ganze komisch vorkam."

Emmerich beobachtete mit zweifelnder Miene, wie der Mann eine zerknautschte Plastiktüte aus der Tasche seines Fischgrätmantels zog und sie ihm reichte.

„Sie haben sie aber schon angefasst, oder?", fragte er vorsichtig. „Die Mütze?"

„Das musste ich doch."

„Dann tut es mir leid, aber wir müssen Sie jetzt erkennungsdienstlich behandeln. Damit wir die Spuren, die Sie hinterlassen haben, von denen des … äh … Dicken unterscheiden können."

„Und meine Belohnung?"

Emmerich zückte seufzend seine Börse und nahm einen Zwanziger heraus.

„Hier. Mehr gibt es nicht. Dafür dürfen Sie das Ganze noch mal den Kollegen erzählen, die machen dann ein Protokoll."

„Für Sie mach ich alles, Chef", freute sich der Zahnlose und schob den Zwanziger ein.

„Wo können wir Sie erreichen? Falls wir Sie noch mal brauchen?"

„Pfff", machte der Mann ausweichend. „Mal hier, mal da. Am besten, Sie fragen in der Franziskusstube bei Schwester Margret, da weiß eigentlich immer wer, wo ich gerade bin."

★ ★ ★

Während sie Brombeerranken niedertrat, unter unbelaubten Sträuchern hindurchkroch und sich hangaufwärts arbeitete, verlor Elke Bofinger jegliches Gefühl für die Zeit. Schon in einiger Entfernung des Hauses hörte sie, wie die Stimmen lauter wurden, dann gab es einen Knall und sie beeilte sich, weiterzukommen. Bald stieß sie auf einen Gartenzaun aus altem, rostigem Draht, der jedoch so brüchig war, dass er sich ohne Mühe anheben ließ. Elke schlüpfte darunter hindurch, das Buschwerk lichtete sich, sie gelangte auf einen schmalen Hohlweg, wandte sich, ohne weiter nachzudenken, nach rechts und rannte. Rannte, bis sie völlig aus der Puste war und die ersten Häuser auftauchten. Keuchend blieb sie stehen und sah sich um. Der Hohlweg ging in eine zugeparkte Sackgasse über, aus den Nummernschildern der Autos schloss Elke, dass sie sich immerhin noch in Stuttgart befand, die Gegend allerdings war ihr völlig fremd. Zu beiden Seiten der Straße standen Zwei- und Dreifamilienhäuser, Menschen waren nirgends zu sehen, nur eine Katze, die unter einem Auto hervorgepirscht kam und in einem Vorgarten verschwand. Elke suchte vergeblich nach einem Straßenschild oder einem anderen Orientierungspunkt und ging langsam weiter. Mit einem Mal war die Übelkeit wieder da, ihre Wange schmerzte von einem langen Kratzer, den sie vorsichtig ertastete, ihr rechter Knöchel fühlte sich verstaucht an. Sie vernahm Motorengeräusch, duckte sich instinktiv hinter einem der geparkten Autos und sah ein Taxi, das langsam die enge Straße entlangfuhr, einen Fahrgast aussteigen ließ und wendete. Elke trat auf die Straße hinaus. Das Taxi bremste. Elke humpelte zur Beifahrertür, öffnete sie und ließ sich in das weiche Lederpolster fallen.

„Grasiger Rain", sagte sie mit letzter Kraft.

„Was du meine?", fragte der Fahrer mit ausländischem Akzent und missbilligendem Blick. „Ist das Straße? Alles gut mit dir?"

„Nein", schluchzte Elke trocken. „Nichts ist gut. Aber dürfte ich bitte Ihr Handy benutzen?"

„Fahre Polizei", entgegnete der Fahrer entschlossen. „Du nix gut aussehen. Fahre Krankenhaus."

„Nein, bitte. Ich muss nicht ins Krankenhaus. Ich … es geht schon."

„Nix gut", wiederholte der Fahrer und klappte die Sonnenblende am Beifahrersitz hinunter. „Du gucken, wie aussehen. Fahre Polizei."

Elke warf einen Blick in den kleinen Spiegel und brach in Tränen aus.

* * *

„Ich bin mit den Anrufen durch", verkündete Mirko, Emmerichs Büro betretend, mit einem Anflug von Großspurigkeit. „Weitgehend, zumindest."

„Wie meinst du?" Emmerich schreckte aus einem leichten Dösen hoch, in das er nach Fischer, Ottos Abgang verfallen war. Die Mordsache Nopper verwirrte ihn zunehmend, sie gemahnte ihn mehr und mehr an eine Jahrmarktsbude, wo man an einem von vielen Fäden ziehen musste und nur mit Glück denjenigen erwischte, an dessen anderem Ende ein Gewinn baumelte. Eine ganze Woche war vergangen, seit man das Opfer gefunden hatte, statt einer heißen Spur kamen nur weitere Fäden hinzu. Emmerich gähnte, streckte sich und sah Mirko erwartungsvoll an.

„Was heißt weitgehend?"

„Alle hab ich nicht erreicht. Aber ziemlich viele."

„Dann leg mal los."

Mirko setzte sich in einen der Besucherstühle, spreizte die Finger der linken Hand und tippte mit dem Zeigefinger der rechten auf den Daumen.

„Erstens", begann er, „das Gartenamt. Die Mitarbeiter haben den chinesischen Garten kurz vor sieben geöffnet. Einen Kontrollgang haben sie nicht gemacht. Weil das Wetter so schlecht war. Ebenso wenig etwas Außergewöhnliches bemerkt."

„Niete", murmelte Emmerich, der Fäden gedenkend und setzte etwas lauter hinzu: „Weiter."

Mirko tippte den Zeigefinger seiner Linken an.

„Zweitens: Der Gospelchor. Das sind ungefähr zwanzig Leute, fast nur Frauen, die sich gegen sechs Uhr früh im Gemeindezentrum der Patmosbrüder getroffen haben. Dort sind sie geblieben bis zum Nachmittag. Beide Musfelds waren ebenfalls dort. Sagt die Leiterin des Chores."

„Soll heißen, das Alibi der Herren ist bestätigt?"

„Eben nicht." Mirko seufzte. „Sie hat die beiden auf dem Parkplatz gesehen und auch begrüßt, als sie am Gemeindezentrum angekommen ist. Danach allerdings hat der Chor geprobt. Aufgetreten ist er erst um acht, das heißt, über die für uns entscheidende Zeit kann sie keine Aussage machen."

„Zweite Niete", konstatierte Emmerich trocken. „Wie viele von der Sorte hast du noch anzubieten?"

„Noch drei." Mirko hielt fünf Finger in die Höhe. „Die Band war nicht vor acht Uhr im Gebäude, Auftritt ab zehn. Zu diesem Zeitpunkt waren beide Musfelds im Saal, was uns nichts nützt. Die Gemeindesekretärin hat sie kurz nach sechs gesehen, war dann aber mit organisatorischen Aufgaben beschäftigt. Dito der Hausmeister, der zwar um halb sechs aufgesperrt und die ganze Familie Musfeld beim Eintreffen bemerkt hat, sich danach aber – und das darf ich auf keinen Fall weitererzählen – wieder ins Bett gelegt hat."

„Zeiten sind das", brummelte Emmerich kopfschüttelnd. „Was den lieben Gott wohl daran freut, wenn die Leute sich nicht mal am Feiertag ausschlafen?"

„Keine Ahnung." Mirko zuckte die Achseln. „Wird halt in religiösen Kreisen so üblich sein, oder? In den Klöstern sind sie doch auch schon höllisch früh auf den Beinen."

„Dieses Gemeindezentrum der Patmosbrüder … wie weit ist das eigentlich weg vom chinesischen Garten?"

„Müsste ich mir im Internet noch mal ansehen", sagte Mirko abschätzend. „Ich denke aber, dass es nahe genug liegt, um an einem Feiertag mit wenig Verkehr sowohl den Hin- als auch den Rückweg innerhalb von weniger als einer Stunde zu schaffen."

„Hm", brummte Emmerich nachdenklich. „Das heißt, wir bräuchten es schon etwas genauer mit dem Alibi der Herren Musfeld. Also weiter, was ist mit der Schwester?"

„Sarah Musfeld? Das ist die eine, die ich nicht erreicht habe. Rate, warum?"

„Ich wusste, dass du noch ein As im Ärmel hast", sagte Emmerich und zwinkerte. „Sonst wärst du mit hängenden Schultern hier hereingekommen. Also …"

„Sarah Musfeld ist gestern Vormittag in die Vereinigten Staaten gereist. Nach Kalifornien. Via Paris."

„Ach, was? Wie hast du das herausgefunden?"

„Ihre Mitbewohnerin war so freundlich, mir das mitzuteilen. Mit dieser Dame sollten wir dringend sprechen, die weiß noch mehr. Sie erwartet uns gegen siebzehn Uhr."

„Sie erwartet wen?"

„Dich und mich."

„Warum nicht dich und Frau Kerner?"

„Weil ich uns beide angemeldet habe."

„Und was ist mit meinem Feierabend?"

„Reiner …"

„Ja, ja, schon gut. Ist auch egal, ich weiß sowieso, wer es war."

„Wie bitte?"

„Ein kleiner Dünner und ein großer Dicker. So einfach ist das."

„Bist du noch bei Trost?"

„Aber sicher." Emmerich berichtete vom Besuch des Obdachlosen und wies auf die Tüte mit der Mütze. „Das hat der Dicke verloren."

„Und wo ist der Penner jetzt?"

„Beim Erkennungsdienst im ersten Stock. Was mich auf die Fotos bringt, die mir Frau Kerner beim Mittagessen versprochen hat …"

„Hier", erklang es von der Tür her. Gitti betrat mit einem Umschlag in der Hand das Büro, nahm Bilder heraus und befestigte sie an der Pinnwand. „Eine Jeans, alle Etiketten herausgetrennt und für Nopper viel zu groß. Ein schwarzes Allerwelts-T-Shirt aus einhundert Prozent Baumwolle. Turnschuhe mit den berühmten drei Streifen, aber ein älteres Modell. Schwarze Socken, interessanterweise zwei verschiedene, wenn man genau hinsieht. Das Beste ist noch die Jacke, die KTU sagt, es handele sich um einen alten Bundeswehrparka, von dem die Hoheitszeichen entfernt wurden."

„Ja", nickte Emmerich zustimmend. „Das war mal schwer angesagt in den Siebzigern."

Gitti schürzte die Lippen, deutete durch ein leichtes Kopfschütteln an, dass sie von derartigen modischen Entgleisungen offenbar nichts hielt und fuhr fort:

„Alle Textilien sind getragen, mehr oder weniger häufig gewaschen und waren frisch. Der Portier sagte allerdings, dass Nopper am Donnerstagabend einen Anzug, ein Hemd ohne Krawatte und einen leichten Mantel getragen hätte."

„Wir können also davon ausgehen, dass die Täter ihn umgezogen haben", meinte Emmerich ein wenig zerstreut. „Dass es mindestens zwei waren – darüber sind wir uns ja wohl inzwischen einig."

„Nur, weil dein Penner das gesagt hat …", warf Mirko mit zweifelnder Miene ein.

„*Mein* Penner", betonte Emmerich sorgfältig, „ist ein Zeuge, wie jeder andere auch. Im Übrigen kann es gar nicht anders gewesen sein, ein einzelner Täter hätte weder das Umkleiden ohne weiteres erledigen können, noch hätte er den bewusstlosen Nopper alleine auf die Plattform gebracht. Wen hast du übrigens außer Sarah Musfeld nicht erreicht?"

„Leibwind", sagte Mirko und verzog das Gesicht. „Diese Gastronomie-Gruppe ist dermaßen verschachtelt, dass es mir bislang nicht gelungen ist, herauszubekommen, bei welcher der vielen Einzelfirmen der Chef zu finden ist."

„Ich hab hier auch noch die Vergrößerung, die Sie wollten", unterbrach Gitti ein wenig spitz, das letzte Foto aus dem Umschlag nehmend und sichtlich noch nicht zu Ende. „Falls es noch von Interesse ist."

„Aber sicher." Emmerich langte nach dem Bild und wollte es gerade ansehen, als ihn das Summen des Telefons unterbrach.

„Das Polizeirevier Gutenbergstraße möchte Sie sprechen", verkündete Frau Sonderbar mit Stentorstimme. „Eine Elke Bofinger befindet sich dort in Gewahrsam."

„Jetzt schlägt's dreizehn", sagte Emmerich, drückte die Mithörtaste und meldete sich mit Namen.

„Wir haben hier eine Frau, die in Verbindung mit einem Ihrer Fälle stehen könnte", erklärte eine hölzerne Stimme, deren Besitzer sich als Polizeiobermeister Kraus vorgestellt hatte. „Allerdings werden wir nicht ganz schlau aus dem, was sie erzählt und außerdem sieht die Lady etwas … hm … strapaziert aus."

„Was erzählt sie denn?", fragte Emmerich interessiert.

„Sie behauptet, entführt worden zu sein. Auf Sie sind wir aber erst gekommen, nachdem die Frau mit ihrer Mutter telefoniert hat."

„Das hat schon seine Richtigkeit." Emmerich dachte kurz nach. „Wissen Sie was, setzen Sie Frau Bofinger in einen Streifenwagen und bringen Sie sie ins Präsidium. Wir kümmern uns um die Angelegenheit."

„Prima." Polizeiobermeister Kraus klang erleichtert. „Macht ihr dann auch das Protokoll?"

„Machen wir", versprach Emmerich. „Wie lange … ?"

„Halbe Stunde", sagte Kraus. „Vielen Dank und tschüss."

„Na, da bin ich aber mal gespannt", erklärte Gitti ungläubig. „Eine Entführung mitten in der Großstadt, am helllichten Tag. Wo gibt's denn sowas?"

„In Stuttgart, offensichtlich", entgegnete Emmerich lakonisch, steckte zerstreut die Vergrößerung ein und griff nach einem Stift. „Könnten wir jetzt einen Plan für den Rest des Nachmittags machen? Solange noch Zeit ist? Was muss alles erledigt werden?"

Mit leisem Argwohn bemerkte er den verwunderten Blick, den die beiden Jüngeren wechselten und setzte hinzu:

„Oder ist dagegen etwas einzuwenden?"

„So viel haben wir doch gar nicht zu erledigen", sagte Frenzel vorsichtig. „Sobald wir mit Frau Bofinger fertig sind, fahren wir zur Mitbewohnerin von Sarah Musfeld, auf dem Rückweg bringe ich die Mütze noch in die KTU und dann ist Feierabend. Dafür brauchen wir doch keinen Plan."

„Hm", machte Emmerich. So gesehen hatte Frenzel natürlich recht, in seinem Kopf allerdings verknoteten sich dicke, maisgelbe Fäden zu einem unentwirrbaren Knäuel, bei dem weder ein Anfang, noch ein Ende zu fassen war. *Reiß dich am Riemen*, rief er sich verärgert zur Ordnung. Zugegebenermaßen spukte immer noch Gabis Ausflug nach Leinfelden in seinem Hinterkopf herum und hinderte ihn am logischen Denken.

„Ich könnte schnell Frau Bofingers Mutter anrufen", bot Gitti Kerner gerade an. „Damit sie sich keine Sorgen macht."

„Tun Sie das", nickte Emmerich. „Aber zum Gespräch sind Sie wieder da."

Frenzel wartete, bis Gitti draußen war, sah seinen Vorgesetzten kritisch an und fragte:

„Bist du sicher, dass es dir gut geht?"

„Nein", ranzte Emmerich ungnädig. „Oder doch. Natürlich geht es mir gut. Es ist nur ... ich finde keine klare Linie bei diesem Fall. Was ist, wenn wir völlig auf dem falschen Dampfer sind? Wenn gar keine der bislang befragten Personen etwas mit dem Mord zu tun hat? Dann haben wir eine ganze Woche umsonst ..."

„Hör auf, wir tun doch, was wir können. Du willst nur nicht ins Wochenende, ohne eine konkrete Spur, ich kenne dich."

Emmerich betrachtete Mirko mit einem Anflug von Begeisterung.

„Stimmt", gab er zu. „Und scheinbar besser, als ich mich selbst. Das hast du alles von mir gelernt, aus dir wird noch mal ein richtig guter Polizist."

21

„Wohin bringen Sie mich jetzt?", fragte Elke Bofinger aus dem Fond des Streifenwagens, der im freitagnachmittäglichen Stau genauso in der Theodor-Heuss-Straße feststeckte, wie hunderte anderer Fahrzeuge auch, zum zweiten Mal.

„Ins Polizeipräsidium am Pragsattel", erwiderte die junge Beamtin auf dem Beifahrersitz geduldig. „Zu Hauptkommissar Emmerich."

„Falls wir heute noch dort ankommen", setzte ihr männlicher Kollege, der den Wagen steuerte, deutlich weniger geduldig hinzu.

„Aber ich kenne diesen Kommissar überhaupt nicht", sagte Elke verdrießlich. „Ich möchte viel lieber nach Hause. Ich brauche eine Dusche, frische Kleidung und ..."

„Eine Entführung ist ein Verbrechen", belehrte sie die Polizistin. „Da geht man nicht einfach nach Hause. Sie sind verpflichtet, zur Aufklärung beizutragen."

„Ich hab doch Ihren Kollegen schon alles erzählt."

Der Wagen rückte einige Meter vor.

„Außerdem bin ich das Opfer. Ich bin sehr müde, mir geht es gar nicht ..."

„Können wir nichts machen", unterbrach sie der uniformierte Fahrer lapidar. „Wir sollen Sie ins Präsidium bringen."

Elke lehnte sich zurück, sah zum Fenster hinaus, schluckte ein paar Tränen hinunter und verfiel in Schweigen. Sie verspürte keinerlei Bedürfnis nach einem Gespräch mit einem Kommissar. Sie grollte dem Taxifahrer, der noch während der Fahrt seine Zentrale unterrichtet hatte, dass er auf dem Weg zum Polizeirevier sei. Und sie ärgerte sich über ihre Mutter, die sich zwar vor Freude über ihre Unversehrtheit beinahe überschlagen hatte, dann jedoch die ganze Maschinerie, der sie sich nun ausgesetzt fühlte, in Gang gesetzt hatte. Wie so oft entschieden andere über ihr Schicksal und nicht sie selbst. Dabei war sie allein es gewesen, die sich befreit hatte, nicht die Polizei und schon gar kein Kommissar. Warum gönnte man ihr nicht einfach ein paar Stunden Ruhe? Nicht einmal der Streifenwagen tat, was er eigentlich tun sollte, statt mit Blaulicht und Martinshorn zu rasen, quälte er sich langsam die Heilbronner Straße entlang, schlich im Schritttempo am Pragfriedhof vorbei und benötigte fast eine Viertelstunde den anschließenden Hügel hinauf, bis er endlich die Schranke des Gebäudes, das Elke noch unter der Bezeichnung „Landespolizeidirektion" kannte, passierte. Unter anderen Umständen hätte sie das Innere dieses Gebäudes sicherlich interessiert, wann bekam ein Normalsterblicher schon einmal Zutritt dazu, jetzt jedoch war ihr dies vollkommen gleichgültig. Stattdessen schielte sie an sich hinab, nahm unglücklich den ramponierten Zustand ihrer Kleidung zur Kenntnis und vermutete stark, dass es auch mit ihrer Frisur nicht besonders weit her sein konnte. Es war nicht fair, dass sie sich in einem solchen Zustand einem Kommissar zu präsentieren hatte, was für einen Eindruck musste ein solcher Beamter von ihr bekommen? Elke wurde in ein Büro gebracht, in dem eine ältere Dame in würdevoller Manier ihren Blick von einem Monitor ab und ihr zuwandte und die sie begleitenden Beamten mit einem hoheitsvollen Nicken entließ. Anschließend musterte sie Elke über den Rand ihrer Brille hinweg von Kopf bis Fuß, was sich für Elkes ohnehin lädierten Gemütszustand als der Tropfen erwies, der das Fass zum Überlaufen brachte. Sie schluchzte einige Male trocken, ließ sich auf einen Stuhl sinken und begann zu weinen.

„Aber, meine Liebe", rief die ältere Dame entsetzt, eilte hinter ihrem Schreibtisch hervor und legte einen Arm um Elkes Schulter. „Was ist denn mit Ihnen los? Geht es Ihnen nicht gut? Sie sehen … wenn ich mir erlauben darf, das zu sagen … nämlich nicht besonders aus. Frau Bofinger, nicht wahr?"

Elke schniefte etwas Zustimmendes und weinte hemmungslos weiter.

„Du liebes bisschen", sagte die ältere Dame ein wenig ratlos, griff dann aber resolut in eine Schublade und nahm ein Päckchen Papiertaschentücher heraus. „Hier, nehmen Sie das. So können Sie nicht hinein zu unserem Herrn Hauptkommissar."

„Ich will auch gar nicht hinein", heulte Elke. „Ich fühle mich beschissen, ich sehe beschissen aus und …"

„Na, na, na Kindchen", lautete die beruhigende Antwort, die von einem kräftigen Klopfen auf ihrem Rücken untermalt wurde. „Das bekommen wir doch alles hin. Jetzt putzen wir uns erst einmal schön die Nase, dann legen wir die Jacke ab, trinken ein Glas Wasser und schon fühlen wir uns besser, Sie werden sehen."

„Wieso wir?", fragte Elke biestig, ließ es aber widerstrebend zu, dass ihr aus der Jacke geholfen wurde. „Fühlen Sie sich etwa auch beschissen?"

„Im Augenblick nicht", entgegnete die ältere Dame freundlich. „Gelegentlich natürlich schon. Meist ist es aber ein vorübergehender Zustand. So wird es auch bei Ihnen sein, da bin ich sicher."

„Sie wissen doch gar nicht, was ich hinter mir habe, Frau …"

„Sonderbar. Wir haben alle unser Päckchen zu tragen."

„Was ist daran sonderbar?" Elke schnäuzte sich kräftig.

„Nichts. Ich heiße so. Hildegard Sonderbar, das ist mein Name."

„Oh", sagte Elke und verschluckte gerade noch den Zusatz „Das tut mir leid". Frau Sonderbar schien nichts davon zu bemerken, sie ging zum Waschbecken, ließ Wasser in ein Glas laufen und reichte es ihr. Elke trank ein paar Schlucke.

„Möchten Sie auch ein Aspirin?", fragte Frau Sonderbar.

„Lieber nicht."

„Eine Vitaminbrausetablette?"

„Nein, danke."

„Baldriantropfen?"

„Nein, wirklich …"

„Oder Johanniskraut?"

„Nicht nötig, ich …"

„Dann melde ich Sie jetzt an."

Frau Sonderbar öffnete eine Tür, steckte den Kopf durch den Spalt, sagte ein paar Worte und hielt die Tür auf.

„Bitte sehr, Herr Emmerich erwartet Sie."

Elke erhob sich schwerfällig und ging durch die Tür. Der Mann im karierten Flanellhemd mit dem schwarzen T-Shirt darunter, der ihr mit ausgestreckter Hand entgegenkam, sah nicht so aus, wie Elke sich einen Kommissar vorgestellt hatte. Auch die junge Frau mit den langen, dunklen Haaren und der zweite, jüngere Mann, die sich bei ihrem Eintreten erhoben, machten keinen unangenehmen Eindruck.

„Frau Bofinger", sagte der Kommissar und drückte ihre Hand. „Schön, dass Sie wieder aufgetaucht sind. Ich hatte bereits das Vergnügen, mit Ihrer Frau Mutter zu sprechen. Setzen Sie sich und dann erzählen Sie mal."

Elke tat, wie ihr geheißen und je länger sie redete, umso besser fühlte sie sich. Die Beamten erwiesen sich als aufmerksame Zuhörer, die sie selten unterbrachen und nur zwischendurch Fragen stellten. Als sie endete, hatte Elke sich nicht nur die Geschichte ihrer Entführung in allen Einzelheiten von der Seele geredet, sondern auch den größten Teil ihres restlichen Lebens vor dem Trio ausgebreitet.

* * *

Emmerich selbst hörte zwar tatsächlich aufmerksam zu, versuchte jedoch gleichzeitig, sich vorzustellen, wie die Frau ihm gegenüber mit einer Spritze voller Kaliumchlorid im chinesischen Garten kaltblütig zustach. Es war eine Vorstellung, die ihm auch mit viel gutem Willen nicht gelingen wollte. Also entschied er sich, ihr zu glauben, dass sie mehr als achtzehn Jahre lang nichts vom Vater ihres Kindes gehört hatte und kam zurück auf die Entführung.

„Wieso glauben Sie, dass Ihre Anwältin dahintersteckt?"

„Das habe ich doch erklärt", sagte Elke Bofinger müde, aber sichtbar entspannter als zu Beginn des Gespräches. „Außer meiner Mutter, Kai und mir weiß nur Carola Lämmerwein, welche Rolle Peter in meinem Leben spielte. Es war ihre Angestellte, die mir zu Essen brachte und den … äh … Nachttopf geleert hat."

„Vielleicht hat Nopper ja selbst jemandem von seinem Kind erzählt", gab Emmerich zu bedenken und las am Gesicht seines Gegenübers ab, dass Elke Bofinger auf diese Idee offenbar noch nicht gekommen war. „Sie sagten, es war eine Männerstimme, die Ihnen Anweisungen erteilte. Und Tätowierungen über dem Hosenbund sind so außergewöhnlich nun auch wieder nicht."

Elke Bofinger zog die Schultern hoch, kniff die Lippen zusammen und entgegnete:

„Sie war es. Ich bin sicher. Außerdem habe ich ja noch die Papiere." Sie griff in die Taschen ihrer Jacke, förderte ein paar Blätter zutage und reichte sie Emmerich. „Hier ist der Beweis. Wer sonst sollte so etwas von mir verlangen? Dass ich das unterschreibe? In diesem … diesem Juristendeutsch?"

Emmerich nahm die Blätter, überflog den Inhalt, reichte sie weiter an Gitti Kerner und meinte:

„Ich wüsste nicht, was Frau Lämmerwein davon hätte. Von Ihrer Unterschrift unter einem solchen Vertrag."

„Aber ich sagte Ihnen doch, dass sie mit ihm verheiratet ist … war", insistierte Elke Bofinger erregt. „Ohne Kai … ohne meine Unterschrift … erbt sie das ganze Geld."

„Ich fürchte, da sind Sie falsch unterrichtet. Das Nopper'sche Vermögen wurde in eine Stiftung verwandelt. Wir recherchieren noch, wer …"

„Davon hat mir ihr Partner erzählt", unterbrach ihn sein Gegenüber ungehalten. „Aber durch Peters Rückkehr kann das Testament angefochten werden und dann …"

„Einen Moment", warf Gitti Kerner, die das Gespräch in Stichworten mitschrieb, ein. „Sagten Sie, ‚ihr Partner'? Das ist Herr Griesinger, richtig?"

„Ja."

„Das heißt, auch er weiß Bescheid. Über Sie und Kai und alles andere?"

„Wahrscheinlich", räumte Elke Bofinger unwillig ein. Gitti sah ihren Vorgesetzten an.

„Erwähnten sie nicht, dass Griesinger in Ostafrika war?"

„Doch." Emmerich bedachte die Kollegin mit einem warnenden Blick.

„Aha", sagte Gitti trocken und unterstrich mit Nachdruck etwas auf ihrem Notizblock. Elke Bofinger sah die beiden Beamten verständnislos an.

„Würden Sie mir bitte erklären, was …?"

„Keine Auskünfte über laufende Ermittlungen", spulte Emmerich sein gewohntes Sprüchlein ab. „Nur eine Frage noch: Trauen Sie Frau Lämmerwein einen Mord zu?"

„Einen Mord?", wiederholte Elke Bofinger entsetzt. „Warum denn einen Mord?"

„Verzeihung." Emmerich hüstelte verlegen. Ohne weiter darüber nachzudenken, setzte er inzwischen zumindest die Ausgangslage des Falles als allgemein bekannt voraus, was aber selbstverständlich nicht den Tatsachen entsprach. „Das wussten Sie noch gar nicht, wie? Herr Nopper starb keines natürlichen Todes. Es hat jemand nachgeholfen."

„Nachgeholfen? Sie meinen, Carola hat ihn … umgebracht?"

„Das habe ich nicht gesagt", entgegnete Emmerich sanft. „Ich fragte, ob Sie ihr das zutrauen würden?"

„Carola traue ich alles zu", erklärte Elke Bofinger bestimmt. „Sie ist ein Aas."

„Nun gut." Emmerich wechselte einen schnellen Blick mit den Kollegen, dem er entnahm, dass im Moment niemand weitere Fragen hatte. „Dann haben Sie vielen Dank, das war es für heute. Ich lasse Sie jetzt nach Hause fahren und grüßen Sie bitte Ihre Mutter von mir."

„Sie können mich doch jetzt nicht so einfach … so geht das doch nicht", stotterte Elke Bofinger aufgeregt. „Ich muss doch wissen, wer Peter … wer mich entführt hat … was soll ich denn jetzt tun?"

„An Ihrer Stelle", empfahl Emmerich, der zugegebenermaßen über keinerlei Erfahrung mit Opfern von Entführungen verfügte, spontan, „würde ich mir ein paar Tage Ruhe gönnen. Vielleicht auch ein heißes Bad oder …"

„Ich lasse jemanden rufen, der sich um Sie kümmert", fiel ihm Gitti mit einem vorwurfsvollen Blick ins Wort. „Sicherlich stehen Sie noch unter Schock. Das darf man nicht auf die leichte Schulter nehmen. Wenn Sie bitte mit nach draußen kommen würden …"

„Aber … der Herr Kommissar muss doch …"

„Der Herr Hauptkommissar", betonte Gitti und hielt die Tür auf, „muss einen Fall lösen. Er ist für Tötungsdelikte zuständig, nicht für Entführungen und auch nicht für die psychologische Betreuung der Opfer."

Emmerich wartete, bis Gitti die widerstrebende Elke Bofinger hinausbegleitet hatte und wurde sich einmal mehr schmerzlich seiner Defizite im Umgang mit dem anderen Geschlecht bewusst. Vermutlich war ein heißes Bad, das er persönlich jederzeit einer psychologischen Betreuung vorgezogen hätte, tatsächlich nicht das Wahre für eine Frau unter Schock. *Ich bin halt doch ein unsensibler Tropf*, dachte er zerknirscht, aber ohne deshalb wirklich ein schlechtes Gewissen zu haben. Mord war Mord und Gefühle waren Gefühle, das eine hatte mit dem anderen rein dienstlich gesehen nichts zu tun. Emmerich sah keinen Anlass, an dieser, seiner bewährten Haltung etwas zu ändern, wappnete sich aber dennoch prophylaktisch gegen eine kritische Bemerkung der zurückkehrenden Kollegin. Gitti jedoch bemerkte nichts dergleichen, sondern sagte mit angespannter Stimme nur ein Wort:

„Griesinger."

„Bitte?" Frenzel sah überrascht auf.

„Ich bin dafür, dass wir uns Griesinger vornehmen. Persönlich und so schnell wie möglich."

„Von mir aus gleich, wenn Sie's so eilig haben", sagte Emmerich jovial und erhob sich. „Aber vorher erklären Sie mir, warum."

„Griesinger wusste durch seine Partnerin, dass Nopper auf dem Rückweg nach Deutschland war. Laut Aussage von dieser Bofinger will er die Lämmerwein heiraten und sich so einen Teil des Nopper'schen

Vermögens sichern. Außerdem war er in Ostafrika. Es ist sicher kein Problem, sich in einer Gegend, wo die Korruption grassiert wie bei uns im Winter die Grippe, gegen Bares einen Totenschein zu besorgen. Und die Tussi aus der Kanzlei ist bei ihm genauso angestellt wie bei der Lämmerwein. Ich finde, es spricht eine ganze Menge gegen Griesinger. Womöglich machen die beiden ja auch gemeinsame Sache."

„Ich weiß nicht." Emmerich wiegte bedächtig das Haupt. „Frau Lämmerwein hat ein Alibi für die Tatzeit, von dem ich annehme, dass es sich nach einer Überprüfung als richtig herausstellen wird. Außerdem sagte sie, dass sie nicht mehr heiraten will. Der Rest allerdings … da könnte was dran sein. Also auf zu Griesinger, ich sage Frau Sonderbar Bescheid, sie soll uns telefonisch ankündigen."

„Und was machen wir mit Frau Bofingers Entführung?"

„Die Kollegen einschalten. Ist nicht unser Ressort."

„Es sei denn, die Dinge hingen zusammen …"

„Das tun sie wahrscheinlich", meinte Emmerich und schlüpfte in sein Cordsamtjackett. „Aber kann ich mich vierteilen? Könnt ihr's?"

„Sicher nicht." Gitti grinste schief. „Vielleicht sollten wir Verstärkung anfordern."

„Vergiss es", winkte Frenzel ab. „Verstärkung gibt's in einem anderen Leben. Mit einem anderen Chef. Auf einem anderen Planeten. Heißt das, ich darf alleine zu Sarah Musfelds Mitbewohnerin?"

„Mist." Emmerich klatschte sich mit der flachen Hand auf die Stirn. „Die hatte ich schon wieder völlig vergessen. Würde es dir etwas ausmachen, wenn …?"

„Aber nein", flötete Mirko liebenswürdig. „Ich bin das ja gewohnt auf mich selbst gestellt zu sein. Wozu ist man schließlich erwachsen?"

„Wer ist erwachsen?"

Frenzel fuhr den Mittelfinger aus.

„Ich melde mich, wenn ich fertig bin."

22

„Waren Sie heute nicht schon einmal hier?", fragte die junge Angestellte der Kanzlei Lämmerwein und Griesinger, als sie Emmerich einließ, erstaunt und sah dabei in seinen Augen genauso aus, wie Jule, wenn diese wegen irgendetwas ein schlechtes Gewissen hatte.

„Doch", entgegnete Emmerich daher überaus freundlich, stellte Gitti Kerner vor und sagte höflich:

„Würden Sie mir auch Ihren werten Namen verraten?"

„Grau." Die Angestellte kicherte verlegen. „Irina Grau."

„Wie lange arbeiten Sie denn schon hier?"

„Nicht lange. Seit Anfang März. Warum interessiert Sie das?"

„Nur so. Wir sind bei Herrn Griesinger angemeldet, haben aber später auch noch ein paar Fragen an Sie."

„An mich?" Emmerich mochte sich täuschen, hatte aber das Gefühl, dass ihr Gesicht eine Spur blasser geworden war. „Was denn für Fragen?"

„Später. Wenn Sie uns jetzt bitte zu Herrn Griesinger …"

„Hier entlang." Irina Grau führte Emmerich und Kerner in ein Wartezimmer. „Einen Moment, er kommt sicher gleich."

„Und Sie halten sich zu unserer Verfügung. Nicht, dass Sie mir nach Hause gehen. Dann müssten wir Sie nämlich dort besuchen."

„Schon gut, ich warte auf Sie", sagte Irina Grau unwillig und ging hinaus. Es dauerte nicht lange, bis die Tür des Wartezimmers wieder geöffnet wurde. Ein großer, hagerer Mann in einem teuer aussehenden Anzug kam herein und stellte sich mit den Worten „Griesinger, was kann ich für Sie tun, viel Zeit habe ich leider nicht" vor. Emmerich nannte seinen und Gittis Namen, behauptete, ebenfalls unter Zeitdruck zu stehen und deshalb umgehend zur Sache kommen zu wollen.

„Die nötigsten Fakten zur Mordsache Nopper werden Ihnen ja zwischenzeitlich bekannt sein. Also sagen Sie uns einfach, wo sie am Karfreitagmorgen waren."

„Ähem", machte Griesinger, räusperte sich und sah entschieden schockiert drein. „So schnell kann ich Ihnen dann doch nicht folgen. Wollen Sie andeuten, dass ich etwas mit diesem Mord zu tun haben könnte?"

„Ich möchte es so formulieren", sagte Emmerich, seine Worte sorgfältig abwägend. „Wir sind auf ein paar Dinge gestoßen, die eine solche Vermutung aufkommen lassen könnten."

„Tatsächlich?" Griesingers Gesicht zeigte einen Ausdruck höflichen Desinteresses, den Emmerich für ungemein professionell hielt. „Was für Dinge denn?"

„Indizien, die in Ihre Richtung deuten."

„Ein bisschen konkreter dürfen Sie schon werden."

„Irrtum, Herr Griesinger, das darf ich nicht. Muss es auch gar nicht. Wenn Sie ein Alibi vorweisen können, sind Sie ruckzuck aus dem Schneider. Also bitte, wir hören."

„Ich habe kein Alibi für die fragliche Zeit", entgegnete Griesinger selbstsicher und keineswegs schuldbewusst. „Ich habe geschlafen. In meinem eigenen Bett. Dafür gibt es keine Zeugen, meine Lebensgefährtin war verreist. Aufgestanden bin ich gegen zehn, aber das dürfte für Sie nicht von Interesse sein."

„Richtig", stimmte Emmerich leutselig zu. „In welcher Beziehung standen Sie zu Peter Nopper?"

„Jetzt passen Sie mal gut auf, Herr … Kriminaloberkommissar." Griesinger beugte sich vor, während Emmerich entschied, die falsche Bezeichnung seines Dienstgrades zu ignorieren. „Ich weiß nicht, was Sie von mir wollen und wie Sie überhaupt auf die Idee verfallen konnten, mich in dieser Angelegenheit aufzusuchen. Tatsache ist, dass ich Peter Nopper noch nie in meinem Leben persönlich begegnet bin. Nicht früher, nicht kürzlich, einfach nie. Das können Sie mir glauben oder nicht, ganz wie Sie wollen. Ich kann Ihnen Fragen zum Testament der Mutter beantworten, gerne auch jede andere, aber den Mord können Sie mir nicht anhängen. Ich bin ein viel beschäftigter Mann und schlage daher vor, dass Sie weder Ihre, noch meine Zeit verschwenden, sondern …"

„Aber Sie haben ihn doch schon einmal getötet", warf Gitti Kerner in einem für sie untypisch sanften Ton ein. „Zumindest auf dem Papier. Indem Sie dafür gesorgt haben, dass in Tansania ein Totenschein ausgestellt wurde. Für ein paar Dollars oder Mark."

„Woher haben Sie das?" In Griesingers sachliche Stimme hatte sich ein nervöser Unterton eingeschlichen, mit einer ruckartigen Handbewegung lockerte er den Knoten seiner blau-rot gestreiften Krawatte. Gitti Kerner strich sich eine Strähne ihres dunklen Haars aus dem Gesicht, lächelte charmant und sagte nichts. Das gegenseitige, erwartungsvolle Schweigen zog sich ein wenig in die Länge, bevor Griesinger klein beigab.

„Kann ich Sie unter vier Augen sprechen?", wandte er sich nüchtern an Emmerich.

„Wozu?"

„Ich werde eine Mitteilung machen. Ausschließlich Ihnen gegenüber und ohne Zeugen."

„Misstrauen Sie meiner Kollegin?"

„Keineswegs. Sie machen Ihre Arbeit und ich die meine. Diese Mitteilung ist nur für Ihre Untersuchung gedacht und nicht für eine Verwertbarkeit vor Gericht. Ohne Zeugen werde ich bestreiten, sie jemals gemacht zu haben. Wenn Sie es vorziehen, dass ich zu Ihrer Kollegin spreche, kann ich auch gerne …"

„Lassen Sie nur." Emmerich winkte ab. „Frau Kerner wird sich während unseres Vieraugengesprächs mit Ihrer Angestellten befassen."

Griesinger zog die Brauen hoch.

„Mit Frau Grau? Sie ist lediglich eine Schreibkraft. Was könnte Frau Grau Ihnen wohl zu sagen haben?"

„Wir ermitteln in alle Richtungen", sagte Gitti süffisant und erhob sich. „Behalten Sie ruhig Platz, ich finde sie schon. So groß scheint Ihre Kanzlei ja nun auch wieder nicht zu sein."

Emmerich wartete, bis sie den Raum verlassen hatte und sah Griesinger erwartungsvoll an.

„Dann schießen Sie mal los."

Der Anwalt legte mit einer sorgfältigen Bewegung die Fingerspitzen seiner Hände aneinander und betrachtete sie nachdenklich, bevor er zu sprechen begann.

„Wie schon gesagt, ich bin kein Freund von Zeitverschwendung und werde daher nicht um den heißen Brei herumreden. Ich gebe zu, dass ich es war, der vor annähernd zehn Jahren die Sache mit dem Totenschein gedeichselt hat. Weiß der Teufel, wie Sie das herausgefunden haben, aber jetzt spielt es ohnehin keine Rolle mehr."

„Nett, dass Sie so offen mit mir reden", entgegnete Emmerich mit falscher Freundlichkeit. „Ich muss mich dennoch wundern. Ist ein solches Vorgehen für einen Mann in Ihrer Position nicht ein wenig … skurril?"

„Es gibt sicher skurrilere Dinge auf dieser Welt", sagte Griesinger, nahm die Finger wieder auseinander und machte eine erklärende Geste. „Die Liebe schickt uns Menschen manchmal auf seltsame Pfade."

„Die Liebe?"

„So ist es, Herr Kommissar. Nopper stand, wie Ihnen Carola ja erzählt hat, meinem ... was sage ich ... unserem Glück im Wege. Im übertragenen Sinne erschien es mir daher praktisch, ihn aus demselben zu räumen, wenn Sie mir den kleinen Scherz verzeihen wollen." Griesinger kicherte albern. „Natürlich würde ich niemals in der Realität zu einer derartigen Tat schreiten."

„Frau Lämmerwein und Sie haben aber dennoch nicht geheiratet."

„Niemand bedauert das mehr als ich", bestätigte der Anwalt grämlich. „Carola war ... ist der Ansicht, dass ... aber lassen wir das. Ich habe sie falsch eingeschätzt, das muss genügen."

„Stattdessen haben Sie Noppers Mutter mit dem Testament geholfen?"

„Das hat sich so ergeben."

„Sie hatten keine finanziellen Interessen dabei?"

„Wo denken Sie hin?" Griesinger hob abwehrend die Hände. „Ich bin ein erfolgreicher Anwalt. Mir liegt einzig und allein an dieser Frau."

„Und mit Noppers Rückkehr war nie zur rechnen? Spätestens dann hätte sich Ihr kleines Manöver doch als nutzlos herausgestellt. Von den Gefühlen der Mutter und Frau Lämmerwein einmal ganz abgesehen."

„Ich hatte natürlich Nachforschungen angestellt. Nopper war restlos glücklich in diesem Goa. Längst mit einem Dutzend anderer Damen unterwegs. Seinen Lebensunterhalt bestritt er als Händler auf einem Touristenflohmarkt. Alle Kontakte in die alte Heimat abgebrochen. Nein, darüber habe ich gar nicht nachgedacht, dass der jemals wieder hier auftauchen könnte. Und wenn doch ... es wusste ja niemand, dass ich es war, der ..."

„Auch Frau Lämmerwein nicht?"

„Für wie dumm halten Sie mich?"

Leider für ziemlich gerissen, dachte sich Emmerich und setzte laut hinzu:

„Sie haben ihr auch nichts gesagt, als sie Ihnen von Noppers bevorstehender Rückkehr erzählte?"

„Nein. Damit hat sie mir übrigens einen schönen Schrecken eingejagt, das können Sie mir glauben."

„Einen Schrecken, der so gigantisch war, dass Sie am Karfreitagmorgen ..."

„Hören Sie auf damit." Griesinger schüttelte mit Nachdruck den Kopf. „Natürlich hat mir die Situation nicht gepasst, aber ich wäre sicherlich auf eine andere Lösung gekommen."

„Das glaube ich Ihnen gerne", sagte Emmerich wahrheitsgemäß. „Eine Lösung wofür?"

„Wie bitte?"

„Sie sagten gerade, Sie wären sicherlich auf eine andere Lösung gekommen. Das heißt, es gab ein Problem, das gelöst werden musste?"
Griesinger zögerte für den Bruchteil einer Sekunde, bevor er erneut den Kopf schüttelte.

„Ich fürchte, da haben Sie mich missverstanden."

„Wie Sie meinen." Emmerich stand auf und bot dem Anwalt die Hand. „Dann will ich vorerst einmal nicht länger stören. Vielen Dank für Ihre Offenheit, so ist wenigstens ein Rätsel in meinem Fall gelöst."

„Keine Ursache", sagte Griesinger höflich und öffnete die Tür des Wartezimmers. „Ich will doch hoffen, dass auch Ihre Kollegin mit unserer Frau Grau keine ..."

„Wir werden sehen." Emmerich hatte erwartet, Gitti Kerner im Flur vor dem Wartezimmer vorzufinden, doch dem war nicht so. „Machen Sie sich keine Umstände, ich finde sie schon."

Er nickte dem Anwalt zu und ging an den offen stehenden Türen der Büros vorbei, bis er Gitti im vorletzten entdeckte. Irina Grau saß ebenfalls darin an einem Schreibtisch und starrte trübsinnig vor sich hin.

„So", sagte Gitti als sie seiner ansichtig wurde. „Da kommt mein Chef. Jetzt machen wir das gleiche Spiel noch einmal von vorne."

„Probleme?", fragte Emmerich mit hochgezogenen Brauen und betrat das Büro.

„Sie behauptet, Frau Bofinger nicht zu kennen", entgegnete Gitti sehr sachlich. „Schon das nehme ich ihr nicht ab. Schließlich war sie hier, hat angerufen und so weiter ..."

„In der Tat." Emmerich wandte seine Aufmerksamkeit der Angestellten zu und sah sie fragend an. „Dabei wollen Sie bleiben?"

Irina Graus dunkle Augen funkelten wütend.

„Es kann sein, dass sie hier war, aber hier kommen viele Leute her. Warum sollte ich mich da an eine einzelne Person erinnern?"

„Vielleicht, weil das zu den Aufgaben einer guten Sekretärin gehört?"

„Ich bin keine Sekretärin, nur eine ..."

„Schreibkraft, ich weiß. Aber auch als solche sollten Sie so viel Hirn mitbringen, dass Sie sich die Mandanten Ihrer Kanzlei merken können. Oder sind Sie da anderer Ansicht?"

Irina Grau kniff die Lippen zusammen, verschränkte die Arme über der Brust und sagte nichts.

„Schön", fuhr Emmerich fort. „Dann gehen wir also davon aus, dass Sie Frau Bofinger kennen. Haben Sie die junge Dame gefragt, wo sie heute Vormittag war, Frau Kerner?"

„Natürlich. Sie behauptet, mit ihrem Freund eine Wohnung besichtigt zu haben. Den Namen des Freundes will sie allerdings nicht nennen."

„Ach was", sagte Emmerich und wiegte bedeutungsschwanger das Haupt. „Dann wird es aber schwierig mit Ihrem Alibi, Frau Grau, nicht wahr? Wo soll denn diese Wohnung sein?"

„Stadtmitte. Oder, nein … ich glaube, es war Nord. Stuttgart-Nord."

„Und die Straße? Wie hieß die Straße?"

„Ich weiß es nicht. Mein Freund ist gefahren."

„War es eine hübsche Wohnung? Werden Sie sie nehmen, zusammen mit dem großen Unbekannten? Erzählen Sie uns doch ein wenig darüber."

„Ich … das … warum … natürlich war es eine schöne Wohnung …", stotterte die junge Angestellte, während Gitti Emmerich anerkennend ansah.

„Wie wird sie denn beheizt?", fragte der weiter.

„Beheizt?"

„Ja, beheizt. Ich meine, das ist sehr wichtig in der heutigen Zeit. Darauf muss man achten, also werden Sie sich doch sicher daran erinnern. Der Makler wird ja wohl auch mit Ihnen darüber gesprochen haben."

„Der Makler? Welcher Makler?"

„Der, dessen Namen Sie uns gleich nennen werden, damit er Ihr Alibi bestätigen kann."

„Ich weiß seinen Namen nicht. Das hat alles mein Freund organisiert. Ich weiß überhaupt nichts."

„Ein beklagenswerter Zustand", bemerkte Emmerich zu niemandem im Bestimmten, wechselte einen Blick mit Gitti und fuhr fort:

„Sie sollen eine Tätowierung auf dem Rücken tragen. Dürften wir die vielleicht einmal sehen?"

Instinktiv griff Irina Grau nach ihrem knapp sitzenden Oberteil und zog es – erfolglos – nach unten.

„Mein Tattoo geht niemanden was an."

„Außer ihrem Freund natürlich, das denke ich mir schon. Aber sehen Sie, es ist wichtig für Sie, dass Sie für heute Vormittag ein Alibi haben. An der Tätowierung könnte der Makler Sie womöglich wieder erkennen. Wir werden ihn nämlich finden, diesen Makler, auch wenn es ein Weilchen dauert. Und wenn nicht, sieht es schlecht für Sie aus."

„Ich weiß gar nicht, wozu ich überhaupt ein Alibi brauche."

„Hat Ihnen Frau Kerner das nicht erklärt?"

„Doch", sagte Gitti knapp. „Habe ich."

„Na, also, dann wissen Sie doch immerhin etwas", meinte Emmerich liebenswürdig.

„Ich ... da ... da war kein Makler", erklärte Irina Grau, sich windend. „Axel hatte den Schlüssel."

„Axel?", wiederholte Emmerich schnell. „Ihr Freund heißt Axel? Jetzt fehlt uns ja nur noch der Nachname."

Und wieder kniff die Angestellte die Lippen zusammen.

„Noch einmal", begann Gitti geduldig. „Sie tun sich keinen Gefallen mit Ihrem Schweigen. Wenn Sie Angst haben, weil Axel verheiratet ist oder etwas in dieser Art, so kann ich Ihnen versichern, dass wir die Sache diskret behandeln. Es gibt keinen Grund, warum Sie ..."

„Hallo, meine Süße", erklang eine forsche Männerstimme von der Tür her. „Fertig zum Aufbruch?"

Irina Graus Körper versteifte sich.

„Bitte entschuldigen Sie", sagte sie mit unsicherer Stimme. „Hier ist gerade Besuch von der Polizei."

Emmerich wandte sich um und glaubte, seinen Augen nicht trauen zu dürfen.

„Nein", staunte er gedehnt. „Der Herr Direktor Hoffmann vom Hotel Sieber. Wir dachten, Sie seien auf Dienstreise. Wie man sich doch irren kann. Jetzt sagen Sie bloß nicht, dass Sie Axel mit Vornamen heißen."

* * *

„Ach", sagte Rosemarie Bofinger ein ums andere Mal. „Ach, was bin ich froh, dass du wieder da bist."

Elke, die umsorgt mit Tee und Marmeladenbroten auf dem Sofa lag, wo ihr eigentlich der Sinn nach einem Glas Wein und einer Zigarette stand, war sich nicht sicher, ob sie ebenfalls froh sein sollte und starrte zur Decke.

„Jetzt erzähl mir alles", forderte ihre Mutter. „Was wollte der Geheimdienst von dir?"

„Es war nicht der Geheimdienst, Mama. Wie oft noch?"

„Aber wer denn dann?"

„Ich weiß es nicht." Elke war zu dem Schluss gekommen, ihrer Mutter gegenüber keine Theorien hinsichtlich Carola Lämmerweins Urheberschaft ihrer Entführung zu äußern. Das würde nur weiterreichende Fragen provozieren, die sie im Moment nicht gewillt war, zu beantworten. „Überlass das Ganze einfach der Polizei."

„Dann erzähl mir noch einmal, wie du entkommen bist."

„Hab ich dir doch schon dreimal er…"

Das Telefon klingelte.

„Bleib liegen." Rosemarie Bofinger stemmte sich aus dem Sessel, fand nach kurzer Suche den Hörer, lauschte und sagte:

„Ja … sie ist wieder da, aber noch sehr schwach … nein, heute nicht … also, gut … wenn du meinst … wenn es unbedingt sein muss … wir sind zu Hause … ade."

„Ich bin nicht schwach, Mama", protestierte Elke und richtete sich auf. „Bloß müde. Und ich habe keine Lust auf Besuch."

„Es war nur Tante Ruth. Einer ihrer Neffen ist zufällig in der Gegend und will uns etwas vorbeibringen. Für Kai. Von … von seinem Vater."

„Blödsinn. Die wissen doch gar nichts von Kai."

„Nun ja, Schatz", beschwichtigte Rosemarie ihre Tochter. „Das könnte sich ja inzwischen geändert haben. Jetzt, wo der Peter endgültig tot ist und die Polizei mit im Spiel."

„Hast du gewusst, dass man ihn umgebracht hat?"

„Umgebracht? Aber das ist ja … kein Wunder, dass es dir so schlecht geht."

„Es geht mir nicht schlecht, Mama."

23

Emmerich fühlte sich, als hätte er nacheinander an mindestens zwei Fäden gezogen, die einen Gewinn versprachen. Dass Irina Grau aufsprang und schon beinahe hysterisch „Sag ihnen, wir haben eine Wohnung besichtigt " kreischte, bestärkte ihn nur in diesem Gefühl.

„Sie halten jetzt den Rand", herrschte er die, offenbar den letzten Rest ihrer Fassung verlierende Schreibkraft an und wandte sich an den Direktor des Hotels Sieber. „Und Sie kommen mit mir."

„Darf ich fragen, worum es eigentlich geht?", fragte Hoffmann aalglatt.

„Das besprechen wir draußen." Emmerich deutete zur Tür.

„Tut mir leid, für Besprechungen habe ich jetzt keine Zeit. Ein anderes Mal gerne …"

„Sie haben Zeit", entgegnete Emmerich bestimmt. „Wir können Sie aber auch auf's Präsidium mitnehmen, wenn es Ihnen lieber ist und Ihre Freundin hier gleich mit."

„Meine was?" Direktor Hoffmann heuchelte Staunen, Irina Graus aufgerissene Augen dagegen wirkten echt.

„Aber Axel", keuchte sie entsetzt.

„Ich fürchte, hier liegt ein Irrtum vor", erklärte Hoffmann kühl. „Ich bin ein verheirateter Mann und kam her, um einen Termin bei meinem Anwalt wahrzunehmen."

„Tatsächlich?", sagte Emmerich sarkastisch. „Bei Frau Lämmerwein oder bei Herrn Griesinger?"

„Ich wüsste nicht, was Sie das angeht."

„Womöglich eine ganze Menge. Ich erklär's Ihnen draußen."

„Axel", keuchte Irina Grau zum zweiten Mal. „Bitte sei …"

„Halt den Mund", fauchte Hoffmann mit schlecht verhohlener Wut. Gitti Kerner hatte die Szene schweigend beobachtet und hielt das Handy bereits am Ohr.

„Ich fordere einen Streifenwagen an", erklärte sie Emmerich leise. „Falls die Sache hier eskaliert."

„Gute Idee", sagte Emmerich ebenso und zu Hoffmann laut:

„Nach Ihnen, bitte."

Der Direktor des Hotels Sieber verließ unter Protest das Büro. Emmerich winkte ihn in das leere Wartezimmer.

„Wo waren Sie heute Vormittag?"

„Ich ... äh ... also ..."

„Kommen Sie mir nicht mit Ausflüchten. Mir ist egal, ob Sie verheiratet sind. Sie haben ein Verhältnis mit dem Fräulein da drüben und das Fräulein braucht ein Alibi. Also ... waren Sie mit ihr zusammen?"

„Irina braucht ein Alibi?", wiederholte Hoffmann statt einer Antwort fragend. „Warum?"

„Muss Sie nicht interessieren."

„Nun gut. Ich war mit ihr zusammen. Reicht Ihnen das?"

„Von wann bis wann? Was haben Sie gemacht?"

In Hoffmanns Augen war ein lauernder Ausdruck getreten.

„Eine Wohnung besichtigt?", sagte er im selben Ton, in dem er zuvor die Frage gestellt hatte.

„Weiter, weiter", drängte Emmerich ungeduldig. „Wo liegt die Wohnung? Wie heißt der Makler?"

Hoffmann schien nachzudenken und ließ sich mit der Antwort Zeit. Emmerich gab ihm einige Sekunden, beobachtete, wie sich auf der Stirn des Direktors ein feiner Schweißfilm bildete und sagte:

„Ich warte."

Der Direktor gab sich einen Ruck.

„Borrelius und Partner Immobilien. Wenn ich kurz telefonieren dürfte, wird Ihnen Herr Borrelius sicher gerne bestätigen, dass ..."

„Soll das heißen, der Herr war persönlich bei der Besichtigung dabei?"

„Aber sicher."

„Ganz schlecht, Herr Hoffmann", sagte Emmerich kurz angebunden und verließ das Wartezimmer. Von draußen war ein Martinshorn zu hören.

„Wie meinen Sie das?", rief Hoffmann laut. Emmerich blieb die Antwort schuldig, ging zurück ins Büro, sah Gitti an und erklärte:

„Wir nehmen die junge Dame da mit. Sie lügt uns offensichtlich an."

„Nein." Irina Graus junges Gesicht wurde sehr blass. „Ich kann nichts dafür."

„Kennen Sie einen Herrn Borrelius?"

Das runde Gesicht zuckte hilflos.

„Nein."

„Sie haben heute Morgen keine Wohnung besichtigt. Stattdessen haben Sie Beihilfe zu einer Entführung geleistet."

„Nein. Ich ... ich wollte das nicht. Die Frau war schon dort. Axel, so hilf mir doch ..."

Hoffmann stand erneut in der Tür, reagierte aber blitzschnell, indem er sich umwandte und dem Ausgang zustrebte. Gitti setzte ihm nach, doch er lief direkt in die Arme von zwei Streifenpolizisten, die gerade den Aufzug im Treppenhaus verließen.

„Mitnehmen", sagte Gitti. „Herr Hoffmann, wir nehmen Sie fest wegen des Verdachts, Elke Bofinger entführt zu haben."

„Ich will meinen Anwalt sprechen", knurrte Hoffmann, während die Handschellen einschnappten.

„Wir sagen ihm Bescheid", lächelte Gitti liebenswürdig. „Herr Griesinger, nicht wahr?"

Dies jedoch erwies sich als überflüssig, denn im selben Moment öffnete sich eine weitere Bürotür, der Advokat höchstpersönlich betrat den Flur.

„Darf ich fragen, was hier vorgeht?"

„Wir verhaften Ihre Schreibkraft und deren Freund", erklärte Emmerich, der ebenfalls hinzugekommen war, sachlich. „Scheint wohl ein Mandant von Ihnen zu sein."

„Das ist richtig", bestätigte Griesinger nach einem kurzen Blick auf den Direktor. „Was liegt gegen ihn vor?"

„Freiheitsberaubung", entgegnete Emmerich und setzte mit einem spöttischen Lächeln hinzu:

„Das Opfer ist pikanterweise ebenfalls Ihre Mandantin. Elke Bofinger."

„Nicht seine", warf eine schneidende Frauenstimme ein. „Oder zumindest nicht mehr."

„Tag, Frau Lämmerwein", sagte Emmerich überrascht. „Ich dachte, Sie seien längst außer Haus."

„Keineswegs. Und ich erwarte, dass ich umgehend über die Vorgänge in meiner Kanzlei aufgeklärt werde."

„Liebes ...", setzte Griesinger an, kam aber nicht weit.

„Misch dich nicht ein, ich spreche mit dem Kommissar."

Gitti Kerner führte die weinende Irina Grau zum Aufzug und erklärte, unten auf Emmerich warten zu wollen.

„*Du* hast darauf bestanden, diese Person einzustellen", giftete Carola Lämmerwein ihren Sozius und Lebensgefährten an. „Herr Kommissar, ich glaube, wir sollten uns unterhalten."

„Was fällt dir ein", blaffte Griesinger wütend. „Reiß dich gefälligst zusammen."

„Aber, aber", warf Emmerich, der nicht die Absicht hatte, als Vermittler in einer sich anbahnenden Beziehungskrise aufzutreten, beschwichtigend ein. „Zuerst müssen wir uns um die beiden anderen Herrschaften kümmern. Wenn Sie wollen, rufe ich gegen später noch einmal an."

„Ich bitte darum", sagte Carola Lämmerwein hochmütig, warf einen letzten, vernichtenden Blick auf ihren Partner, wandte sich ab und ging zurück in ihr Büro.

„Max", sagte Hoffmann – fest im Griff der beiden Streifenbeamten – flehentlich. „Man darf den Hund nicht vergessen."

„Keine Sorge", grummelte Griesinger schwer verständlich. „Der Tierarzt ist schon unterwegs."

Auf der Kronprinzstraße stand Gitti Kerner neben der Kanzleiangestellten, von der jegliches Anzeichen von Arroganz abgefallen war wie das Laubkleid eines Baumes im Herbst. Irina Grau wirkte mit einem Mal sehr authentisch, jung, sensibel und allenfalls mäßig intelligent. Emmerich sah zu, wie Direktor Hoffmann von den Kollegen zum Streifenwagen eskortiert und weggefahren wurde, wandte sich an Gitti und fragte:

„Was machen wir mit ihr? Auch verhaften?"

„Bitte ..." Irina Grau sah ihn mit verheulten Augen an.

„Wird nicht nötig sein", meinte Gitti trocken. „Sie hat mir ihre Geschichte bereits in groben Zügen erzählt und wird sie sicher gern wiederholen."

„Na, dann ..."

„Ich kenne Axel seit vier Monaten. Eigentlich sollte ich in seinem Hotel arbeiten, ich war nämlich arbeitslos, müssen Sie wissen", sprudelte es aus Irina Grau geradezu heraus. „Aber er fand mich hübsch und da hat er ... da ist es dann eben ... er wollte nicht, dass ich im Hotel ... wegen seiner Frau, wenn Sie verstehen, was ich meine ... plötzlich waren wir nämlich zusammen und ..."

„Immer mit der Ruhe", unterbrach Emmerich das aufgeregte Mädchen in besänftigendem Ton. „Wie alt sind Sie eigentlich?"

„Zwanzig."

„Und Axel?"

„Zweiundvierzig. Aber das stört mich nicht, ich mag ältere Männer. Die sind viel ruhiger, als die jungen."

Abgesehen davon, dass auch die Kohle stimmt, dachte sich Emmerich im Stillen und glaubte, Gitti ganz ähnliche Gedanken ansehen zu können.

„Bitte erzählen Sie, wie Sie den Job in der Kanzlei bekommen haben", sagte die im selben Moment.

„Den Job? Ach so … ja … natürlich, der Job. Den wollte ich eigentlich gar nicht haben. Ich würde lieber in einem Nagelstudio arbeiten. Oder in einer Boutique. Briefe schreiben kann ich nicht besonders gut und die ganzen Para … Para …"

„Paragrafen?"

„Genau. Die verstehe ich sowieso nicht."

„Aber trotzdem haben Sie den Job bekommen. Hatten Sie denn die entsprechenden Zeugnisse?"

„Natürlich nicht." Irina Grau schniefte und schüttelte den Kopf. „Axel hat mir die … gemacht. Er wollte, dass ich dort arbeite. Nur für ein paar Wochen, hat er gesagt. Damit ich herausfinde, was vor sich geht. Wenn ich gewusst hätte …"

„Erzählen Sie, was Sie herausfinden sollten", unterbrach Gitti in ruhigem Ton und holte ein Papiertaschentuch aus ihrer Umhängetasche. „Hier, putzen Sie sich erst mal die Nase."

Irina Grau tat, wie ihr geheißen, bevor sie weitersprach.

„Axel wollte wissen, ob jemand namens Peter Nopper in der Kanzlei auftaucht. Oder ob Frau Lämmerwein mit diesem Nopper in … äh … Kon … also, ob sie ihn kennt. Davon hab ich aber nichts mitbekommen. Nur, dass das Testament einer Frau Nopper aus dem Keller geholt wurde. Und dass die Bofinger irgendwas damit zu tun hat. Axel war deshalb gestern im Büro und hat sich ewig mit Herrn Griesinger unterhalten. Danach wollten wir essen gehen, aber wie wir zum Haus hinaus sind, haben wir gesehen, dass die Bofinger gerade mit dem Aufzug nach oben fuhr."

„Und dann?"

„Axel hat telefoniert und hatte plötzlich einen dringenden Termin. Wir sind nicht essen gegangen, ich bin dann nach Hause."

„Kommen wir zu heute Vormittag. Was können Sie uns da erzählen?"

Irina Grau schnäuzte sich ein zweites Mal und verteilte großzügig Wimperntusche und Lidschatten um ihre rot geränderten Augen.

„Axel hat gegen sieben Uhr angerufen, ich müsste ihm dringend was helfen. Um acht hat er mich abgeholt, und als wir dann dort waren … in diesem Haus, meine ich, und er mir erklärt hat, was ich machen soll, da hatte ich gleich so ein Scheißgefühl. Aber gemacht hab ich's trotzdem."

„Was gemacht?"

„Die Bofinger war dort. Eingesperrt. Ich sollte ihr was zu Essen bringen und Papiere und noch …"

„Einen Nachttopf leeren?"

Irina Graus Augen weiteten sich ungläubig.

„Woher wissen Sie das?"

„Von Frau Bofinger höchstpersönlich", erklärte Emmerich streng. „Sie hat Sie nämlich erkannt."

„Ach so", sagte Irina Grau betreten, schlug die Augen nieder und verstummte.

„Was für ein Haus war das?", fragte Emmerich, entschlossen, den einmal erhaschten, vielversprechenden Faden nicht mehr loszulassen, hartnäckig weiter.

„Ich weiß nicht. Ein Haus eben. Groß und alt. Am Hang. Mit einer Tür aus Metall."

„Wo steht es?"

„Das kann ich Ihnen nicht genau sagen. Die Gegend kenne ich nicht. Schon in Stuttgart, aber …"

„War sonst noch jemand dort?"

„Ich habe niemand gesehen. Nur gehört, wie Axel mit einem Mann gesprochen hat. Sehr komisch war das."

„Komisch? Wieso komisch?"

„Weil sie komisches Zeug geredet haben. Wie in einem Spionagefilm."

„Ein bisschen genauer bitte." Emmerich machte eine ungeduldige Geste. „Strengen Sie sich an. Was wurde gesagt?"

Irina Grau machte ein Gesicht, das nach Anstrengung aussah, allerdings war sich Emmerich keineswegs sicher, ob sich dahinter eine wie auch immer geartete Denkleistung verbarg.

„Das Paket ist unterwegs", äußerte sie schließlich vage. „Der Hund würde nicht folgen. Dass er im Zimmer sei und Fressen braucht, wo doch Frau Bofinger ganz alleine dort war. Solches Zeug."

„Und Sie sind nicht auf die Idee gekommen, die Polizei zu verständigen, nachdem Sie ja immerhin bemerkt haben, dass Frau Bofinger … eingesperrt war?"

„Axel sagte, das darf ich nicht. Es sei sehr wichtig für ihn. Und dass ich auch drankomme, wenn ich …"

Wieder flossen Tränen, das Taschentuch trat in Aktion. Emmerichs Handy klingelte. Dankbar trat er ein wenig zur Seite, überließ es Kerner, sich um die weinende Schreibkraft zu kümmern und drückte die grüne Taste.

„Ja, Mirko, was gibt's?"

„Die Mitbewohnerin", sagte Frenzel am anderen Ende der Leitung. „Von Sarah Musfeld. Eine gewisse Petra Gröner. Sie und Sarah Musfeld waren am Gründonnerstagabend mit Nopper unterwegs. Ich fasse mich kurz: Frau Gröners Eindruck war, dass Sarah den Nopper systematisch abgefüllt hat. Als die beiden dann auch noch angefangen haben, zu poussieren, hat Frau Gröner sich verdrückt. Vielleicht sollte ich noch erwähnen, dass auch sie zur Gemeinde der Patmosbrüder gehört. Wegen Sarahs Verhalten zeigte sie sich ziemlich entsetzt, unmoralisch sei das gewesen und für Sarah Musfeld total untypisch."

„Wo war das Trio denn genau?"

„In mindestens drei verschiedenen Kneipen im Bohnenviertel. Frau Gröner meint, Nopper hätte wohl nostalgische Erinnerungen daran gehabt. Über Ostern jedenfalls war Sarah Musfeld scheinbar nicht besonders gut drauf, am Mittwoch habe sie einen komplett desolaten Eindruck gemacht. Gestern ist sie dann ungeplant und völlig überstürzt verreist."

„Am Mittwoch war das Foto in der Zeitung", meinte Emmerich nachdenklich. „Das vom toten Nopper."

„Da bin ich auch schon drauf gekommen", entgegnete Mirko sarkastisch. „Aber eine Frau wie Sarah Musfeld wird ihn wohl kaum alleine in den chinesischen Garten geschleppt haben."

„Kaum", stimmte Emmerich zu. „Wo bist du gerade?"

„In Heslach. Beim alten Feuerwehrhaus."

„Kannst du in die Stadt kommen? Wir könnten uns in der Marienstraße treffen. Da, wo früher mal der Jazzkeller war, wie hieß das bloß …"

„Ich weiß, was du meinst. In einer halben Stunde bin ich da."

Emmerich beendete das Gespräch und wandte sich wieder an Irina Grau.

„Tut mir leid, wir müssen los. Nächste Woche kommen Sie ins Präsidium, damit wir Ihre Aussage zu Protokoll nehmen können. Kann ich mich darauf verlassen?"

„Ja", sagte die Kanzleiangestellte kleinlaut.

„Dann brauchen wir Sie für heute nicht mehr. Auf geht's, Frau Kerner, wir haben zu tun."

* * *

„Wann will der Typ denn kommen, Mama?" Elke Bofinger schnitt eine Zwiebel in Ringe. „Dieser Verwandte von Tante Ruth?"

„So genau hat sie das nicht gesagt. Heute Abend. Also nachher. Vielleicht sollten wir ihm etwas zu essen anbieten?"

„Wenn wir nicht einmal wissen, wann er kommt?" Die Zwiebel wanderte in eine bereitstehende Schüssel, als Nächstes nahm Elke Tomaten in Angriff. „Ganz bestimmt nicht. Eigentlich könntest du ihn auch alleine empfangen."

„Ich?" Rosemarie kramte scheinbar ziellos in einer Schublade herum. „Aber ich kenne den Mann doch gar nicht."

„Ich ebenso wenig."

„Warum musst du nur immer so abweisend sein?", fragte Elkes Mutter klagend, nahm ein Messer aus der Schublade und fuchtelte mit fahrigen Bewegungen damit herum. „Er meint es sicher nur gut. Soll ich Brot aufschneiden?"

„Nein." Elke brachte das Messer mit einem geschickten Griff in Sicherheit. „Ich mache das schon. Du könntest den Tisch decken."

„Für zwei oder für drei Personen?"

„Für zwei. Gib es auf, Mama. Sie wollten nie etwas von Kai wissen. Warum also ausgerechnet jetzt? Warum haben sie sich nicht früher gemeldet?"

„Wahrscheinlich tut es ihnen leid. Sie haben erst jetzt von ihm erfahren und nun wollen sie ihn kennenlernen", mutmaßte Rosemarie, Teller und Besteck aus einem Schrank nehmend. „Aber für Ruth lege ich die Hand ins Feuer, die hat bestimmt niemand etwas erzählt."

„Was soll das heißen?" Elke sah ihre Mutter, deren Gesicht einen rosigen Farbton angenommen hatte, empört an. „Tante Ruth wusste Bescheid? Die ganzen Jahre? Du bist … nein, ihr zwei seid unmöglich."

„Du darfst dich nicht aufregen, Kind."

Elke schüttelte missbilligend den Kopf und sagte nichts mehr. Natürlich hatte sie längst vermutet, dass es im Leben ihrer Mutter kein Geheimnis gab, das Tante Ruth nicht teilte, dennoch war sie verärgert. Rosemarie öffnete unbeeindruckt die Brotkapsel, nahm einen Laib heraus und schob ihn ihrer Tochter hin.

„Es gibt auch gar keinen Grund zur Aufregung. Was soll schlimm daran sein, wenn Kai endlich den Rest seiner Familie kennenlernt?"

„Das verstehst du nicht, Mama", rettete sich Elke in das älteste aller möglichen Argumente. Sie gab die Tomaten zu den Zwiebeln, fügte Essig, Öl, Gewürze und etwas Wasser hinzu und schnitt vier Scheiben Brot ab.

„Du darfst dem Jungen seine Verwandtschaft nicht vorenthalten",
sagte Rosemarie stur. „Gerade jetzt. Wo sie bereit sind, ihn in ihren Schoß
aufzunehmen. Denk doch bloß an den Stammbaum der Hebsacks. So eine vornehme Familie. Und recht wohlhabend sollen sie überdies auch
sein."

„Eben." Elke platzte der Kragen. „Verdammt, Mama, alles was wir
über diese Familie wissen, ist, dass sie heillos zerstritten sind. Wenn Tante Ruth wirklich niemandem etwas erzählt hat, warum meldet sich ihr
Neffe dann jetzt so plötzlich bei ihr? Woher weiß er denn auf einmal von
Kai? Stellst du dir eigentlich gar keine Fragen?"

„Das … das kann man sicher ganz einfach erklären", stotterte Rosemarie Bofinger, angesichts des unvermittelten Ausbruchs ihrer Tochter,
erschreckt.

„Tut mir leid", sagte Elke energisch, nahm Brot und Salat und ging
damit ins Wohnzimmer. „Da bin ich völlig anderer Ansicht. Und jetzt
lass uns essen."

24

Das Lokal in der Marienstraße rief Erinnerungen in Emmerich wach. Erinnerungen an eine Gemütlichkeit, deren gastronomische Repräsentanten im Aussterben begriffen waren und an eine Zeit, in der es alten Männern noch vergönnt gewesen war, ihren Lebensabend Stumpen rauchend bei gestauchtem Bier zu verbringen, anstatt im Senioren-Fitnesszentrum trainieren zu müssen. Sie setzten sich an einen Tisch, orderten – da noch im Dienst – Kaffee und Wasser und fingen alle gleichzeitig zu sprechen an. Emmerich hob die Hand.

„Immer langsam. Ich werde unseren Fall jetzt ordnen. Wenn jemand anderer Ansicht ist oder etwas zu sagen hat, erbitte ich ein Fingerzeichen. Ich beende meinen Satz und höre zu. Einverstanden?"

Frenzel und Kerner nickten. Emmerich nahm einen Schluck vom Kaffee, räusperte sich und begann:

„Am Montag vor Ostern kehrt Peter Nopper, Ehemann von Carola Lämmerwein und Vater von Kai Bofinger nach nicht ganz neunzehnjähriger Abwesenheit nach Deutschland zurück. Er steigt unter falschem Namen im Hotel Sieber ab und ..."

Gittis Zeigefinger zuckte.

„ ... und nimmt Kontakt zu Frau und Tante auf", endete Emmerich und sah Kerner an. „Was soll daran falsch sein?"

„Ich dachte, wir gehen davon aus, dass der Pass ihm untergeschoben wurde. Um uns in die Irre zu führen."

„Haben wir dafür einen Beweis?"

„Noch nicht, aber ..."

„Halten wir uns an das, was wir wissen und beweisen können", sagte Emmerich und fuhr fort:

„Nopper nimmt also Kontakt zu Frau und Tante auf. Das heißt, spätestens ab Mittwoch vor Ostern wissen mindestens zwei Personen von seiner Rückkehr."

„Drei", fiel ihm Gitti ins Wort, ohne den Finger zu heben. „Die Lämmerwein hat's ihrem Max gesagt. Vielleicht sogar schon früher. Ob Frau Gerstenmaier geplaudert hat, wissen wir nicht."

„Richtig." Emmerich kratzte sich am Kopf. „Auch nicht, ob Nopper sich mit Sarah Musfeld in Verbindung gesetzt hat."

„Aber das muss er", wandte Mirko ein. „Wo er doch mit ihr und dieser Gröner um die Häuser gezogen ist."

„Irgendetwas stimmt nicht." Gitti runzelte die Stirn. „Wir waren uns doch einig, dass ein Plan dahintersteckt. Sarah und die Gröner sind die letzten, die – abgesehen von Frau Schloms natürlich – Nopper lebend gesehen haben. Wie passt das in einen Plan?"

„Nehmen wir einmal an", spekulierte Emmerich, in Gedanken einen gelben Faden packend, „die beiden waren nur ein Werkzeug. Ihr Job war es, Nopper einzulullen. Oder abzufüllen. Die Täter selbst traten erst später in dieser Nacht in Aktion. Sarah Musfeld hat begriffen, was sie da gemacht hat, als sie das Bild des Toten in der Zeitung sah und durchgedreht. Also wurde sie aus der Schusslinie geschafft."

„Hört sich logisch an", meinte Gitti während sie mit spitzen Fingern eine Zitronenscheibe aus ihrem Wasser fischte und sich suchend umsah. „Ist aber auch nur eine Theorie. Als es noch Aschenbecher auf den Tischen gab, wusste ich immer, wohin mit diesem Zeug."

„Auslutschen", empfahl Mirko. „Sicher scheint mir nur eines zu sein. Die Fäden laufen irgendwie bei den Patmosbrüdern zusammen."

„Fäden?", wiederholte Emmerich erschreckt und fragte sich für den Bruchteil einer Sekunde, ob es möglich war, dass die Bilder seiner Vorstellung offen auf dem Tisch liegen konnten. „Wie kommst du auf Fäden?"

„Nur so." Frenzel sah seinen Vorgesetzten überrascht an. „Ist eine Redensart."

„Natürlich." Aus den Augenwinkeln nahm Emmerich wahr, wie Kerner ihre Zitronenscheibe unauffällig unter dem Tisch loswurde und gab ein rügendes Räuspern von sich.

„Zu sauer", entschuldigte sich Gitti. „Ich frage mich, welchen Nutzen die Patmosbrüder von Noppers Tod haben sollten. Mit anderen Worten: Wo ist das Motiv?"

„Ich mache eine Wette, dass es eines gibt", meinte Emmerich und nickte Mirko bestätigend zu, als sein Handy klingelte. Er machte eine abwartende Geste, wandte den Kopf ein wenig zur Seite und drückte die grüne Taste. „Ja, bitte?"

„Hier spricht Carola Lämmerwein. Sie wollten mich doch anrufen."

„Das hätte ich schon noch gemacht. Ich bin nur gerade mitten in einer Besprechung ..."

„Ich habe Ihnen etwas mitzuteilen. Etwas, das höchstwahrscheinlich wichtig für Ihre Ermittlungen ist."

„Das wäre …?"

„Meine Beziehung zu Max Griesinger ist beendet. Sowohl geschäftlich als auch privat."

„Also, hören Sie mal, Frau Lämmerwein", sagte Emmerich deutlich genug, dass auch die anderen mitbekamen, wer seine Gesprächspartnerin war und verdrehte die Augen. „Ich weiß wirklich nicht, ob ich da der richtige Ansprechpartner für Sie bin."

„Für Max Griesinger zählt nur eines", sprach die Anwältin weiter, ohne auf seinen Einwand einzugehen. „Geld. Nach Ihrem Besuch hat er mir die Sache mit dem Totenschein gestanden, wohl aus Angst, dass ich es von Ihnen erfahren könnte. Dabei habe ich längst etwas in dieser Art vermutet. Er dachte, ich würde ihn heiraten und das Nopper'sche Vermögen gleich mitbringen, wenn Peter tot ist, aber er hat falsch gedacht."

„Nun", setzte Emmerich zu einer Unterbrechung des anwaltlichen Wortschwalls an. „Das ist sicher sehr bedauerlich, aber ich wüsste nicht, inwiefern …"

„Schweigen Sie und hören Sie mir zu", sagte Carola Lämmerwein in befehlsgewohntem Ton. „Ich bin noch nicht fertig. Max hat dann einen anderen Weg gefunden, an diesem Vermögen zu partizipieren. Er hat die alte Frau Nopper überredet, ihn zu ihrem Testamentsvollstrecker zu machen, wie Sie inzwischen ja sicherlich wissen."

„Tut mir leid", verneinte Emmerich bedauernd. „Ich bin leider noch nicht dazu gekommen, das Ding richtig zu lesen."

„Sie sollten es schleunigst tun", empfahl die Anwältin energisch. „Max jedenfalls hat sich nicht nur an den Gebühren eine goldene Nase verdient, sondern auch darüber hinaus. Als Mitglied im Kuratorium der Friederike-Nopper-Stiftung."

„Moment, bitte." In Emmerichs Vorstellung hub ein sachtes Klingeln an. „Ihre Kanzlei will doch Elke Bofingers Ansprüche gegenüber den Erben des Nopper'schen Vermögens vertreten. Sehen Sie da nicht einen Interessenskonflikt?"

„Glückwunsch, Sie denken schnell. Ich wusste nicht, dass Max in diesem Kuratorium sitzt, auch das hat er mir erst vorhin gestanden. Ich dachte, er würde die Stiftung nur anwaltlich beraten. Er beabsichtigt, seinen Sitz niederzulegen, um das Mandat übernehmen zu können. Weil er sich davon finanziell mehr verspricht "

„Es steht mir nicht zu, dies zu beurteilen", sagte Emmerich zurückhaltend, „aber hat das nicht, wie man auf gut Schwäbisch sagen würde, ein G'schmäckle?"

„Ein G'schmäckle?" Carola Lämmerwein lachte kurz und scharf. „Ein ganzer Saustall könnte nicht übler stinken. Mir hat es jedenfalls endgültig gereicht."

„Und warum erzählen Sie mir das jetzt alles?"

„Das merken Sie nicht? Max hatte ein massives Interesse daran, dass es keinen lebenden Peter Nopper gibt."

„Soll das heißen, Sie glauben, dass er es war, der …?"

„Das zu beweisen ist Ihre Sache. Max wusste jedenfalls, dass Peter auf dem Heimweg war."

„Wer sitzt noch im Kuratorium dieser Stiftung?"

„Der Kerl, den Sie heute Morgen in meiner Kanzlei verhaftet haben. Außerdem ein Neffe von Frau Nopper. Der Zweite macht den Geschäftsführer. Angeblich unterstützen sie kulturelle und wohltätige Zwecke."

„Angeblich?"

„Wenn Sie ich mich fragen, wirtschaften die sich einen großen Teil der Erträge in die eigenen Taschen, der Rest kommt einer freien Religionsgemeinschaft zugute, um die Form zu wahren. Aber das ist meine persönliche Meinung."

„Das würde bedeuten, dass auch diese Herrschaften kein Interesse an einem lebenden Peter Nopper gehabt hätten?", vergewisserte sich Emmerich, nicht ohne eine Spur von Erregung.

„Vermutlich nicht", entgegnete Carola Lämmerwein trocken. „Ohne Elke Bofinger und ihren Sohn, von dem die ganze Bagage nichts wusste, wären die Brüder von Patmos im Kampf um das Vermögen Sieger geblieben."

Emmerich machte eine kleine Pause, um das Gehörte wirken zu lassen, und räusperte sich schließlich:

„Dann einstweilen vielen Dank, damit haben Sie uns wirklich geholfen. Gestatten Sie mir noch eine persönliche Frage?"

„Kommt darauf an."

„Wie haben Sie es nur so lange mit Herrn Griesinger ausgehalten?"

„Ich weiß es nicht." Carola Lämmerweins Stimme klang plötzlich überhaupt nicht mehr energisch. „Er ist ein verdammt guter Anwalt."

✶ ✶ ✶

Elke Bofinger hatte gerade den Tomatensalat auf Teller verteilt und eine Scheibe Brot mit Butter bestrichen, als es klingelte.

„Das wird er sein", sagte ihre Mutter vorwurfsvoll. „Jetzt müssen wir ihm doch etwas zu essen anbieten."

Elke wischte sich die Hände an einer Serviette ab, stand auf und schüttelte den Kopf.

„Nein, müssen wir nicht. Er soll mir geben, was er hat und dann wieder gehen."

Rosemarie erhob sich ebenfalls.

„Ich frage mich", erklärte sie streng, „wo deine Manieren bleiben. So ungehobelt habe *ich* dich jedenfalls nicht erzogen."

„Mama ..."

„Nichts da. Was soll Tante Ruth von uns denken, wenn wir ihn einfach wieder wegschicken?"

„Das ist doch völlig egal ..."

Es klingelte ein zweites Mal. Rosemarie Bofinger brachte ihre Tochter mit einem letzten Blick zum Schweigen und ging zur Tür. Elke setzte sich wieder, legte zwei Scheiben Lyonerwurst auf ihr Brot und biss hinein. Von der Tür hörte sie Stimmen.

„Gestatten Sie, Doktor Musfeld mein Name. Wie freundlich von Ihnen, mich zu empfangen. Bitte sehr, die sind für Sie."

„Aber, Herr Doktor", säuselte Elkes Mutter in einem Ton, der geeignet war, das Adrenalin ihrer Tochter ungebührlich ins Wallen zu bringen, „das wäre doch nicht nötig gewesen."

„Ich bitte Sie. Wo wir doch so gespannt sind auf unser neues Familienmitglied. Sind Sie die Großmutter?"

„Ja, das bin ich. Kommen Sie herein."

Elke hörte Papier rascheln und das Schließen der Haustür. Verärgert biss sie erneut in ihr Brot.

„Die Familie meines Mannes stammt übrigens auch vom Graf Eberhard im Bart ab", plapperte Rosemarie aufgeregt, während sie den Gast ins Wohnzimmer führte. „Genau wie die von Hebsacks. Und meine Elke. Darf ich Ihnen meine Tochter vorstellen? Kais Mutter."

„Sehr erfreut", sagte ein kleiner, kahlköpfiger Mann und lächelte Elke breit an.

„Hrmpf", machte die, ohne das Brot aus der Hand zu legen und kaute.

„Sieh nur, Kind, so wunderschöne Blumen." Rosemarie wedelte mit einem Strauß, dem ohne weiteres anzusehen war, dass er nicht vom Floristen, sondern von der nächstbesten Tankstelle stammte. „Das ist Doktor ... äh ..."

„Lukas genügt", fiel ihr der Kahlköpfige zuvorkommend ins Wort. „Dann müssen Sie die Mutter sein. Ich wollte Sie nicht beim Essen stören."

„Aber Sie stören uns doch gar nicht", flötete Rosemarie, nahm eine Vase aus dem Schrank und stellte sie demonstrativ vor Elke hin. „Würdest du dich bitte um die Blumen kümmern?"

„Gib her." Elke nahm die Vase, riss ihrer Mutter den Strauß aus der Hand und ging zur Tür.

„Möchten Sie etwas haben?", fragte Rosemarie unbeeindruckt. „Wir vespern zwar nur, aber Sie sind natürlich herzlich …"

„Nein danke. Ich dachte, Sie trinken vielleicht ein Gläschen Sekt mit mir." Musfeld schwenkte eine entsprechende Flasche. „Um unsere neue Verwandtschaft zu feiern. Wo ist denn der Junge?"

„Im Urlaub", erklärte Rosemarie eifrig. „Stellen Sie sich bloß vor, er weiß noch gar nichts von …"

„Halt die Klappe, Mama", sagte Elke rüde. „Ich bin in der Küche, eine rauchen."

Sie hörte ihre Mutter noch „meine Tochter hatte heute einen schweren Tag" sagen, dann war sie draußen. In der Küche warf sie die Blumen ins Spülbecken, zündete sich eine Zigarette an und öffnete das Fenster. Nach einigen Zügen Rauch und kühler Atemluft fühlte sie sich besser, verspürte aber dennoch kein Bedürfnis, das neue Verwandtschaftsverhältnis zu begießen. Auch wenn dies, wie sie sich eingestand, tatsächlich nicht besonders höflich war. Den Unmut ihrer Mutter hatte sie sich bereits zugezogen, der Appetit auf's Abendessen, schon zuvor kaum vorhanden, war ihr vergangen. Mochte der kahlköpfige Doktor von ihr halten, was er wollte, Elke war es gleichgültig. Sie konnte in der Küche warten, bis er wieder weg war, anschließend den Tisch abräumen und zu Bett gehen. Um sich die Wartezeit zu verkürzen, öffnete sie eine Flasche Fellbacher Lämmler, schenkte sich ein Glas ein und trank. Der Wein entfaltete schon bald seine beruhigende Wirkung, sie stöberte ein Weilchen in alten Kochrezepten herum und schaltete schließlich das Radio ein. In der Küche ließ es sich aushalten, solange niemand kam und sich über den Rauch beschwerte. Doch, wie so oft, machte ihr Rosemarie einen Strich durch die Rechnung.

✳ ✳ ✳

„Simsalabim", sagte Emmerich, mit den Fingern schnippend, schob das Handy ein und gab in kurzen Worten sein Gespräch mit Carola Lämmerwein wieder. „Da haben wir unser Motiv."

„Soll heißen, wir schnappen uns Griesinger?", fragte Gitti gespannt.

„Das halte ich für verfrüht." Emmerich schüttelte den Kopf. „Ein Motiv ist noch kein Beweis. Außerdem ist Griesinger groß und dürr."

„Im Gegensatz zu Hoffmann", warf Frenzel ein. „Der wäre … äh … ist groß und dick und würde zu dem passen, was der Obdachlose gesehen hat."

Emmerich äugte angelegentlich auf sein eigenes Bäuchlein hinunter und sah Mirko argwöhnisch an.

„Du findest Hoffmann dick? Der hat doch höchstens ein paar Kilo mehr drauf als ich."

„Ja und? Willst du behaupten, dass du ein Ausbund an Schlankheit bist?"

Emmerich dachte an eine Zahl größer fünfundzwanzig sowie an eine mysteriöse Maßeinheit namens „BMI" und räumte widerstrebend ein:

„Wahrscheinlich nicht. Sagen wir, es ist eine Frage der Interpretation."

„Was?"

„Wen man dick findet."

„Ich dachte, es sei eher eine Frage des persönlichen Gewichtes", meinte Mirko mit spöttischem Grinsen. „Eine Waage gibt meist keinen Anlass zu Interpretationen."

„Findest du? Dann ist es eben eine Frage des persönlichen Geschmacks. Ich jedenfalls habe nichts übrig für diese Hungerhaken, die man überall sieht."

„Ist das denn jetzt wichtig?", fragte Gitti mit leicht genervtem Ausdruck. „Wenn der Herr Direktor unser Mann ist, finden wir seine DNA an der Mütze, die der Dicke verloren hat. Ganz einfach."

„Und wenn nicht?", wollte Mirko wissen.

„Fangen wir wieder von vorne an", meinte Emmerich unwirsch, den Rest des erkalteten Kaffees trinkend. „Brrr, schmeckt das gruselig. Lasst mich mal nachdenken … sie hat noch etwas gesagt … ich komme nur im Augenblick nicht darauf."

Frenzel und Kerner verfielen in abwartendes Schweigen. Emmerich neigte den Kopf zur Seite, rieb sich mit Daumen und Zeigefinger die Nasenwurzel und schlug sich schließlich mit der flachen Hand gegen die Stirn.

„Natürlich", sagte er begeistert. „Das ist es. Ohne Elke Bofingers Sohn
wären die Brüder von Patmos Sieger geblieben. Das hat sie gesagt."
Die beiden Jüngeren wechselten einen schnellen Blick und sahen verständnislos drein.

„Kapiert ihr nicht?" Emmerich breitete nicht ohne Dramatik die Arme
aus. „Es ist unser Beweis. Nopper selbst führt uns zu seinen Mördern."

„Wie bitte?", fragte Gitti skeptisch, während Mirko murmelte:
„Jetzt mach mal halblang. Was soll denn so ein einzelner Satz von der
Lämmerwein beweisen?"

„Die Schloms", sagte Emmerich mit einer weiteren, ausladenden Geste. „Was hat sie uns erzählt? Atmosphäre … Sieger geblieben."

„Übergeschnappt", stellte Frenzel trocken fest. „Jetzt hat's dich erwischt. Ich glaube, ich bestell mir ein Bier."

„Das wirst du nicht tun, wir haben heute noch eine Menge zu tun.
Und jetzt benutzt eure grauen Zellen. Frau Schloms hat Noppers letzte
Worte nur sehr schlecht verstanden. Ich, zum Beispiel, glaube, dass er
nicht Nelken sehen wollte, sondern Elke. Die Mutter seines Kindes. Dafür haben wir einen Beweis, den Brief, den er ihr geschrieben hat. Nun
übersetzt den Rest."

„Atmosphäre …", wiederholte Mirko langsam, während sich Gittis
skeptische Miene in eine überaus erfreute verwandelte.

„Na, klar", sagte sie, beinahe ebenso begeistert wie Emmerich kurz
zuvor. „Warum sind wir bloß nicht früher darauf gekommen? Patmos
wäre Sieger geblieben. Das muss er gemeint haben. Und Frau Schloms
wird sicher bereit sein, das auch so vor Gericht zu bezeugen."

25

„Was sitzt du denn hier in der Küche herum wie ein Haubenstock?", fragte Rosemarie Bofinger, den Kopf durch die Tür steckend und ein Sektglas in der Hand, fidel. „Das ist doch kein Benehmen nicht. Hicks."

Elke betrachtete ihre Mutter mit einer Mischung aus Unmut und Besorgnis. Unmut ob der Störung ihrer selbstgewählten Klausur, Besorgnis, weil sie doch tatsächlich einen recht beschwipsten Eindruck machte.

„Komm gefälligst rein und trink ein Glas mit uns", beharrte Rosemarie, schwankte ein wenig und griff Halt suchend nach der Türklinke. „Keine Widerrede. Wo der Doktor doch so freundlich ist und … hicks."

„Also, wirklich, Mama …", empörte sich Elke. Wohl hatte Rosemarie mit zunehmendem Alter den Konsum alkoholhaltiger Getränke mehr und mehr reduziert, trank jedoch durchaus noch hie und da ein Glas Wein. Elke fragte sich daher, wie viel vom Sekt des Herrn Musfeld ihre Mutter sich in der kurzen Zeit bereits einverleibt haben mochte, um in einen derart bedenklichen Zustand zu geraten. Sie wollte eine entsprechende Frage stellen, kam jedoch nicht dazu.

„Nun, mach schon", drängte Rosemarie. „Du willst doch auch sehen, was er uns mitgebracht hat. Sonst muss ich die Flasche ja alleine trinken."

Letztere Bemerkung, die verbunden mit einem Glucksen, das auf beginnende Übelkeit schließen ließ, vorgetragen wurde, veranlasste Elke zu einem Entschluss. Sie würde dem Besuch des unfreiwilligen Verwandten ein Ende setzen.

„Schon gut, Mama", sagte sie deshalb mit falscher Nachgiebigkeit, schob ihre Mutter sanft aus der Küche und ging zurück ins Wohnzimmer, wo Lukas Musfeld in selbstbewusster Manier auf dem olivgrünen Sofa thronte.

„Sie müssen entschuldigen, ich habe zu tun", erklärte sie mit ebenso falscher Höflichkeit. „Meine Mutter verträgt leider keinen Alkohol mehr. Ich wäre Ihnen daher dankbar, wenn Sie jetzt …"

„Aber, Frau Bofinger." Musfeld war aufgesprungen und wedelte mit einem unbenutzten Glas. „Oder darf ich Elke sagen? Nur ein winziges Schlückchen. Ich verspreche Ihnen, dann werde ich Sie nicht mehr lange stören."

„Schlückchen", hickste Rosemarie, die ihrer Tochter gefolgt war, kichernd und ließ sich in einen Polstersessel fallen. „Ein Schlückchen in Ehren kann keiner verwehren, gell?"

„Sie sagen es, meine Liebe", gackerte Musfeld dienstbeflissen und füllte die Gläser. „Zum Wohl, die Damen."

„Prosit", nuschelte Rosemarie undeutlich und trank. Elke registrierte beunruhigt den glasigen Blick ihrer Mutter und nahm ihr die Sektflöte aus der Hand.

„Schluss damit. Es wäre wirklich besser, Sie würden jetzt gehen."

„Einen Moment noch."

Musfeld hatte sich wieder gesetzt und ein kleines Behältnis aus einer Aktentasche genommen, das er auf den Tisch legte. „Dies ist für Sie. Oder, besser gesagt, für Ihren Sohn."

„Was soll das sein?"

„Machen Sie es auf."

Elke zögerte. Aus dem Polstersessel erklang leises Schnarchen. *Je schneller ich es hinter mir habe, umso besser,* dachte sie missmutig angesichts ihrer nun offenbar fest schlafenden Mutter, nahm das Behältnis und öffnete es.

„Ein Ring?"

„Nicht irgendein Ring", berichtigte sie Musfeld. „Dies ist der Siegelring der Familie von Hebsack."

Elke sah das Schmuckstück an, das irgendeine, längst verstummte Saite in ihr zum Klingen brachte, doch bevor sie nachdenken konnte, sprach Musfeld bereits mit wichtiger Miene weiter.

„Wir dachten uns, ihr Sohn müsste ihn jetzt haben. Wo er doch gewissermaßen ... das Familienoberhaupt ist."

„Das Familienoberhaupt?"

Für einen Moment fühlte sich Elke geschmeichelt. Sie dachte an Kai in seinen Cargohosen und den T-Shirts, die aussahen, als trüge man zwei davon übereinander, versuchte sich vorzustellen, wie er darin als Oberhaupt vor eine Familie trat, und musste unwillkürlich ein wenig schmunzeln.

„Ganz genau", erwiderte Musfeld ihr Lächeln. „Ich dachte mir schon, dass Ihnen das gefallen wird. Wollen wir wenigstens darauf anstoßen?"

„Meinetwegen", entgegnete Elke und nahm achtlos einen Schluck. Wenn Kai ein Familienoberhaupt war, dann war sie immerhin die Mutter dieses Oberhauptes. Was Tante Ruth wohl dazu sagen würde?

„Vielleicht darf ich Ihnen … nur ganz kurz natürlich … noch etwas über die Geschichte des Ringes erzählen?", fragte Musfeld artig. Elke nahm einen weiteren Schluck. Das perlende Getränk wirkte mindestens genauso entspannend auf sie, wie zuvor der Wein, wenn nicht sogar noch etwas mehr.

„Von mir aus", gestand sie ihrem Besucher zu. „Aber wirklich nur ganz kurz. Sie trinken ja gar nichts."

„Später", entschuldigte sich Musfeld. „Ich bin mit dem Wagen da und sollte vorsichtig sein. Also, passen Sie auf …"

★ ★ ★

Vor dem Lokal in der Marienstraße stand Emmerich mit den Kollegen und fröstelte in der zunehmenden Dunkelheit. Für einen Augenblick schwankte er zwischen Pflichtbewusstsein und dem durchaus vorhandenen Drang, auf dem heimischen Sofa die Füße hochzulegen und seinen Feierabend zu genießen. Frenzel warf einen verstohlenen Blick auf seine Armbanduhr und fragte, offensichtlich ebenfalls nicht ohne Hoffnung auf baldige Freizeit:

„Was jetzt?"

Emmerich gab sich einen innerlichen Ruck. Ein Eisen musste man schmieden, solange es heiß war.

„Jetzt", sagte er daher mitleidslos, „legen wir richtig los."

„Ich hab's befürchtet", seufzte Frenzel. „Wer macht was? Und vor allem, wie lange?"

„Ein bisschen mehr Motivation darfst du gerne an den Tag legen", meinte Emmerich kumpelhaft. „Schon, um die meinige zu stärken."

Frenzel verzog das Gesicht zu einem gezwungenen Grinsen.

„Jetzt ist Nacht."

„Wenn niemand was dagegen hat, fahre ich zu Frau Schloms und lasse mir unsere Version von Noppers Vermächtnis bestätigen", sagte Gitti und sah Emmerich fragend an.

„Das geht in Ordnung", entgegnete der und fügte großzügig hinzu: „Danach können Sie Schluss für heute machen."

„Und wir …?", wollte Mirko wissen.

„ … gehen noch mal nach Botnang", entschied Emmerich, die klammen Hände in die Taschen schiebend. „Zu Familie Musfeld."

„Was erhoffst du dir davon?"

„Ich will mit der Frau sprechen. Die ist bei weitem nicht so abgebrüht, wie der Herr Gemahl oder sein Bruder. Sie hat etwas Merkwürdiges gesagt, als wir zum ersten Mal dort waren."

„Etwas Merkwürdiges?"

„Gleich zu Beginn. Als wir sie fragten, ob ihr Mann da ist."

„Sie sagte, er sei bei der Arbeit. Mag ja sein, dass eine Beratungsstelle für Ungluck eine merkwürdige Arbeit ist, aber …"

„Ich meine etwas anderes. Sag bloß, du erinnerst dich nicht."

„Im Augenblick …"

„Aber an mir wird gezweifelt."

„Ich stehe wohl gerade auf dem Schlauch …"

„Du gibst also zu, dass dich dein Gedächtnis auch gelegentlich im Stich lässt?"

„Das passiert doch jedem."

„Du gibst es zu?"

„Ja, Meister." Frenzel nickte ergeben. Emmerich dagegen zitierte mit erhobenem Haupt und Finger:

„‚Hat er etwas gemacht'. Sie wollte wissen, ob ihr Mann ‚etwas gemacht' hat. Was schließen wir daraus?"

„Dass sie einen Verdacht gegen ihren Alten hegt?", folgerte Mirko vage.

„Der aber nicht unbedingt mit unserem Fall zu tun haben muss", setzte Gitti trocken hinzu.

„Wir werden es nur erfahren, wenn wir sie fragen", entgegnete Emmerich und sah Kerner säuerlich an. „Wollten Sie nicht zu Frau Schloms? Anstatt uns hier in die Suppe zu spucken?"

„Bin schon weg", feixte Gitti. „Schönen Abend noch."

„Gleichfalls", gaben Emmerich und Frenzel wie aus einem Munde zurück und setzten sich ebenfalls in Bewegung. Eine halbe Stunde später standen sie erneut vor dem Backsteinhaus in der Beethovenstraße, stellten fest, dass im zweiten Stock Licht brannte und klingelten an der nunmehr verschlossenen Haustür. Der Türöffner summte kommentarlos, sie stiegen die Treppen empor und fanden die Wohnungstür angelehnt.

„Wir sind im Wohnzimmer", rief eine weibliche Stimme. „Kommt einfach rein."

„Ich glaube nicht, dass sie uns meint", nahm Emmerich an, dennoch leisteten sie der Aufforderung Folge. Im Wohnzimmer saßen Frau Musfeld, zwei weitere Frauen und ein Mann. Die Vorhänge waren geschlossen, Kerzen brannten, auf einem Stövchen dampfte eine Teekanne. Alles wirkte ausgesprochen gemütlich, lediglich das Geräusch eines laufenden Fernsehers, das aus dem Kinderzimmer drang, störte ein wenig.

„Oh", sagte Frau Musfeld erstaunt, als sie Emmerich und Frenzel erblickte und sprang hektisch von einem großen Sitzkissen auf. „Sie sind das."

„Tut mir leid", entschuldigte Emmerich sich höflich. „Wir wollten nicht stören, nur …"

„Mein Mann ist nicht da."

„Das macht nichts. Wir möchten sowieso zu Ihnen."

„Zu mir?" Ihr etwas verhuschtes Gesicht verwandelte sich in ein lebendes Fragezeichen. „Sie sehen doch, ich habe Besuch."

„Es dauert nicht lange."

„Willst du uns die Herren nicht vorstellen, Miriam?", fragte der Mann, ein ausgesprochen hageres Individuum mit kurzen, weißen Haaren und einem ausgeprägten Adamsapfel, in quengelndem Ton. „Möglicherweise wollen sie ja teilhaben, an unserem Kreis."

„Ach", entgegnete Miriam Musfeld, ging zur Tür und bedeutete den beiden Beamten, ihr zu folgen. „Ich glaube nicht, dass sie das wollen. Oder haben Sie Interesse an einem Gesprächsabend über den Beginn des Johannes-Evangeliums? Wir diskutieren über die Bedeutung des Wortes und …"

„Nein, danke", entfuhr es Frenzel spontan. Emmerich, dem es vor einer derartigen Abendunterhaltung mindestens genauso grauste, beschränkte sich auf ein dezentes Hüsteln.

„Ein anderes Mal vielleicht. Für heute benötigen wir lediglich eine Auskunft. Wissen Sie, was Ihr Mann in der Nacht von Gründonnerstag auf Karfreitag getan hat?"

„Getan? Mein Mann? In der Nacht?" Miriam Musfeld zog in der schildkrötenhaften Art, die Emmerich bereits kannte, den Kopf zwischen die Schultern und starrte unsicher auf ihr Sideboard. „Wir waren beim Gottesdienst am Karfreitag. Der beginnt sehr früh."

„Das wissen wir schon und es beantwortet auch nicht meine Frage. Uns geht es um die Stunden davor. War Ihr Mann da zu Hause?"

„Zuvor? Vor dem Gottesdienst, meinen Sie?"

Emmerich nickte.

„Wir sind gemeinsam mit den Kindern von hier weggefahren."

„Um wie viel Uhr?"

„Gegen fünf?", vermutete Miriam Musfeld in fragendem Ton.

„Gegen fünf?", wiederholte Emmerich mit hochgezogenen Brauen.

„Es könnte auch halb fünf gewesen sein."

„Ist das nicht ein bisschen sehr früh? Mit Kindern und so?"

„Das ... äh ... ist so üblich in unserer Gemeinde. Am Karfreitag."

„Tatsächlich." Emmerich verkniff sich ein missbilligendes Kopfschütteln. Seiner Ansicht nach gehörten Kinder, vor allem solche im Alter der Musfelds, um diese Zeit ins Bett, aber es war nicht seine Sache, sich in deren Erziehung einzumischen. Also fragte er weiter:

„Und vorher war Ihr Mann hier bei Ihnen?"

Miriam Musfeld sah nach rechts und nach links, zur Decke und zu Boden und hauchte beinahe unhörbar „Nein."

„Wie bitte?", hakte Emmerich nach.

„Ich sagte, nein."

„Wo dann?"

„Bei ... bei einem Patienten."

„Bei einem Patienten? Ihr Mann sagte uns, er praktiziere nicht mehr."

„Das stimmt auch. Nur ganz selten ... in Notfällen ... wenn das Leiden unerträglich wird und die Erlösung Gnade ist ..."

„Soll das heißen, Ihr Mann praktiziert Sterbehilfe?", fragte Emmerich ungläubig.

„Sterbehilfe?" Nun war es an Miriam Musfeld, die Brauen hochzuziehen. „Bei Menschen? Wie kommen Sie denn darauf? Etwas Derartiges könnten wir niemals mit unserem Glauben vereinbaren."

„Aber Sie sagten ..."

„Mein Mann ist Veterinär. In der fraglichen Nacht erhielten wir einen Anruf von meinem Schwager Johannes. Der Hund eines Gemeindemitglieds war todkrank. Lukas hat seine Tasche gepackt und ist losgefahren."

„Wann kam dieser Hilferuf?"

„Ich weiß es nicht mehr genau. Noch vor Mitternacht."

„Und dann ist Ihr Mann die ganze Nacht weggeblieben?"

„Das kann ich Ihnen nicht sagen. Ich habe geschlafen, bis er mich geweckt hat."

„Aber Sie hatten kein gutes Gefühl dabei?"

Wieder sah Miriam Musfeld zu Boden und schwieg.

„Würden Sie uns die Tasche zeigen?", fragte Frenzel sachlich. „Die Ihr Mann an diesem Abend mitgenommen hat?"

„Im Arbeitszimmer." Miriam Musfeld öffnete eine Tür. Das Musfeld'sche Arbeitszimmer war das genaue Gegenteil der Praxis. Schwarze Regale, ein schwarzer Sessel und ein dunkel gebeizter Schreibtisch verbreiteten düstere Tristesse. Das Ganze wirkte nicht, als würde es häufig benutzt. Miriam Musfeld deutete auf eine leere Stelle in einem der Regale und sagte leise:

„Normalerweise steht sie hier. Sie … sie ist nicht da."

„Und Ihr Mann? Wo ist der?"

„Unterwegs. Eigentlich wollte er zum Bibelkreis zurück sein, es liegt ihm sehr viel daran. Aber dann hat er angerufen, dass es später wird. Warum … warum fragen Sie mich das eigentlich alles?"

„Erinnern Sie sich noch an unseren ersten Besuch?" Emmerich ließ seinen Blick nachdenklich auf der leeren Stelle ruhen. „Da haben Sie uns etwas gefragt."

„Ach, ja? Was denn?"

„Ob er etwas gemacht hat. Ihr Mann. Wie sind Sie wohl auf so eine Vermutung gekommen? Und was könnte er gemacht haben?"

„Ich … ich weiß nicht, was Sie meinen."

„Doch, Frau Musfeld." Emmerich wandte sich von der leeren Stelle ab und sah die Frau mit dem eingezogenen Kopf ernst an. „Ich glaube schon, dass Sie das wissen. Vielleicht keine Einzelheiten, aber dass etwas Ungutes geschehen ist, das wissen Sie."

„Er … ich …"

„Ist das Ihr Mann?" Frenzel hatte ein schwarz gerahmtes Foto vom Schreibtisch genommen. „Mit seinem Bruder?"

„Ja", nickte Miriam Musfeld bedrückt und sah aus, als würde sie im nächsten Moment umkippen. „Das ist schon lange her. Sie waren damals bei der Bundeswehr. Johannes war gerade fertig damit, als Lukas eingezogen wurde."

„Und die Parkas? Die durften sie behalten, was?"

„Die Parkas?"

„Frau Musfeld." Emmerich nahm Frenzel das Foto aus der Hand und warf einen kurzen Blick darauf. „Bitte erzählen Sie uns, was Sie vermuten. Was könnte Ihr Mann gemacht haben?"

Seine Worte hatten zur Folge, dass Miriam Musfeld für einen winzigen Moment noch kleiner zu werden schien, dann jedoch gab sie sich einen Ruck und hob den Kopf.

„Ich glaube nicht, dass ich dazu verpflichtet bin", erklärte sie tapfer und mit dünner Stimme. „Bitte verlassen Sie jetzt unsere Wohnung."

„Wie Sie meinen", entgegnete Emmerich achselzuckend. „Dann warten wir eben unten auf Ihren Mann. Das Foto nehmen wir mit."

„Aber sonst geht's dir gut?", erkundigte sich Frenzel, als sie wieder auf der Straße standen, aufgebracht. „Wenn du glaubst, dass ich mir hier stundenlang die Füße in den Bauch stehe und das an einem Freitagabend, dann hast du dich geschnitten."

„Wer sagt, dass ich das glaube?", fragte Emmerich ungehalten zurück. „Ich will Musfeld. Besser noch, beide Musfelds. Der Fall ist so gut wie gelöst."

„Was soll daran gelöst sein? Es braucht nur dieser Leibwind die Alibis der beiden zu bestätigen und das war's. Wir sollten ..."

Das charakteristische Rufen einer Kuckucksuhr unterbrach Frenzels Rede aus nächster Nähe. Emmerich sah sich verblüfft um.

„Mein Handy", erklärte Mirko verlegen und nahm das eingehende Gespräch an. „Hallo, Frau Musfeld."

Emmerich wandte den Blick nach oben, deutete auf den zweiten Stock und legte fragend die Stirn in Falten, doch Frenzel schüttelte den Kopf.

„Ja, natürlich ... sprechen Sie nur ... selbstverständlich interessiert uns das ... ich höre zu."

Gute fünf Minuten ging er mit dem Handy am Ohr auf und ab, gelegentlich eine Bemerkung von sich gebend und ohne seinem Vorgesetzten, der frierend von einem Fuß auf den anderen trat, Beachtung zu schenken.

„Das war die andere Frau Musfeld", sagte er schließlich, das Telefon wieder einsteckend. „Sarah. Die Schwester. Sie ist zurückgekommen."

„Aus Kalifornien? In so kurzer Zeit?"

„Sie war gar nicht dort. Man hat ihr wohl nahegelegt, für eine Weile zu verschwinden und mit diesem Michael Ford, der in der Woche vor Ostern die deutschen Gemeinden der Patmosbrüder inspiziert hat, in die Staaten zu fliegen. Aber am Flughafen in Paris hat sie es sich überlegt."

„Und jetzt?"

„Jetzt sieht die Sache anders aus. Jetzt haben wir eine Zeugin. Eine, die wirklich etwas weiß. Sie ist bereit, gegen alle auszusagen."

„Wer sind alle?"

„Das ganze Trio. Axel Hoffmann, Lukas und Johannes. Die drei haben Nopper in der Nacht auf Karfreitag sozusagen übernommen. Sarahs Aufgabe bestand darin, ihn in ... äh ... Stimmung zu bringen, wie sie es nannte. Man ließ sie im Glauben, dass die Herren anschließend einen Ausflug ins Stuttgarter Nachtleben planten. Ohne Damenbegleitung."

„Das macht sie so einfach mit?"

„Wenn ich es richtig verstanden habe, ist es eine Taktik, die schon öfter angewandt wurde um renitente Gemeindemitglieder zur Räson zu bringen. Sie werden in eine kompromittierende Situation gebracht und anschließend …"

„… erpresst?"

„Sieht so aus, ja."

„Wir scheinen in ein Wespennest gestochen zu haben."

„Mmmh", brummte Frenzel zustimmend.

„Unglaublich. Nach außen gibt man den gläubigen Christen und hintenrum …"

„Geheuchelt wird doch überall", meinte Frenzel gleichgültig. „Denk nur an die katholischen Priester, die kleine Jungen missbrauchen. Sarah Musfeld jedenfalls glaubt, dass die Herren dieses Mal zu weit gegangen sind. Sie liebe ihre Familie und ihre Gemeinde, aber das Foto des toten Nopper war zu viel für sie."

„Dann nichts wie hin zu ihr und den Rest der Bande zur Fahndung raus." Emmerich ging zum Wagen. „Worauf wartest du noch?"

26

„Sie sehen also", schloss Lukas Musfeld und musterte seine Gastgeberin mit prüfendem Blick, „dass dieser Ring eine wirkliche Vergangenheit hat. Sein Träger sollte das zu würdigen wissen."

Elke Bofinger, die den Ausführungen des Doktors in erstaunlich milder Stimmung gelauscht hatte, nahm das Schmuckstück aus seinem Kästchen und schob es sich mit träumerischem Blick über den Ringfinger ihrer rechten Hand.

„Sehr interessant", sagte sie träge. „Zumal, wenn man bedenkt, dass es längst keine von Hebsacks mehr gibt."

„In meinem Zweig der Familie ist der Name mit meinem Großvater ausgestorben", bestätigte Musfeld mit einem bedauernden Nicken und schenkte Sekt nach.

„Für mich nicht mehr", lehnte Elke ab. Sie war das Sekttrinken nicht gewohnt, der des Doktors schien ihr zudem ungewöhnlich stark zu sein, das Etikett der Flasche nahm vor ihren Augen bereits undeutliche Konturen an. Neben ihr, im Polstersessel, atmete ihre Mutter mittlerweile ruhig und regelmäßig, die Augen fest geschlossen. Elke gähnte und hielt sich die Hand vor den Mund. Der Ring, viel zu groß für ihren schlanken Finger, vollführte eine Drehung. Sie zog ihn wieder ab, hielt ihn nachdenklich in der Hand und betrachtete ihn unschlüssig.

„Sie werden es sicher seltsam finden, aber es kommt mir vor, als würde ich diesen Ring schon lange kennen."

„In der Tat?", fragte Musfeld steif.

„Vielleicht ... vielleicht, weil er ohnehin für Kai bestimmt war?"

„Wer weiß? Zum Wohl." Musfeld hob auffordernd sein nach wie vor volles Glas. Elke ließ ihres stehen. Sie hatte ein Bild vor Augen, ein Bild, das lange in der Vergangenheit verschwunden gewesen war. Ein Tisch im „Brett", ein Apfelschorle, eine Hand, die sich über die ihre legte. Dazu eine Stimme, die sagte: *Wir können nach Holland fahren und das Baby wegmachen lassen.*

„Nein" murmelte Elke durcheinander. „Niemals."

„Wie meinen Sie?"

Musfeld hatte sich leicht über den Couchtisch gebeugt und sah sein Gegenüber gespannt an. Elke registrierte es wie durch einen Vorhang hindurch, stellte fest, dass ihre Augen bereits halb geschlossen waren und öffnete sie mit einiger Anstrengung.

„Ent … entschuldigen Sie, ich fürchte, ich bin sehr müde."

„Sicher", entgegnete Musfeld in ruhigem Ton. „Natürlich sind Sie müde."

Elke versuchte vergeblich, sich in eine aufrechte Position zu bringen.

„Der … der Ring. Hat … hat er nicht … einmal Peter gehört?"

„Das spielt keine Rolle mehr."

„Ich … ich bringe Sie jetzt hinaus. Meine Mutter …"

„Ihre Mutter schläft seit geraumer Zeit tief und fest. Das werden sie auch bald tun."

Verschwommen nahm Elke wahr, wie der Doktor die leere Sektflasche in seine Aktentasche packte, ihr den Ring vorsichtig aus der Hand nahm und ihn zurück in sein Behältnis legte. Anschließend griff er sich die benutzten Sektgläser.

„Ich räume nur noch ein wenig auf. Bleiben Sie einfach sitzen."

Was für ein wohlerzogener Mensch, dachte Elke schläfrig und machte die Augen wieder zu. *Wie konnte ich nur so unhöflich zu ihm sein.*

★ ★ ★

Frenzel jagte den Wagen in geradezu halsbrecherischer Geschwindigkeit zum Botnanger Sattel hinauf und fuhr mit quietschenden Reifen durch die anschließenden bergabführenden Kurven, während Emmerich Mühe hatte, über Funk die Fahndung nach Lukas und Johannes Musfeld in Gang zu setzen. In der S-Kurve am Vogelsang erfasste ihn das deutliche Gefühl, dass sein Magen in Mitleidenschaft gezogen wurde und er gebot Einhalt.

„Was soll das? Wir sind nicht in einem amerikanischen Gangsterfilm."

Frenzel verringerte die Geschwindigkeit nur unwesentlich.

„Sagtest du nicht, wir hätten es eilig?"

„Aber nicht so eilig. Ich kann nicht telefonieren, bei diesem Tempo."

„Wen willst du anrufen?"

„Meine Frau."

„Also gut." Der Wagen bremste abrupt, Emmerichs Nase trennten nur wenige Zentimeter vom Armaturenbrett. Frenzel sah zur Seite und grinste lausbubenhaft. „So schöne Kurven gibt's halt nicht überall."

232

„Idiot." Emmerich sortierte seine Gliedmaßen zurück in den Beifahrersitz. „Seggl. Allmachtsbachel. Du gefährdest das Eigentum des Steuerzahlers."

„Aber nein." Mirko tätschelte liebevoll das Lenkrad. „Ich hab das Auto im Griff, keine Sorge. Jetzt ruf deine Gabi an, ich fahre langsam."

Das Martinshorn verstummte. Emmerich wischte sich mit dem Ärmel ein wenig Schweiß von der Stirn, verkniff sich weitere Komplimente, fischte das Handy aus dem Jackett und wählte. Er musste es lange klingeln lassen, bis abgenommen wurde.

„Hi", drang schließlich Jules Stimme in überhöhter Lautstärke an sein Ohr. Im Hintergrund dröhnten schwere Gitarrenriffs.

„Ich bin's."

„Papa?"

„Ja. Ich wollte eigentlich mit Mama ..."

„Was?"

„Stell diesen infernalischen Lärm ab", brüllte Emmerich lauter, als er beabsichtigt hatte und registrierte mit halbem Ohr ein amüsiertes Kichern von Mirko. Die Gitarrenriffs mutierten zu einem Summen.

„Das ist Rammstein", erklärte Jule empört. „Du drehst doch auch auf, wenn du deine Rockdinos von ACDC hörst."

„Warum hörst du überhaupt um diese Zeit Musik?", wollte Emmerich, Jules Einwand, der bei genauer Betrachtung sicherlich nicht unberechtigt war, großzügig übergehend, wissen. „Ist Mama noch nicht ...?"

„Nein", fiel ihm seine Tochter ins Wort. „Sie hat angerufen, es wird später."

„Aus Leinfelden?"

„Was weiß ich, von wo. Sie ist jedenfalls mit Loretta noch was trinken gegangen. Wegen Leinfelden."

„Ach? Du weißt, warum sie dort waren?"

„Klar", sagte Jule mit der Leichtigkeit einer Siebzehnjährigen, die sich keinesfalls bewusst war, dass ihr Vater es soeben zu verdauen hatte, nicht ins Vertrauen gezogen worden zu sein. „Sie haben einen Laden besichtigt. Loretta will eine Boutique für Dessous und Sexspielzeuge eröffnen."

„In Leinfelden?" Emmerich verschluckte sich beinahe.

„Mama ist gerade dabei, es ihr auszureden."

„Aber du weißt Bescheid? Über ... über Sexspielzeuge?"

„Ach, Papa", seufzte seine Tochter und Emmerich vermeinte, ihr Gesicht vor sich zu sehen, samt dem für sie so typischen Ausdruck, der oftmals viel älter wirkte, als sie eigentlich war.

„Schon gut", sagte er ergeben. „Bei mir wird's auch ein wenig später."

„Das macht gar nichts", entgegnete Jule fröhlich. „Lasst euch ruhig Zeit. Alle beide."

„Aber hallo …"

„Nur eines noch. Du sollst Lutz anrufen. Auch wenn es später wird. Tschüss, Papa."

Emmerich hielt das verstummte Handy in der Hand, starrte es entgeistert an und konnte sich nicht entscheiden, was schlimmer war: Loretta, Läden für Dessous und Sexspielzeuge, die Tatsache, dass seine Frau sich überhaupt mit etwas Derartigem befasste oder eine Tochter, die ACDC als „Rockdinos" bezeichnete.

„Probleme?", fragte Frenzel an seiner Seite und hielt vor einer roten Ampel.

„Wie?", fragte Emmerich unkonzentriert zurück, sich kaum merklich schüttelnd. „Nein … keine Probleme. Nur … ich weiß auch nicht."

„So ist das eben. Wir waren schließlich auch mal jung."

„Das musst du sagen mit deinen … wie alt bist du jetzt eigentlich?"

„Dreiunddreißig."

„Lachhaft", schnaubte Emmerich, suchte in der Kontaktliste nach Lutzens Nummer und wollte gerade wählen, als das Telefon ein eingehendes Gespräch anzeigte. Er schloss die Kontaktliste und drückte die grüne Taste.

„Ja, bitte?"

„Gerstenmaier. Ruth Gerstenmaier. Wissen Sie, wer ich bin?"

„Natürlich weiß ich, wer Sie sind", entgegnete Emmerich höflich, sich im Stillen glücklich schätzend, dass er sich trotz seines fortgeschrittenen Alters immerhin noch nicht im mentalen Zustand des Herrn Gerstenmaier befand, den seine Gesprächspartnerin offensichtlich als allgemein gültig voraussetzte. „Was gibt es?"

„Ich … ich mache mir Sorgen. Vielleicht unnötigerweise, aber man kann nie wissen, oder?"

„Ganz recht, Frau Gerstenmaier. Worüber machen Sie sich Sorgen?"

„Rosemarie. Meine Freundin. Frau Bofinger."

„Weshalb?"

„Sie geht nicht ans Telefon."

„Das kann ja mal vorkommen. Möglicherweise nimmt sie ein Bad oder so."

„Elke … das ist ihre Tochter … geht auch nicht ans Telefon. Dabei müssen sie beide zu Hause sein."

„Woher wollen Sie das denn so genau wissen?", fragte Emmerich geduldig und wechselte einen Blick mit Mirko. „Sicher gehen auch Bofingers gelegentlich einmal aus."

„Aber nicht heute. Heute haben sie Besuch. Mein Neffe ist dort."

„Wie?" Emmerich machte einen kleinen Hopser auf dem Beifahrersitz, was Frenzel zu einem erstaunten „Alles klar bei dir?" veranlasste. „Was haben Sie da gerade gesagt? Wer ist dort? Welcher Neffe?"

„Lukas", gab Ruth Gerstenmaier niedergeschlagen zurück. „Er hat mich heute Nachmittag gebeten, ihn telefonisch anzukündigen. Erst habe ich mir gar nichts dabei gedacht, obwohl er sich doch schon so lange nicht mehr bei mir gemeldet hat. Dann ist mir die Sache mit Peter wieder eingefallen … ich weiß nicht, ob Sie zuständig sind, aber ich hielt es für besser, Ihnen Bescheid zu geben und …"

„Das haben Sie goldrichtig gemacht. Wir fahren sofort hin und sehen nach dem Rechten."

Emmerich unterbrach die Verbindung und sah Mirko an.

„Jetzt kannst du deine Fahrkünste zeigen. Wir müssen in den Grasigen Rain. Lukas Musfeld ist dort."

„Mitsamt seiner Tasche?", fragte Frenzel alarmiert, schaltete das Martinshorn wieder ein und drückte auf's Gas. „So eine Scheiße. Hoffentlich kommen wir nicht zu spät."

27

„Und jetzt brauchen wir Verstärkung", erklärte Emmerich, der die Rase-
rei, auf deren Verlauf er keinerlei Einfluss hatte, nur schwer ertrug, mit
zusammengekniffenen Augen. Über Funk beorderte er zwei Streifenwagen samt Besatzung in den Grasigen Rain, danach krallte er sich mehr
oder weniger hilflos am Sicherheitsgurt fest. Frenzel passierte den Cannstatter Wilhelmsplatz, preschte am Uffkirchhof vorbei und fragte leichthin:

„Sollten wir nicht auch Gitti ...?"

„Keine Zeit", würgte Emmerich heraus. „Mach die Tröte aus, bevor
wir da sind. Ich will nicht, dass er aufgeschreckt wird."

„Wär's nicht besser, wir holen das SEK?"

„Weißt du, was das wieder kosten würde?"

„Schon gut, schon gut." Frenzel bog nach rechts ab. Im Grasigen Rain
lag das Haus der Familie Bofinger ebenso ruhig und unscheinbar in der
Dunkelheit wie alle anderen Häuser auch. Dort, wo – wie Emmerich
wusste – das Wohnzimmer lag, brannte Licht. Vor dem Gartentor parkte
eine dunkle Limousine, auf deren Kofferraum ein stilisierter Vogel klebte.
Emmerich öffnete behutsam das Gartentor.

„Du gehst zur Tür", instruierte er Frenzel flüsternd. „Ich sehe durch's
Fenster. Wenn ich dir ein Zeichen gebe, klingelst du."

Das Fenster erwies sich als ungünstig gelegen. Wohl sah er Lukas
Musfeld auf dem Sofa sitzen, was Rosemarie Bofinger und ihre Tochter
anging, ließ nur ein Haarschopf, der über die Lehne eines, ihm den Rücken zuwendenden Polstersessels, lugte, annehmen, dass zumindest eine von ihnen ebenfalls im Zimmer war. Eine Unterhaltung allerdings
schien nicht geführt zu werden. Emmerich beobachtete, wie Musfeld
Gegenstände aus einer Aktentasche nahm und sie auf den Couchtisch
legte, ein Handy herausholte und telefonierte. Dabei sah er mehrmals
auf die Uhr, beendete das Gespräch schließlich und lehnte sich zurück,
als würde er auf etwas oder jemanden warten. Unschlüssig sah ihm Emmerich einige Sekunden dabei zu, bevor er sich wieder zu Frenzel
schlich.

„Ich weiß nicht, was da drinnen vor sich geht", wisperte er leise.
„Vielleicht klingeln wir besser noch nicht. Fang die Kollegen ab, sie sollen das Haus umstellen." Der erste Streifenwagen kam just in diesem

Moment um die Ecke gebogen, der zweite folgte nur Sekunden später.
„Ich gehe nachsehen, ob es noch einen zweiten Eingang gibt."
Mit vorsichtigen Schritten umrundete er das Haus, um das dankenswerterweise ein schmaler Weg aus Platten herumführte. Auf der Rückseite entdeckte er eine Terrasse mit abgedeckten Gartenmöbeln samt dazugehöriger Tür, die jedoch von einem heruntergelassenen Rollladen versperrt wurde. Emmerich schlich weiter und stieß an der Ecke des Hauses beinahe mit einer uniformierten Polizistin zusammen.

„Schönen guten Abend", sagte die verdutzt. „Was tun Sie denn da?"

„Dasselbe, wie Sie. KHK Emmerich, wir wollen jemanden verhaften. Wir müssen nur noch ins Haus."

„Ohne SEK?"

„Die Polizei muss sparen." Emmerich musterte die Kollegin prüfend. „Ich habe eine bessere Idee. Nehmen Sie mal Ihre Mütze ab."

„Meine Mütze?" Die Polizistin sah erstaunt drein, tat aber das Verlangte.

„Geht doch", meinte Emmerich angetan und schlüpfte aus seinem Jackett. „Jetzt ziehen Sie meine Jacke an."

Wieder erntete er einen verwunderten Blick, die Kollegin entledigte sich ihrer Lederjoppe, nahm das Jackett und sah es misstrauisch an.

„Nun gehen sie zur Haustür und klingeln. Wenn eine Frau öffnet, sagen Sie ihr, sie möchte herauskommen, ich würde im Garten auf sie warten. Kommt ein Mann, stellen Sie sich als Freundin von Elke vor. Sie haben ein schweres Paket für sie im Auto, er möchte helfen, es zu holen. Haben Sie das verstanden?"

„Klar", sagte die Polizistin. „Paket für Elke. Im Auto. Wir locken ihn aus dem Haus."

„Richtig", entgegnete Emmerich, erfreut über die schnelle Auffassungsgabe der jungen Frau. „Sofortiger Zugriff, sobald er draußen ist. Sollte er unvorhergesehen reagieren, schreien Sie. Wichtig ist, dass die Haustür offen bleibt."

„Hab ich kapiert." Die Polizistin schlüpfte in das Jackett und schien für einen Moment zögern zu wollen. „Was meinen Sie … ist der Mann bewaffnet?"

„Kaum. Wir sind auf jeden Fall dicht neben Ihnen."

„Mmmh." Im schwachen Licht konnte Emmerich sehen, dass die Kollegin ein skeptisches Gesicht machte, dennoch folgte sie ihm ohne weiteren Kommentar zur Vorderseite des Hauses, wo er Frenzel und den restlichen Streifenbeamten seinen Plan erläuterte. Sie bezogen Posten rechts und links der Haustür. Emmerich nickte. Die Polizistin drückte auf den Klingelknopf. Einmal, ein zweites und schließlich ein drittes Mal, bis die Tür geöffnet wurde.

Eine männliche, unverkennbar Lukas Musfeld gehörende Stimme bellte zackig:

„Sie wünschen?"

„Ich möchte zu Elke", erklärte die Polizistin forsch.

„Die ist nicht da."

„Schade. Wir waren nämlich verabredet."

Sie macht das gut, dachte Emmerich anerkennend. *Ich sollte mir ihren Namen merken. Falls sie mal zur Kripo kommt.*

„Vielleicht könnten Sie mir kurz helfen. Ich habe etwas für Elke im Auto. Es ist schwer."

„Meinetwegen. Wenn es schnell geht …"

„Ganz bestimmt." Die Polizistin wandte sich um und ging Richtung Gartentor.

„Zugriff", brüllte Emmerich, überließ Musfeld den Kollegen, rannte ins Haus und dort vom Flur ins Wohnzimmer. Die Damen Bofinger ruhten bewegungslos in den olivgrünen Polstersesseln.

„Nein", schrie Emmerich, tastete hastig nach Rosemaries Halsschlagader und nahm aus den Augenwinkeln wahr, dass Mirko dasselbe bei Elke tat.

„Lebt noch", sagte Frenzel knapp, während Elke Bofinger ein leises Stöhnen von sich gab.

„Die Mutter auch." Emmerich fiel ein mittelschwerer Stein vom Herzen. „Scheinen aber beide zu schlafen."

„Kein Wunder", meinte Mirko. „Guck, was auf dem Tisch liegt. Ipnoral. Genau, wie bei Nopper."

„Hoffentlich keine Überdosis." Emmerichs Blick folgte Frenzels ausgestrecktem Zeigefinger und er fühlte, wie ihm flau im Magen wurde. Neben der leeren Tablettenschachtel entdeckte er eine Spritze samt Nadeln, zwei gläserne Fläschchen, einen dicken Briefumschlag mit der Aufschrift „Für Kai" und ein geöffnetes Schmuckschächtelchen.

„Ruf die Sanis", sagte er rau. „Das war gerade noch zur rechten Zeit. Wetten, dass in diesen Fläschchen Kaliumchlorid ist?"

Von draußen hörte er Musfeld zetern:

„Was fällt Ihnen ein? Ich bin Akademiker. Zu Besuch bei meiner Verwandtschaft …"

Emmerich nahm das Schmuckschächtelchen, zog die Vergrößerung aus seiner Tasche und verglich das Bildnis der Nopper'schen Faust mit dem Ring in dem kleinen Behälter.

„Falls uns noch Beweise fehlen sollten", meinte er zufrieden und nickte Frenzel abschließend zu, „dann müsste dies hier mehr als ausreichen. Kümmerst du dich um alles? Auch um die Spurensicherung?"

„Sicher doch." Frenzel verdrehte die Augen und tippte eine Nummer in sein Handy.

„Dann gehe ich jetzt nach unserem Doktor sehen."

Vor der Haustür stand Lukas Musfeld bereits in Handschellen und mit vom Zorn gerötetem Gesicht. Eine kleine, pulsierende Ader an seiner Stirn sah aus, als würde sie in den nächsten Minuten platzen.

„Sie", zischte er giftig, als er Emmerich erblickte. „Was glauben Sie eigentlich, wer Sie sind?"

„Kriminalhauptkommissar", entgegnete Emmerich gelassen. „Soweit ich weiß. Ich verhafte Sie wegen gemeinschaftlich begangenen Mordes an Peter Nopper."

„Unverschämtheit. Sie haben nicht den Schatten eines Beweises für so eine Behauptung."

„Wenn Sie sich da mal nicht täuschen. Wen haben Sie gerade angerufen?"

Musfeld kniff die Lippen zusammen und knirschte hörbar mit den Zähnen.

„Sehen Sie doch bitte einmal nach, wo der Herr sein Handy hat", ersuchte Emmerich die Kollegin, die mit seiner Jacke über dem Arm neben Lukas Musfeld stand, freundlich. „Frau … äh …"

„Jinovérec", sagte die Polizistin ebenso, reichte ihm das Jackett, klopfte Musfelds Oberkörper ab und zog ein Telefon aus dessen Sakko.

„Danke." Emmerich zögerte einen Moment, währenddessen er sich eingestand, dass er sich einen derartigen Namen nur schwerlich würde merken können, klappte das Handy auf und stellte zufrieden fest, dass es eingeschaltet war. Ohne Schwierigkeiten fand er die Liste der gewählten Nummern und las laut vor:

„Johannes. Erwarten Sie Ihren Bruder? Hier?"

„Ich sage überhaupt nichts mehr", presste der Doktor grimmig hervor. „Nicht ohne meinen Anwalt."

„An Ihrer Stelle", nickte Emmerich zustimmend, „würde ich das auch nicht tun. Abführen. Ein Wagen bleibt hier, wahrscheinlich brauchen wir euch noch."

239

Zwei Beamte brachten den widerstrebenden Musfeld zu einem Streifenwagen, während der Notarzt vorfuhr.

„Drinnen", winkte Emmerich die Sanitäter ins Haus und bedeutete den beiden verbliebenen Polizisten, ebenfalls hineinzugehen. „Schicken Sie mir bitte meinen Kollegen heraus, wir warten auf der anderen Straßenseite. Falls unser zweiter Mann tatsächlich eintrifft, braucht er nicht auch noch die Uniformen zu sehen, die Autos sind schon auffällig genug."

Er musste nicht lange warten, bis Frenzel aus dem Haus kam und „Entwarnung" sagte.

„Puls und Herzschlag sind bei beiden im grünen Bereich, die Tochter ist ansprechbar. Sagte, sie hätten mit Musfeld Sekt getrunken. Die Gläser hat er gespült, aber die Flasche steckt in seiner Tasche. Das Ganze sollte wie Mord und Selbstmord aussehen."

„Großartige Idee", kommentierte Emmerich trocken und ging zum Gartentor. „Komm mit, es ist möglich, dass auch Johannes Musfeld uns hier demnächst vor die Flinte läuft."

Sie postierten sich im Halbdunkel zwischen zwei Straßenlaternen, Emmerich schob die Hände in die Taschen.

„Wie kommst du darauf? Auf Mord und Selbstmord?"

„Ich habe mir erlaubt, den Umschlag zu öffnen. Ein Abschiedsbrief an Kai Bofinger. Angeblich wäre seine Oma schwer erkrankt und seine Mutter könne ohne sie nicht leben. Mit Computer geschrieben, aber handschriftlich unterzeichnet. Elke Bofinger sagt, es ist ihre Unterschrift, aber natürlich hat sie sie nicht dorthin gesetzt. Musfeld muss eine Vorlage gehabt haben."

„Kanzlei Lämmerwein und Griesinger", meinte Emmerich geringschätzig. „Jede Wette. Entweder über Irina Grau oder durch den Herrn Anwalt persönlich. Das kriegen wir auch noch raus, wir werden … Vorsicht. Da!"

Ein schwerer Geländewagen war in die Straße eingebogen, tat sich aber aufgrund seiner überdimensionierten Abmessungen mit dem Fortkommen schwer und bremste neben dem Fahrzeug des Notarztes.

„Na, bitte", sagte Emmerich zufrieden und wies auf den nun sattsam bekannten Aufkleber in Vogelform. „Wie ich es mir gedacht habe. Ruf die Kollegen raus, wir schnappen ihn uns, du nimmst die Beifahrertür."

Gemächlich umrundete er den klobigen Wagen, ging selbst zur Fahrertür und öffnete sie.

„Guten Abend, Herr Musfeld. Würden Sie bitte aussteigen, das Spiel ist aus."

★ ★ ★

Elke Bofinger fühlte sich müde, unendlich müde. Was, wie sie zwischenzeitlich wusste, von einem Schlafmittel herrührte, das sich im Sekt ihres neuen Verwandten befunden haben musste. Ein weiß gekleideter junger Mann hatte sie fürsorglich gefragt, ob sie ins Krankenhaus wolle, ihr dann aber zugestanden, dass dies nicht zwingend erforderlich war. Ihre Mutter dagegen wollte man sicherheitshalber, darauf bestanden Arzt und Sanitäter, für eine Nacht zur Beobachtung mitnehmen. Elke hatte nach schwachem Protest ihr Einverständnis erteilt und war wieder eingedöst, bis jemand sie unsanft an der Schulter rüttelte.

„Wollen Sie nicht ins Bett?", fragte der junge Kommissar, den sie von ihrem Besuch im Polizeipräsidium kannte und dessen Namen sie vergessen hatte.

„Hä?" Elke öffnete benommen ein Auge. „Wie … wie kommen Sie denn hierher?"

„Sie waren in Lebensgefahr", begann der junge Mann ernsthaft. „Ihr Besucher hatte schon die …"

„Unsinn." Sein Vorgesetzter schob ihn energisch zur Seite. „Schlafen Sie sich erst mal aus, Zeit für Erklärungen ist später genug. Hier unten wird noch für ein Weilchen Betrieb sein, aber das muss Sie nicht kümmern. Ich bringe Sie jetzt nach oben."

Er reichte ihr den Arm, half ihr beim Aufstehen, führte sie die Treppe hinauf in ihr Schlafzimmer und wartete, bis sie sich hingelegt und zugedeckt hatte.

„Er wollte uns töten, nicht wahr?", fragte Elke schließlich matt und blinzelte den Kommissar, der im Schein der Nachttischlampe eine gewisse Ähnlichkeit mit einem cordsamtenen Stoffbären zu haben schien, schläfrig an. „Meine Mutter und mich. Und alles nur wegen des Geldes."

„Regen Sie sich nicht auf", empfahl der Bär großzügig. „Ist ja noch mal gut gegangen."

„Wissen Sie, ich glaube, ich will es gar nicht mehr haben. Dieses Geld."

„Jetzt machen Sie bloß keinen falschen Fehler." Der Bär zog sich einen Stuhl heran, setzte sich neben das Bett und lächelte väterlich. „Sie haben doch eine gute Anwältin."

„Carola? Aber Carola ist …"

„Darf ich Ihnen einen Rat geben? Lassen Sie die Vergangenheit ruhen und denken Sie an Ihren Jungen. Frau Lämmerwein ist kein schlechter Mensch. Sie hat viel Pech gehabt im Leben."

„Meinen Sie?"

„Ja. Meine ich. Und nun schlafen Sie gut."

28

Es bedurfte nur weniger Minuten, bis Elke Bofinger wieder im Reich der Träume weilte. Emmerich löschte das Licht, schloss leise die Tür des Schlafzimmers und trat einigermaßen beschwingt den Rückweg nach unten an. Ein gelöster Fall war ein guter Fall, zweifelsohne, auch wenn noch genug in Sachen Aufarbeitung zu tun blieb. Im Flur traf er auf Mitarbeiter der Spurensicherung sowie einen telefonierenden Mirko Frenzel, der diesen Mitarbeitern offensichtlich im Weg war. Um nicht dasselbe zu sein, trat Emmerich vor die Haustür, atmete tief durch und verspürte seit langem wieder einmal Lust auf eine Zigarette. Als krönenden Abschluss seiner Arbeit gewissermaßen, um das Wochenende einzuläuten und um nicht herumzustehen, wie bestellt und nicht abgeholt. Nur selten endete eine Ermittlung auf eine solche, im Nachhinein betrachtet, doch recht dramatische Weise, das allmähliche Absinken seines Adrenalinspiegels ließ Emmerich eine seltsame Leere empfinden, eine Leere, die er jahrzehntelang mit Rauchen gefüllt hatte. *Vielleicht sollte ich wieder anfangen,* überlegte er gedankenverloren, in die Dunkelheit des Gartens starrend. *Oder Lollis kaufen, wie Kojak, Gott hab ihn selig.*

„Ich hab Gitti erreicht", riss ihn Frenzel aus seiner Versenkung. „Sie kommt vorbei und bringt Frau Gerstenmaier mit. Damit sich jemand um Elke Bofinger und das Haus kümmert."

„Prima." Emmerich machte mit dem Fuß eine Bewegung, als wolle er die nicht gerauchte Zigarette austreten. „Dann kann ich ja gehen."

„Wie willst du nach Hause kommen?"

„Da vorne fährt die Stadtbahn."

„Meinetwegen", brummte Frenzel gnädig. „Alter vor Schönheit beim Feierabend. Du siehst tatsächlich ein bisschen fertig aus."

„Nur vorübergehend." Emmerich reichte Mirko die Hand. „Gute Arbeit und gute Nacht. Grüß mir Gitti."

Der Weg zur Haltestelle war kurz, die Wartezeit bis zur nächsten Bahn erwies sich dagegen mit fast zehn Minuten als relativ lang. Emmerich entsann sich seines Telefonates mit Jule, holte das Handy heraus und wählte Lutzens Nummer.

„Ich bin's", sagte er, wie gewohnt, als abgenommen wurde.

„Wer ist ‚ich'?", fragte eine männliche Stimme.

„Na, ich halt. Emmerich."

„Moment", erklärte die Stimme. „Ich hol den Papi."

Sekunden später hörte er Lutz:

„Reiner? Bist du das?"

„Ja. Wer war da am Telefon?"

„Felix. Mein Sohn."

„Ich dachte, der wäre ausgezogen."

„Ach, was man so denkt. Jetzt ist er eben wieder da."

„Sieh einer an …"

„Deshalb wollte ich dich nicht sprechen." Lutz räusperte sich vernehmlich. „Ich wollte fragen, ob du mir morgen noch mal helfen kommst. Mit der Eisenbahn, du weißt schon …"

„Ich weiß gar nichts. Erst muss ich Gabi fragen. Ist schließlich Wochenende und …"

„Mit Gabi hab ich längst geredet", verkündete Lutz frohgelaunt. „Keine Einwände und zum Abendessen gibt's sogar Sauerbraten. Diesmal wirklich."

„Ach? Das entscheidet ihr einfach so? Über meinen Kopf hinweg?" Emmerich fand, dass dies ein starkes Stück war. Andererseits …

„Sagtest du, Sauerbraten?"

„Aber sicher. Die Mädels freuen sich schon. Wollen vorher zusammen in die Stadt, einkaufen und so …"

Emmerich war sich darüber im Klaren, dass Ablehnen praktisch nicht mehr infrage kam, dennoch vergewisserte er sich vorsichtig:

„In deinem Keller … ist da noch viel zu tun?"

„I wo", meinte Lutz großspurig. „Ich war die ganze Woche fleißig. Nur noch ein paar Gleise und die Tapeziertische raus, fertig."

„Und dann?"

„Was dann?"

„Was machst du dann mit diesem Keller?"

„Nun ja." Das Zögern währte nur kurz. „Der Felix braucht einen Proberaum. Für seine Band. Da dachte ich, wir könnten auch mal wieder …" Lutz legte eine bedeutungsschwangere Pause ein.

„Wer könnte was mal wieder?", wollte Emmerich misstrauisch wissen.

„Na, wir. Musik machen. Du am Schlagzeug, ich am Bass und …"

„Auf keinen Fall. Dafür hab ich gar keine Zeit mehr. Gleich fährt meine Bahn."

„Wir reden morgen Abend darüber", lenkte Lutz in begütigendem Ton ein. „Gabi jedenfalls hält das für eine ausgezeichnete Idee."

244

„In der Tat?", schnauzte Emmerich erbittert und wusste, dass er erneut Gefahr lief, auf verlorenem Posten zu stehen. „Das werden wir ja noch sehen."

Tatort Hölderlinplatz
Von S. Wider-Groth
224 S.
ISBN 978-3-8062-2230-2

Eine alte Frau wird tot in ihrem Wohnzimmersessel am Hölderlinplatz aufgefunden, ihr wertvolles journalistisches Archiv ist verschwunden. Wusste Gertrud Diebold zu viel? Welche Rolle spielt die Nachbarin Eleonore Schloms dabei? Und was hat das alles mit der Neubebauung des alten Messegeländes im Stuttgarter Nobelviertel Killesberg zu tun?
Viele Fragen, auf die Kriminalhauptkommissar Reiner Emmerich und sein Team eine Antwort finden müssen. Schnell steht fest: Die üblichen Verdächtigen waren es nicht. Wer also dann? Dabei ist Emmerich gerade Strohwitwer, muss sich von Tiefkühlkost ernähren und droht, dem Trübsinn zu verfallen...

Mehr unter www.theiss.de

THEISS

Tödliche Kehrwoche

Wo man den Trollinger schlotzt und die Spätzle schabt, da spielen diese fesselnden Kurzkrimis von namhaften Autoren. Nicht immer geschieht ein Mord, auch andere kriminelle Machenschaften sorgen gehörig für Spannung. Und oft spielt eine schwäbische Spezialität eine tödliche Rolle. Kommen Sie mit auf eine mörderische Tour zwischen Neckar und Bodensee!

Herausgegeben von Gudrun Weitbrecht.
176 Seiten.
ISBN 978-3-8062-2126-8

Mörderisches Ländle

Neue mordsvergnügliche Geschichten von vielfach preisgekrönten Autoren! Ob in Cannstatt auf dem Volksfest oder der Wilhelma, ob bei weinseligen Hocketsen oder auf der heimischen Terrasse, überall lauern wundervoll tödliche und andere kriminelle Gefahren. Mit einem Krimi des Kultautors Heinrich Steinfest.
Einfach reinlesen!

Herausgegeben von Gudrun Weitbrecht.
176 Seiten.
ISBN 978-3-8062-2215-9

Mehr unter www.theiss.de

THEISS